中外哲學典籍大全
總主編 李鐵映 王偉光
中國哲學典籍卷
宋元明清哲學類

李卓吾批評陽明先生道學鈔

〔明〕王守仁 原著
〔明〕李贄 評點
傅秋濤 點校

中国社会科学出版社

圖書在版編目（CIP）數據

李卓吾批評陽明先生道學鈔／（明）王守仁原著；（明）李贄評點；傅秋濤點校．—北京：中國社會科學出版社，2022.10
（中外哲學典籍大全．中國哲學典籍卷）
ISBN 978－7－5227－0333－6

Ⅰ．①李… Ⅱ．①王…②李…③傅… Ⅲ．①王守仁(1472－1528)—哲學思想—研究 Ⅳ．①B248.25

中國版本圖書館 CIP 數據核字（2022）第 096503 號

出 版 人　趙劍英
項目統籌　王　茵
責任編輯　宋燕鵬
責任校對　單　釗
責任印製　王　超

出　　版　中国社会科学出版社
社　　址　北京鼓樓西大街甲 158 號
郵　　編　100720
網　　址　http://www.csspw.cn
發 行 部　010－84083685
門 市 部　010－84029450
經　　銷　新華書店及其他書店

印　　刷　北京君昇印刷有限公司
裝　　訂　廊坊市廣陽區廣增裝訂廠
版　　次　2022 年 10 月第 1 版
印　　次　2022 年 10 月第 1 次印刷

開　　本　710×1000　1/16
印　　張　31.5
字　　數　369 千字
定　　價　128.00 元

凡購買中國社會科學出版社圖書，如有質量問題請與本社營銷中心聯繫調换
電話：010－84083683

中外哲學典籍大全

「中國哲學典籍卷」

學術委員會

主　任　陳　來　趙汀陽　謝地坤　李存山　王　博

委　員（按姓氏拼音排序）

白　奚　陳壁生　陳　静　陳立勝　陳少明　陳衛平　陳　霞　丁四新　馮顔利
于春松　郭齊勇　郭曉東　景海峰　李景林　李四龍　劉成有　劉　豐　王中江
王立勝　吴　飛　吴根友　吴　震　向世陵　楊國榮　楊立華　張學智　張志强
鄭　開

項目負責人　張志强

提要撰稿主持人　劉　豐　趙金剛

提要英譯主持人　陳　霞

總　序

中外哲學典籍大全的編纂，是一項既有時代價值又有歷史意義的重大工程。

中華民族經過了近一百八十年的艱苦奮鬥，迎來了中國近代以來最好的發展時期，迎來了奮力實現中華民族偉大復興的時期。中華民族衹有總結古今中外的一切思想成就，才能並肩世界歷史發展的大勢。爲此，我們須編纂一部匯集中外古今哲學典籍的經典集成，爲中華民族的偉大復興、爲人類命運共同體的建設、爲人類社會的進步，提供哲學思想的精粹。

哲學是思想的花朵，文明的靈魂，精神的王冠。一個國家、民族，要興旺發達，擁有光明的未來，就必須擁有精深的理論思維，擁有自己的哲學。哲學是推動社會變革和發展的理論力量，是激發人的精神砥石。哲學解放思維，净化心靈，照亮前行的道路。偉大的時代需要精邃的哲學。

一 哲學是智慧之學

哲學是什麽？這既是一個古老的問題，又是哲學永恒的話題。追問哲學是什麽，本身就是「哲學」問題。從哲學成爲思維的那一天起，哲學家們就在不停追問中發展、豐富哲學的篇章，給出一個又一個答案。每個時代的哲學家對這個問題都有自己的詮釋。哲學是什麽，是懸疑在人類智慧面前的永恒之問，這正是哲學之爲哲學的基本特點。

哲學是全部世界的觀念形態，精神本質。人類面臨的共同問題，是哲學研究的根本對象。本體論、認識論、世界觀、人生觀、價值觀、實踐論、方法論等，仍是哲學的基本問題和生命力所在！哲學研究的是世界萬物的根本性、本質性問題。人們可以給哲學做出許多具體定義，但我們可以嘗試用「遮詮」的方式描述哲學的一些特點，從而使人們加深對何爲哲學的認識。

哲學不是玄虛之觀。哲學來自人類實踐，關乎人生。哲學對現實存在的一切追根究底、「打破砂鍋問到底」。它不僅是問「是什麽」(being)，而且主要是追問「爲什麽」（why），特別是追問「爲什麽的爲什麽」。它關注整個宇宙，關注整個人類的命運，關注人生。它關心柴米油鹽醬醋茶和人的生命的關係，關心人工智能對人類社會的挑戰。哲學是對一切實踐經驗的理論升華，它關心具體現象背後的根據，關心人類如何會更好。

哲學是在根本層面上追問自然、社會和人本身，以徹底的態度反思已有的觀念和認識，從價值理想出發把握生活的目標和歷史的趨勢，展示了人類理性思維的高度，凝結了民族進步的智慧，寄託了人們熱愛光明、追求真善美的情懷。道不遠人，人能弘道。哲學是把握世界、洞悉未來的學問，是思想解放、自由的大門！

古希臘的哲學家們被稱爲「望天者」，亞里士多德在形而上學一书中説，「最初人們通過好奇—驚贊來做哲學」。如果説知識源於好奇的話，那麽産生哲學的好奇心，必須是大好奇心。這種「大好奇心」衹爲一件「大事因緣」而來，所謂大事，就是天地之間一切事物的「爲什麽」。哲學精神，是「家事、國事、天下事，事事要問」，是一種永遠追問的精神。

哲學不衹是思維。哲學將思維本身作爲自己的研究對象，對思想本身進行反思。哲學不是一般的知識體系，而是把知識概念作爲研究的對象，追問「什麽才是知識的真正來源和根據」。哲學的「非對象性」的思想方式，不是「純形式」的推論原則，而有其「非對象性」之對象。哲學之對象乃是不斷追求真理，是一個理論與實踐兼而有之的過程，是認識的精粹。哲學追求真理的過程本身就顯現了哲學的本質。天地之浩瀚，變化之奥妙，正是哲思的玄妙之處。

哲學不是宣示絶對性的教義教條，哲學反對一切形式的絶對。哲學解放束縛，意味著從一切思想教條中解放人類自身。哲學給了我們徹底反思過去的思想自由，給了我們深刻洞察未來的思想能力。哲學就是解放之學，是聖火和利劍。

哲學不是一般的知識。哲學追求「大智慧」。佛教講「轉識成智」，識與智相當於知識與哲學的關係。一般知識是依據於具體認識對象而來的、有所依有所待的「識」，而哲學則是超越於具體對象之上的「智」。

公元前六世紀，中國的老子說，「大方無隅，大器晚成，大音希聲，大象無形，道隱無名。夫唯道，善貸且成」。又說，「反者道之動，弱者道之用。天下萬物生於有，有生於無」。對道的追求就是對有之爲有、無形無名的探究，就是對天地何以如此的探究。這種追求，使得哲學具有了天地之大用，具有了超越有形有名之有限經驗的大智慧。這種大智慧、大用途，超越一切限制的籬笆，達到趨向無限的解放能力。

哲學不是經驗科學，但又與經驗有聯繫。哲學從其作爲學問誕生起，就包含於科學形態之中，是以科學形態出現的。哲學是以理性的方式、概念的方式、論证的方式來思考宇宙人生的根本問題。在亞里士多德那裏，凡是研究實體（ousia）的學問，都叫作「哲學」。而「第一實體」則是存在者中的「第一個」。研究第一實體的學問稱爲「神學」，也就是「形而上學」，這正是後世所謂「哲學」。一般意義上的科學正是從「哲學」最初的意義上贏得自己最原初的規定性的。哲學雖然不是經驗科學，却爲科學劃定了意義的範圍，指明了方向。哲學最後必定指向宇宙人生的根本問題，大科學家的工作在深層意義上總是具有哲學的意味，牛頓和愛因斯坦就是這樣的典範。

哲學不是自然科學，也不是文學藝術，但在自然科學的前頭，哲學的道路展現了；在文學藝術的山頂，哲學的天梯出現了。哲學不斷地激發人的探索和創造精神，使人在認識世界的過程中，不斷達到新境界，在改造世界中從必然王國到達自由王國。

哲學不斷從最根本的問題再次出發。哲學史在一定意義上就是不斷重構新的世界觀、認識人類自身的歷史。哲學的歷史呈現，正是對哲學的創造本性的最好説明。哲學史上每一位哲學家對根本問題的思考，都在爲哲學添加新思維、新向度，猶如爲天籟山上不斷增添一隻隻黃鸝翠鳥。

如果説哲學是哲學史的連續展現中所具有的統一性特徵，那麽這種「一」是在「多」個哲學的創造中實現的。如果説每一種哲學體系都追求一種體系性的「一」的話，那麽每種「一」的體系之間都存在著千絲相聯、多方組合的關係。這正是哲學史昭示於我們的哲學多樣性的意義。多樣性與統一性的依存關係，正是哲學尋求現象與本質、具體與普遍相統一的辯證之意義。

哲學的追求是人類精神的自然趨向，是精神自由的花朵。哲學是思想的自由，是自由的思想。

中國哲學，是中華民族五千年文明傳統中，最爲内在的、最爲深刻的、最爲持久的精神追求和價值觀表達。中國哲學已經化爲中國人的思維方式、生活態度、道德準則、人生追求、精神境界。中國人的科學技術、倫理道德，小家大國、中醫藥學、詩歌文學、繪畫書法、武術拳法、鄉規民俗，乃至日常生活也都浸潤着中國哲學的精神。華夏文化雖歷經磨難而能够透魄醒神，堅韌屹立，正是來自於中國哲學深邃的思維和創造力。

先秦時代，老子、孔子、莊子、孫子、韓非子等諸子之間的百家争鳴，就是哲學精神在中國的展現，是中國人思想解放的第一次大爆發。兩漢四百多年的思想和制度，是諸子百家思想在争鳴過程中大整合的結果。魏晉之際，玄學的發生，則是儒道衝破各自藩籬，彼此互動互補的結果，形成了儒家獨尊的態勢。隋唐三百年，佛教深入中國文化，又一次帶來了思想的大融合和大解放，禪宗的形成就是這一融合和解放的結果。兩宋三百多年，中國哲學迎來了第三次大解放。儒釋道三教之間的互潤互持日趨深入，朱熹的理學和陸象山的心學，就是這一思想潮流的哲學結晶。

與古希臘哲學强調沉思和理論建構不同，中國哲學的旨趣在於實踐人文關懷，它更關注實踐的義理性意義。中國哲學當中，知與行從未分離，中國哲學有着深厚的實踐觀點和生活觀點，倫理道德觀是中國人的貢獻。馬克思説，「全部社會生活在本質上是實踐的」，實踐的觀點、生活的觀點也正是馬克思主義認識論的基本觀點。這種哲學上的契合性，正是馬克思主義能够在中國扎根並不斷中國化的哲學原因。

「實事求是」是中國的一句古話。今天已成爲深邃的哲理，成爲中國人的思維方式和行爲基準。實事求是就是解放思想，解放思想就是實事求是。實事求是毛澤東思想的精髓，是改革開放的基石。只有解放思想才能實事求是。實事求是就是中國人始終堅持的哲學思想。實事求是就是依靠自己，走自己的道路，反對一切絶對觀念。所謂中國化就是一切從中國實際出發，一切理論必須符合中國實際。

二　哲學的多樣性

實踐是人的存在形式，是哲學之母。實踐是思維的動力、源泉、價值、標準。人們認識世界、探索規律的根本目的是改造世界，完善自己。哲學問題的提出和回答，都離不開實踐。馬克思有句名言：「哲學家們只是用不同的方式解釋世界，而問題在於改變世界！」理論只有成爲人的精神智慧，才能成爲改變世界的力量。

哲學關心人類命運。時代的哲學，必定關心時代的命運。對時代命運的關心就是對人類實踐和命運的關心。人在實踐中產生的一切都具有現實性。哲學的實踐性必定帶來哲學的現實性。哲學的現實性就是强調人在不斷回答實踐中各種問題時應該具有的態度。

哲學作爲一門科學是現實的。哲學是一門回答並解釋現實的學問，哲學是人們聯繫實際、面對現實的思想。可以説哲學是現實的最本質的理論，也是本質的最現實的理論。哲學始終追問現實的發展和變化。哲學存在於實踐中，也必定在現實中發展。哲學的現實性要求我們直面實踐本身。

哲學不是簡單跟在實踐後面，成爲當下實踐的「奴僕」，而是以特有的深邃方式，關注着實踐的發展，提升人的實踐水平，爲社會實踐提供理論支撑。從直接的、急功近利的要求出發來理解和從事哲學，無異於向哲學提出它本身不可能完成的任務。哲學是深沉的反思，厚重的智慧，事物的抽象，理論的把握。哲學是人類把握世界最深邃的理論思維。

哲學是立足人的學問，是人用於理解世界、把握世界、改造世界的智慧之學。「民之所好，好之；民之所惠，惠之。」哲學的目的是爲了人。用哲學理解外在的世界，理解人本身，也是爲了用哲學改造世界、改造人。哲學研究無禁區，無終無界，與宇宙同在，與人類同在。

存在是多樣的，發展是多樣的，這是客觀世界的必然。宇宙萬物本身是多樣的存在，多樣的變化。歷史表明，每一民族的文化都有其獨特的價值。文化的多樣性是自然律，是動力，是生命力。各民族文化之間的相互借鑒，補充浸染，共同推動著人類社會的發展和繁榮，這是規律。對象的多樣性、複雜性，決定了哲學的多樣性；即使對同一事物，人們也會産生不同的哲學認識，形成不同的哲學派別。哲學觀點、思潮、流派及其表現形式上的區别，來自於哲學的時代性、地域性和民族性的差异。世界哲學是不同民族的哲學的薈萃，如中國哲學、西方哲學、阿拉伯哲學等。多樣性構成了世界，百花齊放形成了花園。不同的民族會有不同風格的哲學。恰恰是哲學的民族性，使不同的哲學都可以在世界舞臺上演繹出各種「戲劇」。即使有類似的哲學觀點，在實踐中的表達和運用也會各有特色。

人類的實踐是多方面的，具有多樣性、發展性，大體可以分爲：改造自然界的實踐，改造人類社會的實踐，完善人本身的實踐，提升人的精神世界的精神活動。人是實踐中的人，實踐是人的生命的第一屬性。實踐的社會性決定了哲學的社會性，哲學不是脱離社會現實生活的某種遐想，而是社會現實生活的觀念形態，是文明進步的重要標誌，是人的發展水平的重要維度。哲學的發展狀況，反映着一個社會人的理性成熟程度，反映著這個社會的文明程度。

哲學史實質上是自然史、社會史、人的發展史和人類思維史的總結和概括。自然界是多樣的，社會是多樣的，人類思維是多樣的。所謂哲學的多樣性，就是哲學基本觀念、理論學説、方法的異同，是哲學思維方式上的多姿多彩。哲學的多樣性是哲學的常態，是哲學進步、發展和繁榮的標誌。哲學是人的哲學，哲學是人對事物的自覺，是人對外界和自我認識的學問，也是人把握世界和自我的學問。哲學的多樣性，是哲學的常態和必然，是哲學發展和繁榮的内在動力。一般是普遍性，特色也是普遍性。從單一性到多樣性，從簡單性到複雜性，是哲學思維的一大變革。用一種哲學話語和方法否定另一種哲學話語和方法，這本身就不是哲學的態度。

多樣性並不否定共同性、統一性、普遍性。物質和精神，存在和意識，一切事物都是在運動、變化中的，是哲學的基本問題，也是我們的基本哲學觀點！

當今的世界如此紛繁複雜，哲學多樣性就是世界多樣性的反映。哲學是以觀念形態表現出的現實世界。哲學的多樣性，就是文明多樣性和人類歷史發展多樣性的表達。多樣性是宇宙之道。

哲學的實踐性、多樣性，還體現在哲學的時代性上。哲學總是特定時代精神的精華，是一定歷史條件下人的反思活動的理論形態。在不同的時代，哲學具有不同的内容和形式，哲學的多樣性，也是歷史時代多樣性的表達。哲學的多樣性也會讓我們能够更科學地理解不同歷史時代，更爲内在地理解歷史發展的道理。多樣性是歷史之道。

哲學之所以能發揮解放思想的作用，在於它始終關注實踐，關注現實的發展；在於它始終關注著科學技術的進步。哲學本身没有絶對空間，没有自在的世界，只能是客觀世界的映象，觀念形態。没有了現實性，哲學就遠離人，就離開了存在。哲學的實踐性，説到底是在説明哲學本質上是人的哲學，是人的思維，是爲了人的科學！哲學的實踐性、多樣性告訴我們，哲學必須百花齊放、百家争鳴。哲學的發展首先要解放自己，解放哲學，就是實現思維、觀念及範式的變革。人類發展也必須多途並進，交流互鑒，共同繁榮。采百花之粉，才能釀天下之蜜。

三　哲學與當代中國

中國自古以來就有思辨的傳統，中國思想史上的百家争鳴就是哲學繁榮的史象。哲學是歷史發展的號角。中國思想文化的每一次大躍升，都是哲學解放的結果。中國古代賢哲的思想傳承至今，他們的智慧已浸入中國人的精神境界和生命情懷。

中國共産黨人歷來重視哲學，毛澤東在一九三八年，在抗日戰争最困難的條件下，在延安研究哲學，創作了實踐論和矛盾論，推動了中國革命的思想解放，成爲中國人民的精神力量。

中華民族的偉大復興必將迎來中國哲學的新發展。當代中國必須有自己的哲學，當代中國的哲學必須要從根本上講清楚中國道路的哲學道理。中華民族的偉大復興必須要有哲學的思維，必須要有不斷深入的反思。發展的道路，就是哲思的道路，文化的自信，就是哲學思維的自信。哲學是引領者，可謂永恒的「北斗」，哲學是時代的「火焰」，是時代最精緻最深刻的「光芒」。從社會變革的意義上説，任何一次巨大的社會變革，總是以理論思維爲先導。理論的變革，總是以思想觀念的空前解放爲前提，而「吹響」人類思想解放第一聲「號角」的，往往就是代表時代精神精華的哲學。社會實踐對於哲學的需求可謂「迫不及待」，因爲哲學總是「吹響」這個新時代的「號角」。「吹響」中國改革開放之

「號角」的，正是「解放思想」「實踐是檢驗真理的唯一標準」「不改革死路一條」等哲學觀念。「吹響」新時代「號角」的是「中國夢」，「人民對美好生活的向往，就是我們奮鬥的目標」。發展是人類社會永恒的動力，變革是社會解放的永遠的課題，思想解放，解放思想是無盡的哲思。中國正走在理論和實踐的雙重探索之路上，搞探索没有哲學不成！

中國哲學的新發展，必須反映中國與世界最新的實踐成果，必須反映科學的最新成果，必須具有走向未來的思想力量。今天的中國人所面臨的歷史時代，是史無前例的。十三億人齊步邁向現代化，這是怎樣的一幅歷史畫卷！是何等壯麗、令人震撼！不僅中國歷史上亘古未有，在世界歷史上也從未有過。當今中國需要的哲學，是結合天道、地理、人德的哲學，是整合古今中西的哲學，只有這樣的哲學才是中華民族偉大復興的哲學。

當今中國需要的哲學，必須是適合中國的哲學。無論古今中外，再好的東西，也需要再吸收，再消化，必須要經過現代化和中國化，才能成爲今天中國自己的哲學。哲學是解放人的，哲學自身的發展也是一次思想解放，也是人的一个思維升華、羽化的過程。中國人的思想解放，總是隨著歷史不斷進行的。歷史有多長，思想解放的道路就有多長；發展進步是永恒的，思想解放也是永無止境的，思想解放就是哲學的解放。

習近平說，思想工作就是「引導人們更加全面客觀地認識當代中國、看待外部世界」。這就需要我們確立一種「知己知彼」的知識態度和理論立場，而哲學則是對文明價值核心最精練和最集中的深邃性表達，有助於我們認識中國、認識世界。立足中國、認識中國，需要我們審視我們走過的道路，立足中國、認識世界，需要我們觀察和借鑒世界歷史上的不同文化。中國「獨特的文化傳統」、中國「獨特的歷史命運」、中國「獨特的基本國情」，「決定了我們必然要走適合自己特點的發展道路」。一切現實的，存在的社會制度，其形態都是具體的，都是特色的，都必須是符合本國實際的。抽象的制度，普世的制度是不存在的。同時，我們要全面客觀地「看待外部世界」。研究古今中外的哲學，是中國認識世界、認識人類史，認識自己未來發展的必修課。今天中國的發展不僅要讀中國書，還要讀世界書。不僅要學習自然科學、社會科學的經典，更要學習哲學的經典。當前，中國正走在實現「中國夢」的「長征」路上，這也正是一條思想不斷解放的道路！要回答中國的問題，解釋中國的發展，首先需要哲學思維本身的解放。哲學的發展，就是哲學的解放，這是由哲學的實踐性、時代性所決定的。哲學無禁區、無疆界。哲學是關乎宇宙之精神，是關乎人類之思想。哲學將與宇宙、人類同在。

四 哲學典籍

中外哲學典籍大全的編纂，是要讓中國人能研究中外哲學經典，吸收人類精神思想的精華；是要提升我們的思維，讓中國人的思想更加理性、更加科學、更加智慧。

中國有盛世修典的傳統。中國古代有多部典籍類書（如「永樂大典」「四庫全書」等），在新時代編纂中外哲學典籍大全，是我們的歷史使命，是民族復興的重大思想工程。

只有學習和借鑒人類精神思想的成就，才能實現我們自己的發展，走向未來。中外哲學典籍大全的編纂，就是在思維層面上，在智慧境界中，繼承自己的精神文明，學習世界優秀文化。這是我們的必修課。

不同文化之間的交流、合作和友誼，必須達到哲學層面上的相互認同和借鑒。哲學之間的對話和傾聽，才是從心到心的交流。中外哲學典籍大全的編纂，就是在搭建心心相通的橋樑。

我們編纂這套哲學典籍大全，一是中國哲學，整理中國歷史上的思想典籍，濃縮中國思想史上的精華；二是外國哲學，主要是西方哲學，吸收外來，借鑒人類發展的優秀哲學成果；三是馬克思主義哲學，展示馬克思主義哲學中國化的成就；四是中國近現代以來的哲學成果，特別是馬克思主義在中國的發展。

編纂這部典籍大全，是哲學界早有的心願，也是哲學界的一份奉獻。中外哲學典籍大全總結的是書本上的思想，是先哲們的思維，是前人的足迹。我們希望把它們奉獻給後來人，使他們能够站在前人肩膀上，站在歷史岸邊看待自己。

中外哲學典籍大全的編纂，是以「知以藏往」的方式實現「神以知來」；中外哲學典籍大全的編纂，是通過對中外哲學歷史的「原始反終」，從人類共同面臨的根本大問題出發，在哲學生生不息的道路上，綵繪出人類文明進步的盛德大業！

發展的中國，既是一個政治、經濟大國，也是一個文化大國，也必將是一個哲學大國、思想王國。人類的精神文明成果是不分國界的，哲學的邊界是實踐，實踐的永恒性是哲學的永續綫性，打開胸懷擁抱人類文明成就，是一個民族和國家自强自立，始終佇立於人類文明潮頭的根本條件。

擁抱世界，擁抱未來，走向復興，構建中國人的世界觀、人生觀、價值觀、方法論，這是中國人的視野、情懷，也是中國哲學家的願望！

李鐵映

二〇一八年八月

「中國哲學典籍卷」

序

中國古無「哲學」之名，但如近代的王國維所説，「哲學爲中國固有之學」。「哲學」的譯名出自日本啓蒙學者西周，他在一八七四年出版的百一新論中説：「將論明天道人道，兼立教法的philosophy譯名爲哲學。」自「哲學」譯名的成立，「philosophy」或「哲學」就已有了東西方文化交融互鑒的性質。

「philosophy」在古希臘文化中的本義是「愛智」，而「哲學」的「哲」在中國古經書中的字義就是「智」或「大智」。孔子在臨終時慨嘆而歌：「泰山壞乎！梁柱摧乎！哲人萎乎！」（史記孔子世家）「哲人」在中國古經書中釋爲「賢智之人」，而在「哲學」譯名輸入中國後即可稱爲「哲學家」。

哲學是智慧之學，是關於宇宙和人生之根本問題的學問。對此，中西或中外哲學是共同的，因而哲學具有世界人類文化的普遍性。但是，正如世界各民族文化既有世界的普遍性，也有民族的特殊性，所以世界各民族哲學也具有不同的風格和特色。如果説「哲學」是個「共名」或「類稱」，那麽世界各民族哲學就是此類中不同的「特例」。這是哲學的普遍性與多樣性的統一。

在中國哲學中，關於宇宙的根本道理稱爲「天道」，關於人生的根本道理稱爲「人道」，中國哲學的一個貫穿始終的核心問題就是「究天人之際」。一般説來，天人關係問題是中外哲學普遍探索的問題，而中國哲學的「究天人之際」具有自身的特點。

亞里士多德曾説：「古今來人們開始哲學探索，都應起於對自然萬物的驚異……這類學術研究的開始，都在人生的必需品以及使人快樂安適的種種事物幾乎全都獲得了以後。」「這些知識最先出現於人們開始有閒暇的地方。」這是説的古希臘哲學的一個特點，是與當時古希臘的社會歷史發展階段及其貴族階層的生活方式相聯繫的。與此不同，中國哲學是産生於士人在社會大變動中的憂患意識，爲了求得社會的治理和人生的安頓，他們大多「席不暇暖」地周遊列國，宣傳自己的社會主張。這就決定了中國哲學在「究天人之際」

中首重「知人」，在先秦「百家争鳴」中的各主要流派都是「務爲治者也，直所從言之異路，有省不省耳」（史記太史公自序）。

中國哲學與其他民族哲學所不同者，還在於中國數千年文化一直生生不息而未嘗中斷，中國文化在世界歷史的「軸心時期」所實現的哲學突破也是采取了極温和的方式。這主要表現在孔子的「祖述堯舜，憲章文武」，删述六經，對中國上古的文化既有連續性的繼承，又經編纂和詮釋而有哲學思想的突破。因此，由孔子及其後學所編纂和詮釋的上古經書就以「先王之政典」的形式不僅保存下來，而且在此後中國文化的發展中居於統率的地位。

據近期出土的文獻資料，先秦儒家在戰國時期已有對「六經」的排列，「六經」作爲一個著作群受到儒家的高度重視。至漢武帝「罷黜百家，表章六經」，遂使「六經」以及儒家的經學確立了由國家意識形態認可的統率地位。漢書藝文志著録圖書，爲首的是「六藝略」，其次是「諸子略」「詩賦略」「兵書略」「數術略」和「方技略」，這就體現了以「六經」統率諸子學和其他學術。這種圖書分類經幾次調整，到了隋書經籍志乃正式形成「經、史、子、集」的四部分類，此後保持穩定而延續至清。

中國傳統文化有「四部」的圖書分類，也有對「義理之學」「考據之學」「辭章之學」和「經世之學」等的劃分，其中「義理之學」雖然近於「哲學」但並不等同。中國傳統文化没有形成「哲學」以及近現代教育學科體制的分科，但是中國傳統文化確實固有其深邃的哲學思想，它表達了中華民族的世界觀、人生觀，體現了中華民族的思維方式、行爲準則，凝聚了中華民族最深沉、最持久的價值追求。

清代學者戴震説：「天人之道，經之大訓萃焉。」（原善卷上）經書和經學中講「天人之道」的「大訓」，就是中國傳統的哲學；不僅如此，在圖書分類的「子、史、集」中也有講「天人之道」的「大訓」，這些也是中國傳統的哲學。「究天人之際」的哲學主題是在中國文化上下幾千年的發展中，伴隨著歷史的進程而不斷深化、轉陳出新、持續探索的。

中國哲學首重「知人」，在天人關係中是以「知人」爲中心，以「安民」或「爲治」爲宗旨的。在記載中國上古文化的尚書皋陶謨中，就有了「知人則哲，能官人；安民則惠，黎民懷之」的表述。在論語中，「樊遲問仁，子曰：『愛人。』問知（智），子曰：『知人。』」（論語顔淵）「仁者愛人」是孔子思想中的最高道德範疇，其源頭可上溯到中國文化自上古以來就形成的崇尚道德的優秀傳統。孔子說：「未能事人，焉能事鬼？」「未知生，焉知死？」（論語先進）「務民之義，敬鬼神而遠之，可謂知矣。」（論語雍也）「智者知人」，在孔子的思想中雖然保留了對「天」和鬼神的敬畏，但他的主要關注點是現世的人生，是「仁者愛人」「天下有道」的價值取向，由此確立了中國哲學以「知人」爲中心的思想範式。西方現代哲學家雅斯貝爾斯在大哲學家一書中把蘇格拉底、佛陀、孔子和耶穌作爲「思想範式的創造者」，而孔子思想的特點就是「要在世間建立一種人道的秩序」，「在現世的可能性之中」，孔子「希望建立一個新世界」。

中國上古時期把「天」或「上帝」作爲最高的信仰對象，這種信仰也有其宗教的特殊性。如梁啓超所說：「各國之尊天者，常崇之於萬有之外，而中國則常納之於人事之中，此吾中華所特長也。……其尊天也，目的不在天國而在世界，受用不在未來（來世）而在現在（現世）。是故人倫亦稱天倫，人道亦稱天道。記曰：『善言天者必有驗於人。』此所以雖近於宗教，而與他國之宗教自殊科也。」由於中國上古文化所信仰的「天」不是存在於與人世生活相隔絕的「彼岸世界」，而是與地相聯繫（中庸所謂「郊社之禮，所以事上帝也」，朱熹中庸章句注：「郊，祀天；社，祭地。不言后土者，省文也。」），具有道德的、以民爲本的特點（尚書所謂「皇天無親，惟德是輔」，「天視自我民視，天聽自我民聽」，「民之所欲，天必從之」），所以這種特殊的宗教性也長期地影響著中國哲學對天人關係的認識。相傳「人更三聖，世經三古」的易經，其本爲卜筮之書，但經孔子「觀其德義而已」之後，則成爲講天人關係的哲理之書。四庫全书總目易類序説：「聖人覺世牖民，大抵因事以寓教……易則寓於卜筮。故易之爲書，推天道以明人事者也。」不僅易經是如此，而且以後中國哲學的普遍架構就是「推天道以明人事」。

春秋末期，與孔子同時而比他年長的老子，原創性地提出了「有物混成，先天地生」（老子二十五章），天地並非固有的，在天地産生之前有「道」存在，「道」是産生天地萬物的總根源和總根據。「道」内在於天地萬物之中就是「德」，「孔德之容，惟道是從」（老子二十一章），「道」與「德」是統一的。老子説：「道生之，德畜之，物形之，勢成之。是以萬物莫不尊道而貴德。道之尊，德之貴，夫莫之命而常自然。」（老子五十一章）老子的價值主張是「自然無爲」，而「自然無爲」的天道根據就是「道生之，德畜之……是以萬物莫不尊道而貴德」。老子所講的「德」實即相當於「性」，孔子所罕言的「性與天道」，在老子哲學中就是講「道」與「德」的形而上學。實際上，老子哲學確立了中國哲學「性與天道合一」的思想，而他從「道」與「德」推出「自然無爲」的價值主張，這就成爲以後中國哲學「推天道以明人事」普遍架構的一個典範。雅斯貝爾斯在大哲學家一書中把老子列入「原創性形而上學家」，他説：「從世界歷史來看，老子的偉大是同中國的精神結合在一起的。」他評價孔、老關係時説：「雖然兩位大師放眼於相反的方向，但他們實際上立足於同一基礎之上。兩者間的統一在中國的偉大人物身上則一再得到體現……」這裏所謂「中國的精神」「立足於同一基礎之上」，就是説孔子和老子的哲學都是爲了解決現實生活中的問題，都是「務爲治者也」。

在老子哲學之後，中庸説：「天命之謂性」，「思知人，不可以不知天」。孟子説：「盡其心者知其性也，知其性則知天矣。」（孟子盡心上）此後的中國哲學家雖然對天道和人性有不同的認識，但大抵都是講人性源於天道，知天是爲了知人。一直到宋明理學家講「天者理也」，「性即理也」，「性與天道合一存乎誠」。作爲宋明理學之開山著作的周敦頤太極圖說，是從「無極而太極」講起，至「形既生矣，神發知矣，五性感動而善惡分，萬事出矣」，這就是從天道講到人事，而其歸結爲「聖人定之以中正仁義而主静，立人極焉」，這就是從天道、人性推出人事應該如何，「立人極」就是要確立人事的價值準則。可以說，中國哲學的「推天道以明人事」最終指向的是人生的價值觀，這也就是要「爲天地立心，爲生民立命，爲往聖繼絶學，爲萬世開太平」。在作爲中國哲學主流的儒家哲學中，價值觀又是與道德修養的工夫論和道德境界相聯繫。因此，天人合一、真善合一、知行合一成爲中國哲學的主要特點。

中國哲學經歷了不同的歷史發展階段，從先秦時期的諸子百家争鳴，到漢代以後的儒家經學獨尊，而實際上是儒道互補，至魏晋玄學乃是儒道互補的一個結晶；在南北朝時期逐漸形成儒、釋、道三教鼎立，從印度傳來的佛教逐漸適應中國文化的生態環境，至隋唐時期完成中國化的過程而成爲中國文化的一個有機組成部分；宋明理學則是吸收了佛、道二教的思想因素，返而歸於「六經」，又創建了論語孟子大學中庸的「四書」體系，建構了以「理、氣、心、性」爲核心範疇的新儒學。因此，中國哲學不僅具有自身的特點，而且具有不同發展階段和不同學派思想内容的豐富性。

一八四〇年之後，中國面臨着「數千年未有之變局」，中國文化進入了近現代轉型的時期。在甲午戰敗之後的一八九五年，「哲學」的譯名出現在黄遵憲的日本國志和鄭觀應的盛世危言（十四卷本）中。此後，「哲學」以一個學科的形式，以哲學的「獨立之精神，自由之思想」推動了中華民族的思想解放和改革開放，中、外哲學會聚於中國，中、外哲學的交流互鑒使中國哲學的發展呈現出新的形態，馬克思主義哲學在與中國的歷史文化傳統、中國具體的革命和建設實踐相結合的過程中不斷中國化而產生新的理論成果。中華民族的偉大復興必將迎來中國哲學的新發展，在此之際，編纂中外哲學典籍大全，中國哲學典籍第一次與外國哲學典籍會聚於此大全中，這是中國盛世修典史上的一個首創，對於今後中國哲學的發展、對於中華民族的偉大復興具有重要的意義。

李存山

二〇一八年八月

出版前言

社會的發展需要哲學智慧的指引。在中國浩如煙海的文獻中，哲學典籍占據著重要地位，指引著中華民族在歷史的浪潮中前行。這些凝練著古聖先賢智慧的哲學典籍，在新時代仍然熠熠生輝。

收入我社「中國哲學典籍卷」的書目，是最新整理成果的首次發布，按照內容和年代分爲以下幾類：先秦子書類、兩漢魏晉隋唐哲學類、佛道教哲學類、宋元明清哲學類、近現代哲學類、經部（易類、書類、禮類、春秋類、孝經類）等，其中以經學類占多數。本次整理皆選取各書存世的善本爲底本，制訂校勘記撰寫的基本原則以確保校勘品質。全套書采用繁體暨排加專名綫的古籍版式，嚴守古籍整理出版規範，並請相關領域專家多次審稿，整理者反復修訂完善，旨在匯集保存中國哲學典籍文獻，同時也爲古籍研究者和愛好者提供研習的文本。

文化自信是一個國家、一個民族發展中更基本、更深沉、更持久的力量。對中國哲學典籍進行整理出版，是文化創新的題中應有之義。中國社會科學出版社秉持「傳文明薪火，發時代先聲」的發展理念，歷來重視中華優秀傳統文化的研究和出版。「中國哲學典籍卷」樣稿已在二〇一八年世界哲學大會、二〇一九年北京國際書展等重要圖書會展亮相，贏得了與會學者的高度贊賞和期待。

點校者、審稿專家、編校人員等爲叢書的出版付出了大量的時間與精力，在此一併致謝。由於水準有限，書中難免有一些不當之處，敬請讀者批評指正。

趙劍英

二〇二〇年八月

本書點校説明

本書爲李卓吾編選王陽明政論類文章，並加以評點而成。王陽明（一四七二—一五二九）名守仁，字伯安，浙江餘姚人，明代著名的政治家、軍事家，陽明心學的開創者。李卓吾（一五二六—一六〇二）名贄，福建泉州人，晚明傑出的思想家。關於本書編輯緣起，據李卓吾自述，萬曆二十八年（一六〇〇）元日，研究易經之餘，在南京吴明貢書屋偶然翻閲王陽明全書，發現王陽明對易學體會之深，引起其編輯評點的興趣。本書在當年編輯完成，命名爲「陽明先生道學鈔」。

本書内容包括兩個部分：一爲主體部分王陽明本人的文章，一爲李卓吾所編之年譜。第一部分共七卷，前二卷爲論學書、雜著書，主要收入王陽明早年在北京做官時與朋友往還的書信，故又稱之爲「在京者」。也有不少其他時期的作品，以與之互相發明。以下三至七卷，根據王陽明由京官貶爲貴州龍場驛丞，隨後升任廬陵縣縣令、南贛巡撫、鎮壓寧王朱宸濠叛亂、平定廣西思、田少數民族反叛等政治經歷，把其相應之文章「或書答，或行移，或奏請謝，或榜文，或告示，各隨處附入」，分别編爲龍場書、廬陵書、南贛書、平濠書、思田書等。但個别地方也有出入，如南贛書卷首綏柔流賊等兩篇文章本應編入思田書，但卓吾明顯認爲，這兩篇文章頗能發明王陽明「平亂」的總的指導思想，故予提前。二是年譜部分。李卓吾主要根據王門弟子所編的舊譜進行改編，同時增加了大量時人的評論、筆記，有選擇性地突出王陽明作爲政治家、軍事家的實踐家的形象。在王陽明身後，全國各地紀念王陽明及王學發展的情況、統治集團内部各方力量圍繞王陽明是非功過展開激烈較量的有關文獻，則編爲年譜後論、年譜後人等。嚴格地説，這部分内容應爲「年譜附録」。在編輯王陽明的文章及其年譜時，李卓吾隨處「插嘴」加以點評。

在本書中，李卓吾完全不取王陽明在其學術名著傳習録中的講學言論。王陽明在闡述自己的學術思想時，爲了避開朱子學的統治意識形態的鋒芒而採取了某種「權術」。卓吾雖然肯定這種權術能夠「避禍」，贊揚陽明之「善巧方便，千古大聖人所當讓美，所當讓德，所當讓才者也」，但也意識到，這種巧勁難以爲一般人所理解，甚至爲别有用心的人加以利用，以達到扭曲王學的目的。事實上，自王陽明在正德十三年（一五一八）發表朱子晚年定論、古本大學、傳習録以來，各種歧見迭出，學者莫衷一是。特别是萬曆十二年（一五八四）王陽明獲准「從祀孔廟」後，其思想有被詮釋爲一種與朱子學「互補」的新道學的趨勢，創造性精神被閹割殆盡。於是，什麼才是王學的基本精神，誰才是王學的正宗嫡傳，便成了問題。因此，如何通過澄清王學的學術性質，從而確定其發展方向，也就成爲一項非常迫切的任務。李卓吾作爲王學的風潮人物，對此有義不容辭的責任。

不過，由於前述王陽明學術思想本身的模糊性及其發展的複雜程度，通過澄清王陽明在現實生活中的行爲的意義，比澄清其學術言論，更能收到事半功倍的效果。何況這也更符合王學所提倡的「知行合一」的思想精神。於是，李卓吾完全删去了直接討論一般學術觀點的文章，而單純表彰王陽明的政治哲學與實踐。即使本書首兩卷的論學書、雜著書，也只從學術方法與立場的角度選録了涉及心學基本宗旨和歷史傳承的大體框架的幾篇文章，著重點在討論學者與學者、學者與學問的關係問題，完全不涉及心學學理之闡發。此即所謂「獲上信友」之「信友」的方面，以顯示王陽明開創學術門派的才能。

陽明先生道學鈔的編成，大大地提升了陽明著作的可讀性。李卓吾所見的全書主要是由陽明弟子在不同時期記録、搜集陽明著作獨立編輯的，然後在隆慶六年（一五七二）由謝廷傑匯刻爲王文成公全書。由於是簡單的匯刻，内容非常混雜。王陽明的文章既按搜集刻印的先後分爲文録、别録、外集等，又按體裁分編，使人們欲理解王陽明在某個時期的思想與行爲，變得非常不便。李卓吾的重編顯然有效地解決了這個問題。

除此之外，李卓吾通過自己的評點，使王陽明的政治思想和實踐的精華得到突出的表現。首先，李卓吾以「道學」命名本書，應當與嘉靖皇帝以「有用道學」評價王陽明有關，暗示一般道學都是「無用」的，使此命名具有一種反諷的效果。其次，在對所選文章的評點中，又特别突出了王陽明政治哲學的以下幾方面内容：

一、「親民」思想。王陽明對朱子學的批判以恢復古本大學爲號召，其中重要的一條就是把朱熹的「新民」二字改回「親民」。但對於「新民」的批判以及「親民」意義的闡述，在傳習録中表述得比較含糊，其「教」「養」兼顧的觀點使人覺得似乎對朱子學的「新民」觀點也有所肯定。其實，王學即使講「教」，也是從内在性的角度講的，重在啓發民衆自身的道德意識，與朱子學以某種外在的道德知識「教化」民衆的觀點完全不同。「親民」的觀點，在本書中作了非常清晰的表述，即以現實的「百姓日用」作爲施政的主體，此外無他。如王陽明在李卓吾特別看重的綏柔流賊一文中説：「古之人能以天地萬物爲一體，故能通天下之志。凡舉大事，必順其情而使之，因其勢而導之，乘其機而動之，及其時而興之。……此天下之民所以陰受其庇，而莫知其功之所自也。」這與老子「百姓皆曰『我自然』」的觀點，倒是異曲同工。

二、法治精神。本書選入了王陽明有關重建保甲制的幾乎所有文字，如十家牌法告諭各府父老子弟、申諭十家牌法、申行十家牌法等文。保甲制起於秦國的商鞅，是王陽明在基層農村社會建立法制秩序的嘗試。同時，李卓吾删去了脱胎於宋儒吕氏鄉約的道德教化傾向非常突出的南贛鄉約。對道德教化的否定，從反面突出了法治精神。同樣的立場也體現在李卓吾編輯廬陵書時只取一篇，而删去了著名的告諭廬陵父老子弟書。該「告示」完全體現了道學政客的「常態」，在王陽明弟子所編的年譜中被大肆渲染，對法治精神産生嚴重的干擾作用。法治精神尤其體現在王陽明爲「平濠之役」急於功名的諸將所作的辯護中，該文完全是從國家法制的角度立論，反對對當事人進行毫無根據的道德審判，反對以道德標榜忽視國家法制等。可以説，法治精神貫穿了本書所選王陽明政論的主要部分。客觀地説，道德説教在當時的社會文化環境中即使没有主導的地位，也會如佛、道一樣，發生某種「暗助王綱」的間接作用。李卓吾的删述，顯然只是不要以此類文字來模糊甚至篡改當時政治的主題。

三、權力意識。權力是道學家最爲忌諱的話題，王陽明也總是以各種道德名目辭官乞休，進行當時官場上的俗套表演，做出與權力保持距離的姿態。但在本書卷二所選寄楊邃庵一信中，則表現了一個政治人物直接面對權力、奪取權力並勇於承擔責任的態度，堪稱古代政治權力論述的經典之作，得到李卓吾的高度贊賞。在王陽明與兵部尚書王瓊的交往中，則暴露出一個道德君子渴求權力卑躬屈膝到近乎肉麻的程度。王陽明還公開把全部功勞歸於自己的後臺，一字不提首輔楊廷和的決策作用。對於這種過於露骨的宗派習氣，即使李卓吾也不以爲然，認爲其招致别人的打擊有其自取的因素。不過，向權力的來源表達相應的敬畏，克服「堯舜君民」的道德教師的傲慢，則有其正當性。因此李卓吾仍然選入王陽明寫給王瓊的幾乎全部書信，還權力運作之真面目。同時，本書還突出了王陽明的「權術」，特别是「行間」等等方面的内容，顯示了權力意識之下運用權力的職業技能。而這卻爲道學政治特别忌憚，嘉靖八年（一五二九）明廷專門舉行御前會議，對之作了官方批判，此後亦議論不絶。

如此之類，作爲這種政治實踐的思想基礎之哲學觀之性質，也就不言自明：王陽明政治哲學本質上並非爲實現儒學「尊尊」「親親」的特定的道德目標的政治實踐進行辯護的形而上學理論，而是探討職業官僚如何超越各種道德價值選擇以依法治國。蓋李卓吾認爲，王陽明的哲學思想同於韓非子，即司馬遷所谓「歸本於黄老」，可以兼容各种不同的價值追求。换言之，王陽明的哲學思想不是導向某個固定目標的形而上學，而是意在於幫助人們去實現各種不同價值追求的人生智慧。此乃大易「神無方而易無體」

之真義。

本書與李卓吾兩年前所評選的王龍谿先生集鈔構成「姐妹篇」。如果説王龍谿先生集鈔是專明心學理論的「内篇」，那麽，此書則是明其實際應用的「外篇」。在李卓吾看來，心學雖至陽明而大明，「然非龍谿先生緝熙繼續，亦未見得陽明先生妙處」。王龍谿秉承王陽明晚年「天泉證道」的遺訓進行發揮，言論更加明白曉暢。因此，從傳播學術思想的角度而言，既然已經編選王龍谿先生集鈔，也就不必再編王陽明本人的講學言論了。否則，反滋學人之惑。當然，在把握了王學的基本性質之後，傳習録等學術著作還是有獨特價值的，李卓吾在年譜中對之也作了重點提示。

本書現有明萬曆三十七年（一六〇九）武林繼錦堂刻本，北京大學圖書館、美國哈佛燕京圖書館均有收藏，並收入上海古籍出版社續修四庫全書第九三七册。此次校編，即以此爲底本。王陽明本文疑誤之處，則據隆慶六年（一五七二）謝廷傑刻王文成公全書及現代王陽明全集版本校正。

本次編校，按以下原則進行：

一　原書年譜分上、下兩篇，本次重編則根據具體内容重新分篇。原譜中有關王陽明生平的部分重新命名爲本譜，李卓吾原編有年譜後論、年譜後人不變，有關王陽明身後「封贈」爭議的文獻單獨列出，依據李卓吾格式，取名年譜封贈，便於檢閲。個别字句文意不完整之處，根據相關文獻補足，加括號標明。

二　李卓吾對王陽明著作的批選，除整篇删除者以外，對所選篇章之段落、段落中的個别字、句，以及他人敘述、評價王陽明的文字亦有删節、縮寫的情況，特别是對他人評述文字删、寫較多（也可能是依據當時流行的其他版本），對此不再注明。

三　照顧現代人的讀書習慣，爲清潔起見，原書李卓吾所加之圈點一概删除，只保留文字評論。李卓吾的評語，置於篇首、篇尾者，皆加注爲「總評」，眉批則移入文中。其所評文句一般都進行了圈點，則根據原書的圈點，注明評論所指的範圍。原置於文中的旁批，有些只評一句中幾個字，則注明爲「旁批」，盡量緊靠原來相應位置。

四　本書文字一般照原刻直接過録，盡量保持原貌。其中涉及稱呼少數民族的字，一仍其舊。

五　原書目録與本文標題有不少差異，甚至脱漏，悉以本文標題爲準。原書每卷之前另有目録，本書删除。

點校者　傅秋濤

戊戌初夏於湖南省社會科學院

目録

卷之二　雜著書　共二十一篇……三三

卷之五　南贛書　共二十八篇……八三

卷之六　平濠書　共二十八篇……一七六

卷之七　思田書　共十五篇……二五六

陽明先生道學鈔序

溫陵李贄曰：余舊録有先生年譜，以先生書多不便携持，故取譜之繁者删之，而録其節要，庶可挾之以行遊也。雖知其未妥，要以見先生之書而已。

今歲庚子元日，余約方時化、汪本鈳、馬逢暘及山西劉用相，暫輟易，過吴明貢，擬定此日共適吾適，决不開口言易。而明貢書屋，正有王先生全書，既已開卷，如何釋手？况彼己均一旅人，主者愛我，焚香煮茶，寂無人聲，余不起于坐，遂盡讀之。於是乃敢斷以先生之書爲足繼夫子之後，旁批：真，真。蓋逆知其從讀易來也。故余於易因之藁甫就，即令汪本鈳校録先生全書，而余專一手抄年譜。以譜先生者，須得長康點睛手，他人不能代也。抄未三十葉，工部尚書晉川劉公，以漕務巡河，直抵江際，遣使迎余。余暫擱筆，起隨使者，冒雨登舟，促膝未談，順風揚帆，已到金山之下矣。嗟嗟！余久不見公，見公固甚喜，然使余輟案上之紙墨，廢欲竟之全鈔，亦終不歡耳。於是遣人爲我取書。今書與譜抵濟上，亦遂成矣。

大參公黄與參、念東公于尚寶見其書與其譜，喜曰：「陽明先生真足繼夫子之後，大有功來學也。況是鈔僅八卷，百十有餘篇乎，可以朝夕不離，行、坐與參矣。參究是鈔者，事可立辦，心無不竭於艱難禍患也。何有是處上、處下、處常、處變之最上乘好手！旁批：急請。宜共序而梓行之，以嘉惠後世之君子乃可。」晉川公曰：「然。余於江陵首内閣日，承乏督兩浙學政，特存其書院祠宇，不敢毁矣。」

卷之一　論學書　共一十六篇

答倫彥式

往歲仙舟過贛，承不自滿足，執禮謙而下問懇，古所謂敏而好學，於吾彥式見之。別後連冗，不及以時奉問，極切馳想。近令弟過省，復承惠教，志道之篤，趨向之正，勤惓有加，淺薄何以當此？悚息，悚息。

諭及：「學無靜根，感物易動，處事多悔。」即是三言，尤見近時用工之實。大抵三言者，病亦相因。惟學而別求靜根，故感物而懼其易動；感物而懼其易動，是故處事而多悔也。心無動靜者也，其靜也者，以言其體也；其動也者，以言其用也。故君子之學，無間於動静。其静也，常覺而未嘗無也，故常應；其動也，常定而未嘗有也，故常寂。常應常寂，動静皆有事焉，是之謂「集義」。集義故能無祇悔，所謂「動亦定，静亦定」者也。心一而已，静其體也，而復求静根焉，是撓其體也；動其用也，而懼其易動焉，是廢其用也。故求静之心即動也，惡動之心非静也，是之謂「動亦動，静亦動」。將迎起伏，相尋於無窮矣。故循理之謂静，從欲之謂動。欲也者，非必聲色貨利外誘也，有心之私皆欲也。故循理焉，雖酬酢萬變，皆静也。濂溪所謂「主静無欲」之謂也，是謂集義者也。從欲焉，雖心齋坐忘，亦動也。告子之强制正助之謂也，是外義者也。

與唐虞佐侍御

相與兩年，情日益厚，意日益真，此皆彼此所心喻，不以言謝者。别後又承雄文追送，稱許過情，末又重以傅説之事，所擬益非其倫，感怍何既！雖然，故人之賜也，敢不拜受！果如是，非獨進以有爲，將退而隱於巖穴之下，要亦不失其爲賢也已，敢不拜賜？

昔人有言：「投我以木桃，報之以瓊瑤。」今投我以瓊瑤矣，我又何以報之？報之以其所賜，可乎？

說之言曰：「學於古訓，乃有獲。」夫謂學於古訓者，非謂其通於文辭，講說於口耳之間，義襲而取諸其外也。獲也者，得之於心之謂，非外鑠也。必如古訓，而學其所學焉，誠諸其身，所謂「默而成之」「不言而信」，乃爲有得也。夫謂遜志務時敏者，非謂其飾情卑禮於其外，汲汲於事功聲譽之間也。其遜志也，如地之下而無所不承也，如海之虛而無所不納也；其時敏也，一於天德，戒懼於不覩不聞，如太和之運而不息也。夫然，百世以俟聖人而不惑，溥博淵泉而時出之，言而民莫不信，行而民莫不悅，施及蠻貊，而道德流於無窮，斯固說之所以爲說也。以是爲報，虞佐其能以郤我乎？孟氏云「責難之謂恭」，吾其敢以後世文章之士期虞佐乎？顏氏云：「舜何人也，予何人也。」虞佐其能不以說自期乎？

答友人

君子之學，務求在己而已。毁譽榮辱之來，非獨不以動其心，且資之以爲切磋砥礪之地。故君子無入而不自得，正以其無入而非學也。若夫聞譽而喜，聞毁而戚，則將惶惶於外，惟日之不足矣，其何以爲君子？往年駕在留都，左右交讒某於武廟。當時禍且不測，僚屬咸危懼，謂羣疑若此，宜圖所以自解者。某曰：「君子不求天下之信己也，自信而已。吾方求以自信之不暇，而暇求人之信己乎？」某於執事爲世交，執事之心，某素能信之，而顧以相訊若此，豈亦猶有未能自信也乎？雖然，執事之心，又焉有所不自信者！至於防範之外，意料所不及，若校人之於子産者，亦安能保其必無。則執事之懇懇以詢於僕，固君子之嚴於自治，宜如此也。昔楚人有宿於其友之家者，其僕竊友人之履以歸，楚人不知也。適使其僕市履於肆，僕私其直而以竊履進，楚人不知也。他日，友人來過，見其履在楚人之足，大駭曰：「吾固疑之，果然竊吾履。」遂與之絶。踰年而事暴，友人踵楚人之門，而悔謝曰：「吾不能知子，而繆以疑子，吾之罪也。請爲友如初。」今執事之見疑於人，其有其無，某皆不得而知。縱或有之，亦何傷於執事之自信乎？不俟踰年，吾見有踵執事之門而悔謝者矣。執事其益自信無怠，固將無入而非學，亦無入而不自得也矣。

别三子序

自程、朱諸大儒没而師友之道遂亡。六經分裂於訓詁，支離蕪蔓於辭章業舉之習，聖學幾於息矣。有志之士，思起而興之，然卒徘徊嗟咨，逡巡而不振；因弛然自廢者，亦志之弗立，弗講於師友之道也。夫一人爲之，二人從而翼之，已而翼之者益衆焉，雖有難爲之事，其弗成者鮮矣。一人爲之，二人從而危之，已而危之者益衆焉，雖有易成之功，其克濟者亦鮮矣。故凡有志之士，必求助於師友。無師友之助者，志之弗立弗求者也。自予始知學，即求師於天下，而莫予誨也；求友於天下，而與予者寡矣；又求同志之士，二三子之外，邈乎其寥寥也。殆予之志有未立邪？蓋自近年，而又得蔡希顏、朱守中於山陰之白洋，得徐曰仁於餘姚之馬堰。曰仁，予妹婿也。希顏之深潛，守中之明敏，曰仁之溫恭，皆予所不逮。三子者，徒以一日之長，視予以先輩，予亦居之而弗辭。非能有加也，姑欲假三子者而爲之證，遂忘其非有也。而三子者，亦姑欲假予而存師友之餼羊，不謂其不可也。當是之時，其相與也，亦渺乎難哉！予有歸隱之圖，方將與三子就雲霞，依泉石，追濂、洛之遺風，求孔、顏之真趣，灑然而樂，超然而遊，忽焉而忘吾之老也。

今年，三子者爲有司所選，一舉而盡之。何予得之之難，而有司者襲取之之易也！予未暇以得舉爲三子喜，而先以失助爲予憾；三子亦無喜於其得舉，而方且戚於其去予也。漆雕開有言：「吾斯之未能信。」斯三子之心與？曾點志於詠歌浴沂，而夫子喟然與之，斯予與三子之冥然而契、不言而得之者與？三子行矣，遂使舉進士，任職就列，吾知其能也，然而非所欲也。使遂不進而歸，詠歌優遊有日，吾知其樂也，然而未可必也。天將降大任於是人，必先違其所樂而投之於其所不欲，所以衡心拂慮而增其所不能。是玉之成也，其在兹行與？三子則焉往而非學矣，而予終寡於同志之助也。三子行矣。「沉潛剛克，高明柔克」，非箕子之言乎？溫恭亦沉潛也，三子識之，焉往而非學矣。苟三子之學成，雖不吾邇，其爲同志之助也，不多乎哉！

增城湛原明宦於京師，吾之同道友也，三子往見焉，猶吾見也。

贈林以吉歸省序

陽明子曰：求聖人之學而弗成者，殆以志之弗立與！天下之人，志輪而輪焉，志裘而裘焉，志巫醫而巫醫焉。志其事而弗成者，吾未之見也。輪、裘、巫醫遍天下，求聖人之學者間數百年而弗一二見，爲其事之難與？亦其志之難與？弗志其事而能有成者，吾亦未之見也。

林以吉將求聖人之事，過予而論學。予曰：「子盍論子之志乎？志定矣，而後學可得而論。子閩也，將閩是求；而予言子以越之道路，弗之聽也。予越也，將越是求；而子言予以閩之道路，弗之聽也。夫久溺於流俗而驟語以求聖人之事，其始也必將有自餒而不敢當；已而舊習牽焉，又必有自眩而不能決；已而外議奪焉，又必有自沮而或以懈。夫餒而求有以勝之，眩而求有以信之，沮而求有以進之，吾見立志之難能也已。志立而學半，四子之言，聖人之學備矣。苟志立而於是乎求焉，其切磋講明之益，以吉自取之，尚其有窮也哉？見素先生，子諸父也，子歸而以予言正之，且以爲何如？」

別湛甘泉序

顏子没而聖人之學亡。曾子唯一貫之旨傳之孟軻，絶又二千餘年，而周、程續。自是而後，言益詳，道益晦；析理益精，學益支離無本，而事於外者益繁以難。蓋孟氏患楊、墨；周、程之際，釋、老大行。今世學者，皆知宗孔、孟，賤楊、墨，擯釋、老，聖人之道，若大明於世。然吾從而求之，聖人不得而見之矣。其能有若墨氏之兼愛者乎？其能有若楊氏之爲我者乎？其能有若老氏之清淨自守、釋氏之究心性命者乎？吾何以楊、墨、老、釋之思哉？彼於聖人之道異，然猶有自得也。而世之學者，章繪句琢以誇俗，詭心色取，相餙以僞，謂聖人之道勞苦無功，非復人之所可爲，而徒取辯於言詞之間；古之人有終身不能究者，今吾皆能言其畧，自以爲若是亦足矣，而聖人之學遂廢。則今之所大患者，豈非記誦詞章之習！而弊之所從來，無亦言之太詳、析之太精者之過與！夫楊、墨、老、釋，學仁義，求性命，不得其道而偏焉，固非若今之學者以仁義爲不可學、性命之爲無益也。居今之時而有學仁義，求性命，外記誦辭章而不爲者，雖其陷於楊、墨、老、釋之偏，吾猶且以爲賢，彼其心猶求以自得也。夫求以自得，而後可與之言學聖人之道。

某幼不問學，陷溺於邪僻者二十年，而始究心於老、釋。賴天之靈，因有所覺，始乃沿周、程之説，求之而若有得焉。顧一二同志之外，莫予翼也，岌岌乎仆而復興。晚得友於甘泉湛子，而後吾之志益堅，毅然若不可遏，則予之資於甘泉多矣。甘泉之學，務求自得者也。世未之能知其知者，且疑其爲禪。誠禪也，吾猶未得而見，而况其所志卓爾若此！則如甘泉者，非聖人之徒與？多言又烏足病也！夫多言不足以病甘泉，與甘泉之不爲多言病也，吾信之。吾與甘泉友，意之所在，不言而會；論之所及，不約而同，期於斯道，斃而後已者。今日之別，吾容無言？夫惟聖人之學難明而易惑，習俗之降愈下而益不可回，任重道遠，雖已無俟於言，顧復於吾心，若有不容已也。則甘泉亦豈以予言爲綴乎？

從吾道人記

海寧董蘿石者，年六十有八矣，以能詩聞江湖間。與其鄉之業詩者十數輩爲詩社，旦夕操紙吟嗚，相與求句字之工，至廢寢食，遺生業。時俗共非笑之，不顧，以爲是天下之至樂矣。

嘉靖甲申春，蘿石來遊會稽，聞陽明子方與其徒講學山中，以杖肩其瓢笠詩卷來訪。入門，長揖上坐。陽明子異其氣貌，且年老矣，禮敬之。又詢知其爲董蘿石也，與之語連日夜。蘿石辭彌謙，禮彌下，不覺其席之彌側也。退，謂陽明子之徒何生秦曰：「吾見世之儒者支離瑣屑，修飾邊幅，爲偶人之狀，其下者貪饕爭奪於富貴利欲之場，而常不屑其所爲，以爲世豈真有所謂聖賢之學乎，直假道於是以求濟其私耳。故遂篤志於詩，而放浪於山水。今吾聞夫子良知之説，而忽若大寐之得醒，然後知吾向之所爲，日夜弊精勞力者，其與世之營營利祿之徒，特清濁之分，而其間不能以寸也。幸哉！吾非至於夫子之門，則幾於虚此生矣。吾將北面夫子而終身焉，得無既老而有所不可乎？」秦起拜賀曰：「先生之年則老矣，先生之志何壯哉！」入以請於陽明子。陽明子喟然歎曰：「有是哉？吾未或見此翁也！雖然，齒長於我矣。師、友一也，苟吾言之見信，奚必北面而後爲禮乎？」蘿石聞之，曰：「夫子殆以予誠之未積與？」辭歸兩月，棄其瓢笠，持一縑而來，謂秦曰：「此吾老妻之所織也。吾之誠積若兹縷矣。夫子其許我乎？」秦入以請。陽明子曰：「有是哉？吾未或見此翁也！今之後生晚進，苟知執筆爲文辭，稍記習訓詁，則已侈然自大，不復知有從師學問之事。見有或從師問學者，則閧然共非笑，指斥若怪物。翁以能詩訓後進，從之遊者遍於江湖，蓋居然先輩矣。一旦聞予言，而棄去其數十年之成業如敝屣，遂求北面而屈禮焉，豈獨今之時而未見若人，將古之記傳所載，亦未多數也。夫君子之學，求以變化其氣質焉耳。氣質之難變者，以客氣之爲患，而不能以屈下於人，遂至自是自欺，餙非長敖，卒歸於兇頑鄙倍。故凡世之爲子而不能孝，爲弟而不能敬，爲臣而不能忠者，其始皆起於不能屈下，而客氣之爲患耳。苟唯理是從，而不難於屈下，則客氣消而天理行。非天下之大勇，不足以與於此！則如蘿石，固吾之師也，而吾豈足以師蘿石乎？」蘿石曰：「甚哉！夫子之拒我也。吾不能以俟請矣。」入而強納拜焉。

陽明子固辭不獲，則許之以師友之間。與之探禹穴，登爐峯，陟秦望，尋蘭亭之遺迹，徜徉於雲門、若耶、鑑湖、剡曲。蘿石日有所聞，益充然有得，欣然樂而忘歸也。其鄉黨之子弟親友與其平日之爲社者，或笑而非，或爲詩而招之返，且曰：「翁老矣，何乃自苦若是邪？」蘿石笑曰：「吾方幸逃於苦海，方知憫若之自苦也，顧以吾爲苦邪？吾方揚鬐於渤澥，而振羽於雲霄之上，安能復投網罟而入樊籠乎？去矣，吾將從吾之所好！」遂自號曰「從吾道人」。

陽明子聞之，歎曰：「卓哉蘿石！血氣既衰，戒之在得矣，孰能挺特奮發，而復若少年英鋭者之爲乎？真可謂之能『從吾所好』矣。世之人從其名之好也，而競以相高；從其利之好也，而貪以相取；從其心意耳目之好也，而詐以相欺。亦皆自以爲從吾所好矣，而豈知吾之所謂真吾者乎？夫吾之所謂真吾者，良知之謂也。父而慈焉，子而孝焉，吾良知所好也；不慈不孝焉，斯惡之矣。言而忠信焉，行而篤敬焉，吾良知所好也；不忠信焉，不篤敬焉，斯惡之矣。故夫名利物欲之好，私吾之好也，天下之所惡也；良知之好，真吾之好也，天下之所同好也。是故從私吾之好，則天下之人皆惡之矣，將心勞日拙而憂苦終身，是之謂物之役。從真吾之好，則天下之人皆好之矣，將家、國、天下，無所處而不當；富貴、貧賤、患難、夷狄，無入而不自得，斯之謂能從吾之所好也矣。夫子嘗曰『吾十有五而志於學』，是從吾之始也；『七十而從心所欲不踰矩』，則從吾而化矣。蘿石踰耳順而始知從吾之學，毋自以爲既晚也。充蘿石之勇，其進於化也何有哉？嗚呼！世之營營於物欲者，聞蘿石之風，亦可以知所適從也乎？」

書黄夢星卷

潮有處士黄翁保號坦夫者，其子夢星來越從予學。越去潮數千里，夢星居數月，輒一告歸省其父，去二三月輒復來。如是者屢屢。夢星質性溫然善人也，而甚孝。然稟氣差弱，若不任於勞者。竊怪其乃不憚道途之阻遠，而勤苦無已也，因謂之曰：「生既聞吾説，可以家居養親而從事矣，奚必往來跋涉若是乎？」夢星跽而言曰：「吾父生長海濱，知慕聖賢之道，而無所從求入。既乃獲見吾鄉之薛、楊諸子者，得夫子之學，與聞其説而樂之，乃以責夢星曰：『吾衰矣，吾不希汝業舉以干禄，汝但能若數子者，一聞夫子之道焉，吾雖啜粥飲水，死填溝壑，無不足也矣。』夢星是以不遠數千里而來從。每歸省，求爲三月之留以奉菽水，不許；則求爲踰月之留，亦不許。居未旬日，即已具資糧，戒童僕，促之啓行。夢星涕泣以請，則責之曰：『唉，兒女子欲以是爲孝我乎！不能黄鵠千里而思爲翼下之雛，徒使吾心益自苦。』故亟遊夫子之門者，固夢星之本心；然不能久留於親側，而倏往倏來，吾父之命不敢違也。」予曰：「賢哉，處士之爲父！孝哉，夢星之爲子也！勉之哉，卒成乃父之志，斯可矣！」

今年四月上旬，其家忽使人來訃云：處士没矣。嗚呼惜哉，嗚呼惜哉！聖賢之學，其久見棄於世也，不啻如土苴。苟有言論及之，則衆共非笑詆斥，以爲怪物。唯世之號稱賢士大夫者，乃始或有以之而相講究，然至考其立身行己之實，與其平日家庭之間所以訓督期望其子孫者，則又未嘗不汲汲焉唯功利之爲務；而所謂聖賢之學者，則徒以資其談論、粉餙文具於其外，如是者常十而八九矣。求其誠心一志，實以聖賢之學督教其子如處士者，可多得乎？而今亡矣，豈不惜哉！豈不惜哉！阻遠無由往哭，遥寄一奠，以致吾傷悼之懷，而叙其遺子來學之故若此，以風勵夫世之爲父兄者。亦因以益勵夢星，使之務底於有成，以無忘乃父之志。

答人問神仙

詢及神仙有無，兼請其事，三至而不答，非不欲答也，無可答耳。昨令弟來，必欲得之。僕誠生八歲而即好其説，今已餘三十年矣，齒漸摇動，髮已有一二莖變化成白，目光僅盈尺，聲聞函丈之外。又常經月卧病不出，藥量驟進，此殆其效也。而相知者猶妄謂之能得其道，足下又妄聽之而以見詢。不得已，姑爲足下妄言之。

古有至人，淳德凝道，和於陰陽，調於四時，去世離俗，積精全神，遊行天地之間，視聽八遠之外，若廣成子之千五百歲而不衰，李伯陽歷商、周之代，西度函谷，亦嘗有之。若是而謂之曰無，疑於欺子矣。然其呼吸動静，與道爲體，精骨完久，禀於受氣之始，此殆天之所成，非人力可强也。若後世拔宅飛昇、點化投奪之類，譎怪奇駭，是乃秘術曲技，尹文子所謂「幻」，釋氏謂之「外道」者也。若是而謂之曰有，亦疑於欺子矣。夫有無之間，非言語可况，存久而明，養深而自得之。未至而强喻，信亦未必能及也。

蓋吾儒亦自有神仙之道，顔子三十二而卒，至今未亡也。足下能信之乎？後世上陽子之流，蓋方外技術之士，未可以爲道。若達磨、慧能之徒，則庶幾近之矣，然而未易言也。足下欲聞其説，須退處山林三十年，全耳目，一心志，胷中洒洒不掛一塵，而後可以言此。今去仙道尚遠也。妄言不罪。

答徐成之

承以朱、陸同異見詢，學術不明於世久矣，此正吾儕今日之所宜明辨者。細觀來教，則輿庵之主象山既失，而吾兄之主晦庵，亦未爲得也。是朱非陸，天下之論定久矣，久則難變也。雖微吾兄之爭，輿庵亦豈能遽行其說乎？故僕以爲二兄今日之論，正不必求勝，務求象山之所以非，晦庵之所以是，窮本極源，真有以見其幾微得失於毫忽之間。若明者之聽訟，其事之曲者，既有以辨其情之不得已；而辭之直者，復有以察其處之或未當。使受罪者得以伸其情，而獲伸者亦有所不得辭其責，則有以盡夫事理之公。即夫人心之安，而可以俟聖人於百世矣。

今二兄之論，乃若出於求勝者。求勝，則是動於氣也；動於氣，則於義理之正，何啻千里，而又何是非之論乎？凡論古人得失，決不可以意度而懸斷之。今輿庵之論象山曰：「雖其專以尊德性爲主，未免墮於禪學之虛空；而其持守端實，終不失爲聖人之徒。

若晦庵之一於道問學，則支離決裂，非復聖門誠意正心之學矣。」吾兄之論晦庵曰：「雖其專以道問學爲主，未免失於俗學之支離，而其循序漸進，終不背於大學之訓。若象山之一於尊德性，則虛無寂滅，非復大學『格物致知』之學矣。」夫既曰「尊德性」，則不可謂「墮於禪學之虛空」；「墮於禪學之虛空」，則不可謂之「尊德性」矣。既曰「道問學」，則不可謂「失於俗學之支離」；「失於俗學之支離」，則不可謂之「道問學」矣。二者之辨，間不容髮。然則二兄之論，皆未免於意度也。

昔者子思之論學，蓋不下千百言，而括之以「尊德性而道問學」之一語。即如二兄之辯，一以「尊德性」爲主，一以「道問學」爲事，則是二者固皆未免於一偏，而是非之論尚未有所定也，烏得各持一是而遽以相非爲乎？故僕願二兄置心於公平正大之地，無務求勝。夫論學而務以求勝，豈所謂「尊德性」乎？豈所謂「道問學」乎？以某所見，非獨吾兄之非象山、與庵之非晦庵皆失之非，而吾兄之是晦庵、與庵之是象山，亦皆未得其所以是也。旁批：切。稍暇當面悉，姑務養心息辯，毋遽。

答徐成之

昨所奉答，適有遠客，酬對紛紜，不暇細論。姑願二兄息未定之爭，各反究其所是者，必己所是已無絲髮之憾，而後可以反人之非。早來承教，乃爲僕漫爲含胡兩解之説，而細繹辭旨，若有以陰助輿庵而爲之地者，讀之不覺失笑。曾謂吾兄而亦有是言邪？僕嘗以爲君子論事，當先去其有我之私。一動於有我，則此心已陷於邪僻，雖所論盡合於理，既已亡其本矣。嘗以是言於朋友之間，今吾兄乃云爾，敢不自反，其殆陷於邪僻而弗覺也？求之反復，而昨者所論實未嘗有是，則斯言也無乃吾兄之過與？雖然，無是心而言之未盡於理，未得爲無過也。僕敢自謂其言之已盡於理乎？請舉二兄之所是者以求正。

輿庵是象山，而謂其「專以尊德性爲主」，今觀象山文集所載，未嘗不教其徒讀書窮理。而自謂理會文字頗與人異者，則其意實欲體之於身。其亟所稱述以誨人者，曰「居處恭，執事敬，與人忠」，曰「克己復禮」，曰「萬物皆備於我，反身而誠，樂莫大焉」，曰

「學問之道無他，求其放心而已」，曰「先立乎其大者，而小者不能奪」。是數言者，孔子、孟軻之言也，烏在其爲空虛者乎？獨其「易簡」「覺悟」之説頗爲當時所疑。然「易簡」之説出於繫辭，「覺悟」之説雖有同於釋氏，然釋氏之説亦自有同於吾儒，而不害其爲異者，唯在於幾微毫忽之間而已。亦何必諱於其同而遂不敢以言，狃其異而遂不以察之乎？是輿庵之是象山，固猶未盡其所以是也。

吾兄是晦庵，而謂其「專以道問學爲事」。然晦庵之言，曰「居敬窮理」，曰「非存心無以致知」，曰「君子之心常存敬畏，雖不見聞，亦不敢忽，所以存天理之本然，而不使離於須臾之頃也」。是其爲言雖未盡瑩，亦何嘗不以尊德性爲事，而又烏在其爲支離者乎？獨其平日汲汲於訓解，雖韓文、楚辭、陰符、參同之屬，亦必與之注釋考辯，而論者遂疑其玩物。又其心慮恐學者之躐等，而或失之於妄作，使必先之以格致而無不明，然後有以實之於誠正而無所謬。世之學者掛一漏萬，求之愈繁而失之愈遠，至有弊力終身，苦其難而卒無所入，而遂議其支離。不知此乃後世學者之弊，而當時晦庵之自爲，則亦豈至是乎？是吾兄之是晦庵，固猶未盡其所以是也。

夫二兄之所信而是者既未盡其所以是，則其所疑而非者，亦豈必盡其所以非乎？然而二兄往復之辯不能一反焉，此僕之所以疑其或出於求勝也。一有求勝之心，則已亡其學問之本，而又何以論學爲哉？此僕之所以唯願二兄之自反也，安有所謂含胡兩解而陰爲輿庵之地者哉？夫君子之論學，要在得之於心。衆皆以爲是，苟求之心而未會焉，未敢以爲是也；衆皆以爲非，苟求之心而有契焉，未敢以爲非也。心也者，吾所得於天之理也，無間於天人，無分於古今。苟盡吾心以求焉，則不中不遠矣。學也者，求以盡吾心也。是故尊德性而道問學，尊者，尊此者也；道者，道此者也。不得於心而唯外信於人以爲學，烏在其爲學也已！僕嘗以爲晦庵之與象山，雖其所爲學者若有不同，而要之皆不失爲聖人之徒。今晦庵之學，天下之人童而習之，既已入人之深，有不容於論辯者。而獨唯象山之學，則以其嘗與晦庵之有言，而遂藩籬之。使若由、賜之殊科焉，則可矣；而遂擯放廢斥，若碔砆之與美玉，則豈不過甚矣乎！夫晦庵折衷羣儒之説，以發明六經、語、孟之旨於天下，其嘉惠後學之心，真有不可得而議者。而象山辯義利之分，立大本，求放心，以示後學篤實爲己之道，其功亦寧可得而盡誣之？而世之儒者附和雷同，不究其實，而槩目之以禪學，則誠可冤也已！故僕嘗欲冒天下之譏，以爲象山一暴其説，雖以此得罪無恨。僕於晦庵亦有罔極之恩，豈欲操戈而入室者？顧晦庵之學既已若日星之章明於天下，而象山獨蒙無實之誣，於今且四百年，莫有爲之一洗者。使晦庵有知，將亦不能一日而安享於廟廡之間矣。此僕之至情，終亦必爲吾兄一吐者，亦何肯漫爲兩解之説以陰助於輿庵？輿庵之説，僕猶恨其有未盡也。

夫學術者，今古聖賢之學術，天下之所公共，非吾三人者所私有也。天下之學術，當爲天下公言之，而豈獨爲輿庵地哉？兄又舉「太極」之辯，以爲象山於文義且有所未能通曉，而其強辯自信，曾何有於所養？夫謂其文義之有未詳，不害其爲有未詳也；謂其所養之未至，不害其爲未至也。學未至於聖人，寧免太過、不及之差乎？而論者遂欲以是而蓋之，則吾恐晦庵禪學之譏，亦未免有激於不平也。夫一則不審於文義，一則有激於不平，是皆所養之未至。昔孔子，大聖也，而猶曰「假我數年以學易，可以無大過」；仲虺之贊成湯，亦唯曰「改過不吝」而已。所養之未至，亦何傷於二先生之爲賢乎？此正晦庵、象山之氣象，所以未及於顏子、明道者在此。吾儕正當仰其所以不可及而默識其所未至者，以爲涵養規切之方，不當置偏私於其間，而有所附會增損之也。夫君子之過也，如日月之食，人皆見之；更也，人皆仰之。而小人之過也必文。世之學者以晦庵大儒，不宜復有所謂過者，而必曲爲隱飾增加，務詆象山於禪學以求伸其説。且自以爲有助於晦庵，而更相倡引，謂之扶持正論。不知晦庵乃君子之過，而吾反以小人之見而文之。晦庵有聞過則喜之美，而吾乃非徒順之，又從而爲之辭也。晦庵之心，以聖賢君子之學期後代，而世之儒者，事之以事小人之禮，是何誣象山之厚而待晦庵之薄邪！

僕今者之論，非獨爲象山惜，實爲晦庵惜也。兄視僕平日於晦庵何如哉？而乃有是論，是亦可以諒其心矣。唯吾兄去世俗之見，宏虚受之誠，勿求其必同，而察其所以異；勿以無過爲聖賢之高，而以改過爲聖賢之學；勿以其有所未至者爲聖賢之諱，而以其常懷不滿者爲聖賢之心，則兄與輿庵之論，將有不待辯説而釋然以自解者矣。

答儲柴墟

承示劉生墓誌，此實友義所關，文亦縝密；獨叙乃父側室事頗傷忠厚，未刻石，删去爲佳。子於父過，諫而過激，不可以爲幾；稱子之美，而發其父之陰私，不可以爲訓。宜更詳之。

喻及交際之難，此殆謬於私意。君子與人，唯義所在，厚薄輕重，己無所私焉，此所以爲簡易之道。世人之心，雜於計較，毀譽得喪交於中，而眩其當然之則，是以處之愈周，計之愈悉，而行之愈難。夫大賢吾師，次賢吾友，此天理自然之則，豈以是爲炎涼之嫌哉？吾兄以僕於今之公卿，若某之賢者，則稱謂以「友生」，若某與某之賢不及於某者，則稱謂以「侍生」，豈以矯時俗炎涼之弊？非也。夫彼可以爲吾友，而吾可以友之，彼又吾友也，吾安得而弗友之？彼不可以爲吾友，而吾不可以友之，彼又不吾友也，吾安得而友之？夫友也者，以道也，以德也。天下莫大於道，莫貴於德。道德之所在，齒與位不得而干焉，僕與某之謂矣。彼其無道與德，而徒有其貴與齒也，則亦貴齒之而已。然若此者，與之見亦寡矣，非以事相臨不往見也。若此者與凡交遊之隨俗以「侍生」而來者，亦隨俗而「侍生」之。所謂事之無害於義者，從俗可也。千乘之君，求與之友而不可得，非在我有所不屑乎？

嗟乎！友未易言也。今之所謂友，或以藝同，或以事合，徇名逐勢，非吾所謂輔仁之友矣。仁者，心之德，人而不仁，不可以爲人。輔仁，求以全心德也，如是而後友。今特以技藝文辭之工，地勢聲翼之重，而騖然欲以友乎賢者，賢者弗與也。吾兄技藝炎涼之説，貴賤少長之論，殆皆有未盡與？孟子曰：「友也者，不可以有挾。」孟獻子之友五人，無獻子之家者也，曾以貴賤乎？仲由少顔路三歲，回、由之贈處，蓋友也。回與曾點同時，參曰「昔者吾友」，曾以少長乎？將矯時俗之炎涼而自畔於禮，其間不能以寸矣。

吾兄又以僕於後進之來，其質美而才者，多以先後輩相處；其庸下者，反待以客禮，疑僕别有一道。是道也，奚有於别？凡後進之來，其才者皆有意於斯道者也，吾安得不以斯道處之？其庸下者，不過世俗泛然一接，吾亦世俗泛然待之，如鄉人而已。昔伊川初與吕希哲爲同舍友，待之友也；既而希哲師事伊川，待之弟子也。謂敬於同舍而慢於弟子可乎？孔子待陽貨以大夫，待回、賜以弟子，謂待回、賜不若陽貨可乎？師友道廢久，後進之中，有聰明特達者，頗知求道，往往又爲先輩待之不誠，不諒其心而務假以虛禮，以取悦於後進，干待士之譽，此正所謂病於夏畦者也。以是，師友之道日益淪没，無由復明。僕常以爲世有周、程諸君子，則吾固得而執弟子之役，乃大幸矣；其次有周、程之高弟焉，吾猶得而私淑也。不幸世又無是人，有志之士倀倀其將焉求乎？然則何能無憂也？憂之而不以責之己，責之己而不以求輔於人，求輔於人而待之不以誠，終亦必無所成而已耳。凡僕於今之後進，非敢以師道自處也，將求其聰明特達者與之講明，因以自輔也。彼自以後進求正於我，雖不師事我，固有先、後輩之道焉。伊川瞑目而坐，游、楊侍立不敢去，重道也。今世習於曠肆，憚於檢飭，不復知有此事。幸而有一二後進畧知求道爲事，是有復明之機，又不誠心直道與之發明，而徒閹然媚世，苟且阿俗，僕誠痛之惜之。傳曰：「師嚴然後道尊，道尊然後民知敬學。」夫人必有所嚴憚，然後言之，而聽之也審；施之，而承之也肅。凡若此者，皆求以明道，皆循理而行，非有容私於其間也。

伊尹曰：「天之生斯民也，使先知覺後知，使先覺覺後覺。予，天民之先覺也。非予覺之而誰也？」是故大知覺於小知，小知覺於無知；大覺覺於小覺，小覺覺於無覺。大已大知大覺矣，而後以覺於天下，不亦善乎？然而未能也，遂自以小知小覺而不敢以覺於人，則亦終莫之覺矣。仁者固如是乎？夫仁者，己欲立而立人，己欲達而達人。僕之意以爲，己有分寸之知，即欲同此分寸之知於人；己有分寸之覺，即欲同此分寸之覺於人。上句旁批：今非昔比，不可效先生矣。人之小知小覺者益衆，則其相與爲知覺也益易以明，如是而後大知大覺可期也。僕於今之後進，尚不敢以小知小覺自處。譬之凍餒之人，知耕桑之可以足衣食，而又偶聞藝禾樹桑之法，將試爲之，而遂以告其凡凍餒者，使之共爲之也，亦何嫌於己之未嘗樹藝，而遂不可以告之乎？

答儲柴墟

昨者草率奉報，意在求正，不覺蕪冗。承長箋批答，推許過盛，殊增悚汗也。

來諭責僕不以師道自處，恐亦未爲誠心直道。顧僕何人，而敢以師道自處哉？前書所謂以前後輩處之者，亦謂僕有一日之長，而彼又有求道之心者耳。若其年齒相若而無意於求道者，自當如常待以客禮，安得例以前後輩處之？是亦妄人矣。又况不揆其來意之如何，而抗顔以師道自居，世寧有是理邪？夫師法者，非可以自處得也，彼以是求我，而我以是應之耳。嗟乎，今之時孰有所謂師云乎哉！今之習技藝者則有師，習舉業、求聲利者則有師，彼誠知技藝之可以得衣食，舉業之可以得聲利，而希美官爵也。自非誠知己之性分有急於衣食、官爵者，孰肯從而求師哉？夫技藝之不習，不過乏衣食；舉業之不習，不過無官爵；己之性分有所蔽悖，是不得爲人矣。人顧明彼而暗此也，可不大哀乎！

往時僕與王寅之、劉景素同遊太學，每季考，寅之恆居景素前列，然寅之自以爲講貫不及景素，一旦執弟子禮師之。僕每歎服，以爲如寅之者，真可爲豪傑之士。使寅之易此心以求道，亦何聖賢之不可及？然而寅之能於彼不能於此也。曾子病革而易簀，子路臨絶而結纓，横渠撤虎皮而使其子弟從講於二程，唯天下之大勇無我者能之。今天下波頽風靡，爲日已久，何異於病革臨絶之時？然又人是己見，莫肯相下求正。故居今之世，非有豪傑獨立之士的見性分之不容已，毅然以聖賢之道自任者，莫之從而求師也。

吾兄又疑後進之來，其資禀意向雖不足以承教，若其齒之相遠者，恐亦不當槩以客禮相待。僕前書所及，蓋與有意於斯道者相屬而言，亦謂其可以客，可以無客者耳。若其齒數邈絶，則名分具存，有不待言矣。孔子使闕黨童子將命，曰：「吾見其居於位也，見其與先生並行也，非求益者也，欲速成者也。」亦未嘗無誨焉。雖然，此皆以不若已者言也。若其德器之夙成，識見之超詣，雖生於吾後數十年，其大者吾師，次者吾友也，得以齒序論之哉？

諭泰和楊茂

題注：其人聾瘂，自候門求見。先生以字問，茂以字答。

「你口不能言是非，你耳不能聽是非，你心還能知是非否？」

答曰：「知是非。」

「如此，你口雖不如人，你耳雖不如人，你心還與人一般？」

茂時首肯拱謝。

「大凡人只是此心。此心若能存天理，是箇聖賢的心。口雖不能言，耳雖不能聽，也是箇不能言、不能聽的聖賢。心若不存天理，是箇禽獸的心。口雖能言，耳雖能聽，也只是箇能言能聽的禽獸。」

茂時扣胷指天。

「你如今於父母，但盡你心的孝；於兄長，但盡你心的敬；於鄉黨、鄰里、宗族、親戚，但盡你心的謙和恭順。見人怠慢，不要嗔怪；見人財利，不要貪圖，但在裏面行你那是的心，莫行你那非的心。縱使外面人説你是，也不須聽；説你不是，也不須聽。」

茂時首肯拜謝。

「你口不能言是非，省了多少閑是非；你耳不能聽是非，省了多少閑是非。凡説是非，便生是非，生煩惱；聽是非，便添是非，添煩惱。你口不能説，你耳不能聽，省了多少閑是非，省了多少閑煩惱，你比別人到快活自在了許多。」

茂時扣胷指天躃地。「我如今教你但終日行你的心，不消口裏説；但終日聽你的心，不消耳裡聽。」茂時頓首再拜而別。

書欒惠卷

欒子仁訪予於虔舟，遇於新淦。嗟乎！子仁久別之懷，兹亦不足爲慰乎？顧兹簿領紛沓之地，雖固道無不在，然非所以從容下上其議時也。子仁歸矣。乞骸之疏已數上，行且得報，子仁其候我於桐江之滸，將與子盤桓於雲門、若耶間有日也。聞子仁之居鄉，嘗以鄉約善其族黨，固亦仁者及物之心，然非子仁所汲汲。孔子云：「言忠信，行篤敬，雖蠻貊之邦行矣。」然惟立則見其參於前，在輿則見其倚於衡也，而後行。子仁其務立參前倚衡之誠乎？至誠而不動者，未之有也；不誠，未有能動者也。聊以是爲子仁別去之贈。

客坐私祝

但願溫恭直諒之友來此講學論道，示以孝友謙和之行；德業相勸，過失相規，以教訓我子弟，使毋陷於非僻。不願狂惾惰慢之徒來此博弈飲酒，長傲飾非，導以驕奢淫蕩之事，誘以貪財黷貨之謀；冥頑無恥，扇惑鼓動，以益我子弟之不肖。嗚呼！由前之説，是謂良士；由後之説，是謂凶人。我子弟苟遠良士而近凶人，是謂逆子。戒之，戒之！

嘉靖丁亥八月，將有兩廣之行，書此以戒我子弟，并以告夫士友之辱臨於斯者，請一覽教之。

卷之二　雜著書　共二十一篇

諫迎佛疏　未上

臣自七月以來，竊見道路流傳之言，以爲陛下遣使外夷，遠迎佛教，羣臣紛紛進諫，皆斥而不納。臣始聞不信，既知其實然，獨竊喜幸，以爲此乃陛下聖智之開明，善端之萌蘖。羣臣之諫，雖亦出於忠愛至情，然而未能推原陛下此念之所從起，是乃爲善之端，作聖之本，正當將順擴充，溯流求原。而乃狃於世儒「崇正」之說，徒爾紛爭力沮，宜乎陛下之有所拂而不受，忽而不省矣。愚臣之見獨異於是，乃唯恐陛下好佛之心有所未至耳。誠使陛下好佛之心果已真切懇至，不徒好其名而必務得其實，不但好其末而必務求其本，則堯、舜之聖可至，三代之盛可復矣。豈非天下之幸、宗社之福哉！臣請爲陛下言其好佛之實：

陛下聰明聖智，昔者青宮，固已播傳四海。即位以來，偶值多故，未暇講求五帝、三王神聖之道。雖或時御經筵，儒臣進說不過日襲故事，就文敷衍，立談之間，豈能遽有所開發？陛下聽之，以爲聖賢之道不過如此，則亦有何可樂？上句旁批：透骨。故漸移志於騎射之能，縱心於遊觀之樂。蓋亦無所用其聰明，施其才力，而偶託寄於此。上句旁批：透骨。陛下聰明豈固遂安於是，而不知此等皆無益有損之事也哉？馳逐困憊之餘，夜氣清明之際，固將厭倦日生，悔悟日切。而左右前後又莫有以神聖之道爲陛下言者，上句旁批：切，切。故遂遠思西方佛氏之教，以爲其道能使人清心絕欲，求全性命，以出離生死；又能慈悲普愛，濟度羣生，去其苦惱，而躋之快樂。今災害日興，盜賊日熾，財力日竭，天下之民困苦已極。使誠身得佛氏之道而拯救之，豈徒息精養氣，保全性命？豈徒一身之樂？將天下萬民之困苦亦可因是而蘇息！故遂特降綸音，發幣遣使，不憚數萬里之遥，不愛數萬金之費，不惜數萬生靈之困斃，不厭數年往返之遲久，遠迎學佛之徒。是蓋陛下思欲一洗舊習之非，而幡然於高明光大之業也。上句旁批：好。陛下試以臣言反而思之，陛下之心，豈不如此乎？然則聖知之開明、善端之萌蘖者，亦豈過爲諛言以佞陛下哉！上句旁批：好。陛下好佛之心誠至，則臣請毋好其名而務得其實，毋好其末而務求其本。上句旁批：妙。陛下誠欲得其實而求其本，則請毋求諸佛而求諸聖人，毋求諸外夷而求諸中國。此又非臣之苟爲遊説之談以誑陛下，臣又請得而備言之。

夫佛者，夷狄之聖人；聖人者，中國之佛也。上句旁批：妙。在彼夷狄，則可用佛氏之教以化導愚頑；在我中國，自當用聖人之道以參贊化育。猶行陸者必用車馬，渡海者必以舟航。今居中國而師佛教，是猶以車馬渡海，旁批：妙。雖使造父爲御，王良爲右，非但不能利涉，必且有沉溺之患。夫車馬本致遠之具，豈不利器乎？然而用非其地，則技無所施。陛下若謂佛氏之道雖不可以平治天下，下段旁批：一轉又好。或亦可以脱離一身之生死；雖不可以參贊化育，而時亦可以導羣品之嚚頑。就此二説，亦復不過得吾聖人之餘緒。旁批：妙。陛下不信，則臣請比而論之。臣亦初嘗學佛，最所尊信，自謂悟得其藴奥。後乃窺見聖道之大，始遂棄置其説。臣請毋言其短，言其長者。夫西方之佛，以釋迦爲最；中國之聖人，以堯、舜爲最。臣請以釋迦與堯、舜比而論之。夫世之最所崇慕釋迦者，莫尚於脱離生死，超然獨存於世。今佛氏之書具載始末，謂釋迦住世説法四十餘年，壽八十二歲而没，則其壽亦誠可謂高矣；上句旁批：好。然舜年百有十歲，堯年一百二十歲，其壽比之釋迦則又高也。妙。佛能慈悲施捨，不惜頭目腦髓以救人之急難，則其仁愛及物，亦誠可謂至矣；好。然必苦行於雪山，奔走於道路，而後能有所濟。若堯、舜，則端拱無爲，而天下各得其所。唯「克明峻德，以親九族」，則九族既睦；平章百姓，則百姓昭明；協和萬邦，則黎民於變時雍；極而至於上下草木鳥獸，無不咸若。其仁愛及物，比之釋迦則又至也。上句旁批：妙。佛能方便説法，開悟羣迷，戒人之酒，切。止人之殺，切。去人之貪，絶人之嗔，切。其神通妙用，亦誠可謂大矣，然必耳提面誨而後能。若在堯、舜，則光被四表，格於上下，其至誠所運，自然不言而信，不動而變，無爲而成。蓋「與天地合其德，與日月合其明，與四時合其序，與鬼神合其吉凶」，其神化無方而妙用無體，比之釋迦，則又大也。若乃詛呪變幻，眩怪捏妖，以欺惑愚冥，是固佛氏之所深排極詆，謂之外道邪魔，正與佛道相反者。不應好佛而乃好其所相反，求佛而乃求其所排詆者也。上句旁批：妙甚。陛下若以堯、舜既没，必欲求之於彼，則釋迦之亡亦已久矣；若謂彼中學佛之徒能傳釋迦之道，則吾中國之大，顧豈無人能傳堯、舜之道者乎？陛下未之求耳。陛下試求大臣之中，苟其能明堯、舜之道者，日日與之推求講究，乃必有能明神聖之道，致陛下於堯、舜之域者矣。故臣以爲陛下好佛之心誠至，則請毋好其名而務得其實，毋好其末而務求其本。務得其實而求其本，則請毋求諸佛而求諸聖人，毋求諸夷狄而求諸中國者，果非妄爲遊説之談以誑陛下者矣。

陛下果能以好佛之心而好聖人，以求釋迦之誠而求諸堯、舜之道，則不必涉數萬里之遥，而西方極樂只在目前；則不必縻數萬之費，斃數萬之命，歷數年之久，而一塵不動，彈指之間，可以立躋聖地；神通妙用，隨形隨足。此又非臣之謬爲大言以欺陛下。必欲討究其説，則皆鑿鑿可證之言。孔子云「我欲仁，斯仁至矣」、「一日克己復禮，而天下歸仁」，孟軻云「人皆可以爲堯、舜」，豈欺我哉？陛下反而思之，又試以詢之大臣，詢之羣臣，果臣言出於虚繆，則甘受欺妄之戮。

臣不知諱忌，伏見陛下善心之萌，不覺踴躍喜幸，輒進其將順擴充之説。惟陛下垂察，則宗社幸甚！天下幸甚！萬世幸甚！

寄楊邃庵閣老

孤聞之，昔古之君子之葬其親也，必求名世大賢君子之言，以圖其不朽。然而大賢君子之生，不數數於世，固有世有其人而不獲同其時者矣，又有同其時而限於勢分無由自通於門牆之下者矣，則夫圖不朽於斯人者，不亦難乎！痛惟先君宅心制行，庶亦無愧於古人；雖已忝在公卿之後，而遭時未久，志未大行，道未大明，取嫉權奸，斂德而歸，今則復長已矣。不孝孤將以是歲之冬舉葬事，圖所以爲不朽者，惟墓石之誌爲重。伏惟明公道德文章，師表一世；言論政烈，儀刑百辟，求之昔人，蓋歐陽文忠、范文正、韓魏公其人也。所謂名世之大賢君子，非明公其誰歟！不幸而生不同時也，則亦已矣；幸而猶及在後進之末，雖明公固所不屑，揮之門牆之外，猶將冒昧強顏而入，況先君素辱知與，不肖孤又嘗在屬吏之末，受教受恩，懷知己之感，有道誼骨肉之愛；邇者又嘗辱使臨吊，寵之以文詞，惻然憫念其遺孤，而不忍遽棄遺之者。是以忘其不孝之罪，犯僭踰之戮，而輒敢以誌爲請。伏惟明公休休容物，篤厚舊故，甄陶一世之士，而各欲成其名；收録小大之才，而惟恐没其善，則如先君之素受知愛者，其忍靳一言之惠而使之泯然無聞於世耶？不腆先人之幣，敢以陸司業之狀先於將命者。惟明公特垂哀矜，生死受賜，世世子孫捐軀殞命，未足以爲報也。不勝惶悚顛越之至！荒迷無次。

寄楊邃庵

自明公進秉機密，天下士夫忻忻然動顔相慶，皆爲太平可立致矣。門下鄙生獨切深憂，以爲猶甚難也。亨屯傾否，當今之時，舍明公無可以望者，則明公雖欲逃避乎此，將亦有所不能。然而萬斛之舵，操之非一手，則緩急折旋，豈能盡如己意？臨事不得專操舟之權，而僨事乃與同覆舟之罪，此鄙生之所謂難也。夫不專其權而漫同其罪，則莫若預逃其任，然在明公亦既不能逃矣。逃之不能，專又不得，則莫若求避其罪，然在明公亦終不得避矣。天下之事，果遂卒無所爲與？夫唯身任天下之禍，然後能操天下之權；操天下之權，然後能濟天下之患。當其權之未得也，其致之甚難；而其歸之也，則操之甚易。萬斛之舵，平時從而爭操之者，以利存焉。一旦風濤顛沛，變起不測，衆方皇惑震喪，救死不遑，而誰復與爭操乎？於是起而專之，衆將恃以無恐，而事因以濟。苟亦從而委靡焉，固淪胥以溺矣。故曰「其歸之也，則操之甚易」者，此也。古之君子，洞物情之向背而握其機，察陰陽之消長以乘其運，是以動必有成而吉無不利，伊、旦之於商、周是矣。其在漢、唐，蓋亦庶幾乎此者。雖其學術有所不逮，然亦足以定國本而安社稷，則亦斷非後世偷生苟免者之所能也。夫權者，天下之大利大害也。小人竊之以成其惡，君子用之以濟其善，固君子之不可一日去，小人之不可一日有者也。欲濟天下之難，而不操之以權，是猶倒持太阿而授人以柄，希不割矣。故君子之致權也有道，本之至誠以立其德，上句旁批：妙。植之善類以多其輔，是。示之以無不容之量以安其情，妙。擴之以無所競之心以平其氣，好。昭之以不可奪之節以端其向，是。神之以不可測之機以攝其奸，好。形之以必可賴之智以收其望。好。坦然爲之，下以上之；退然爲之，後以先之。是以功蓋天下而莫之嫉，善利萬物而莫與爭。此皆明公之能事，素所蓄而有者，唯在倉卒之際，身任天下之禍，決起而操之耳。

夫身任天下之禍，豈君子之得已哉？既當其任，知天下之禍將終不能免也，則身任之而已；身任之，而後可以免於天下之禍。小人不知禍之不可以倖免，而百詭以求脱，遂致釀成大禍，而已亦卒不能免。故任禍者，唯忠誠憂國之君子能之，而小人不能也。

某受知門下，不能效一得之愚以爲報，獻其芹曝，伏唯鑒其忱悃，而憫其所不逮，幸甚！

批提學僉事邵鋭乞休呈

據江西按察司呈，看得提學僉事邵鋭求歸誠切，堅守考槃之操；而按察使伍文定挽留懇至，曲盡緇衣之情。是亦人各有志，可謂兩盡其美。然求歸者雖亦明哲保身，使皆潔身而去，則君臣之義或幾乎息；挽留者雖以爲國惜賢，使皆靦顔在位，則高尚之風亦日以微。况本院自欲求退而未能，安可沮人之求退？仰該司備行本官，再加酌量於去就之間，務求盡合於天理之至，必欲全身遠害，則掛冠東門，亦遂聽行所志。若猶眷顧宗國，未忍割情獨往，且可見危授命，同舟共艱，稍須弘濟，却遂初心，則臨難之義，既無苟免於搶攘之日；而恬退之節，自可求伸於事定之餘。興言及此，中心愴而！

批瑞州知府告病申

看得知府胡堯元，始以忠義興討賊之功，繼以剛果著及民之政，雖獲上之誠，或有未孚；而守身之節，初無可議。據申告病情由，亦似意有所爲。大抵能絜矩者，必推己及人；當大任者，在動心忍性。上句旁批：妙。仰布政司即行本官，照舊盡心管理府事，毋因一朝之忿，遂忘三反之功，事如過激，欲抗彌卑；理苟不渝，雖屈匪辱。此繳。

優奬致仕縣丞龍韜牌

訪得贛縣致仕縣丞龍韜，平素居官清謹，迨其老年歸休，遂致貧乏不能自存。薄俗愚鄙，反相議笑。夫貪汙者乘肥衣輕，揚揚自以爲得志，而愚民競相歆羡；清謹之士至無以爲生，鄉黨鄰里不知以爲周恤，又從而笑之。風俗薄惡如此，有司者豈獨不能辭其責？孟子云：「使饑餓於我土地，吾耻之！」是亦有司者之耻也。爲此牌仰贛州官吏，即便措置無礙官銀十兩、米二石、羊酒一付，掌印官親送本官家内，以見本院優恤獎待之意。仍仰贛縣官吏，歲時常加存問，量資柴米，毋令困乏。嗚呼！養老周貧，王政首務，况清謹之士，既貧且老，有司坐視而不顧，其可乎？遠近父老子弟，仍各曉諭，務洗貪鄙之俗，共敦廉讓之風。具依准并措送過。繳牌。

仰南康府勸留教授蔡宗兖

據南康府儒學申，看得教授蔡宗兖，德任師儒，心存孝義，今方奉慈母而行，正可樂英才之化。况職主白鹿，當宋儒倡道之區；勝據匡廬，又昔賢棲隱之地。偶有親疾，自可將調，輒興掛冠之請，似違奉檄之心。仰布政司備行南康府掌印官，以禮勸留，仍與修葺學宫，供給薪水，稍厚養賢之禮，以見崇儒之意。繳。

褒崇陸氏子孫

據撫州府金谿縣三十六都儒籍陸時慶告，看得宋儒陸象山先生兄弟，得孔孟之正傳，爲吾道之宗派，學術久晦，致使湮而未顯，廟堂尚缺配享之典，子孫未沾褒崇之澤。仰該縣官吏將陸氏嫡派子孫差役，查照各處聖賢子孫事例，俱與優免。其間聰明俊秀，堪以入學者，具名送提學官處選送學肄業。務加崇重之義，以扶正學之衰。俱依准繳。

牌行南雄府保昌縣禮送故官

照得保昌縣縣丞杜洞，久在軍門，管理軍賞，清介自持，賢勞茂著。郡屬之中，實爲翹然。今不幸病故，使人檢其行橐，蕭然無以爲歸殯之資，殊可傷悼！今尋常故官小吏，無洞一日之勞者，猶且有水手殯殮之例；况洞從征惡寇，跋涉險阻，衝冒瘴毒，又且平日才而且賢，所謂以死勤事者矣，焉可以不從厚待之？是賢不肖畧無所辨也。爲此牌仰本府官吏，即於庫貯無礙官錢內，給與水夫二名，棺殮銀十兩，就行照例起關，應付船隻脚力；查照家屬名數，給與口糧，務要從厚資送還鄉，開報。及仰保昌縣官吏，即便僉撥長行水手二名，棺殮銀二十兩，及將本官應得俸糧馬夫銀兩，照數支給，交付伊男，及差的當人役，護送還鄉，毋致稽悞。總評：先生安得不福延孫子乎！

送黄敬夫先生僉憲廣西序

古之仕者，將以行其道；今之仕者，將以利其身。將以行其道，故能不以險夷得喪動其心，而唯道之行否爲欣戚。利其身，故懷土偷安，見利而趨，見難而懼。非古今之性爾殊也，其所以養於平日者之不同，而觀夫天下者之達與不達耳。

吾邑黄君敬夫，以刑部員外郎擢廣西按察僉事。廣西，天下之西南徼也。地卑濕而土疎薄，接境於諸島蠻夷；瘴癘鬱蒸之氣，朝夕瀰茫，不常睹日月；山獞海獠，非時竊發；鳥妖蛇毒之患，在在而有。固今仕者之所懼而避焉者也。

然予以爲中原固天下之樂土，人之所趨而聚居者。然中原之民至今不加多，而嶺廣之民至今不加少，何哉？中原之民，其始非必盡皆中原者也，固有從嶺廣而遷居之者矣。嶺廣之民，其始非必盡皆嶺廣者也，固有從中原而遷居之者矣。久而安焉，習而便焉，父兄宗族之所居，親戚墳墓之所在，自不能一日捨此而他也。古之君子，唯知天下之情不異於一鄉，一鄉之情不異於一家，而家之情不異於吾之一身。故其視家之尊卑長幼，猶家之視身也；視天下之尊卑長幼，猶鄉之視家也。是以安土樂天，而無入不自得。後之人視其兄之於己，固已有間，則又何怪其險夷之異趨，而利害之殊節也哉？今仕於世，而能以行道爲心，求古人之意，以達觀夫天下，則嶺廣雖遠，固其鄉閭；嶺廣之民，皆其子弟；郡邑城郭，皆其父兄宗族之所居；山川道里，皆其親戚墳墓之所在。而嶺廣之民亦將視我爲父兄，以我爲親戚，雍雍愛戴，相眷戀而不忍去，況以爲懼而避之邪？

敬夫，吾邑之英也。幼居于鄉，鄉之人無不敬愛。長徙於南畿之六合，六合之人敬而愛之，猶吾鄉也。及舉進士，宰新鄭，新鄭之民曰：「吾父兄也。」入爲冬官主事，出治水於山東，改秋官主事，擢員外郎，僚寀曰：「吾兄弟也。」蓋自居於鄉以至於今，經歷且十餘地，而人之敬愛之如一日。君亦自爲童子以至於爲今官，經歷且八九職，而其所以待人愛衆者，恆如一家。今之擢廣西也，人咸以君之賢宜需用於内，不當任遠地。君曰：「吾即不賢。使或賢也，乃所以宜於遠。」

嗚呼！若君者可不謂之志於行道，素養達觀，而有古人之風也與？夫志於爲利，雖欲其政之善，不可得也。志於行道，雖欲其政之不善，亦不可得也。以君之所志，雖未有所見，吾猶信其能也。况其赫煒之聲，奇偉之績，久熟於人人之耳目，則吾於君之行也，頌其所難而易者見矣。

書張思欽卷

三原張思欽元相將葬其親，卜有日矣，南走數千里而來請銘於予。予之不爲文也久矣，辭之固，而請弗已，則與之坐而問曰：「子之乞銘於我也，將以圖不朽於其親也，則亦寧非孝子之心乎？雖然，子以爲孝子之圖不朽於其親也，盡於是而已乎？將猶有進於是者也？夫圖之於人也，則曷若圖之於子乎？傳之於其人之口也，則曷若傳之於其子之身乎？故子爲賢人也，則其父爲賢人之父矣；子爲聖人也，則其父爲聖人之父矣。其與託之於人之言也，孰愈？夫叔梁紇之名，至今爲不朽矣，則亦以仲尼之爲子邪？抑亦以他人爲之銘邪？」思欽蹙然而起，稽顙而後拜曰：「元相非至於夫子之門，則幾失所以圖不朽於其親者矣。」明日，入而問聖人之學，則語以格致之說焉；求格致之要，則語之以良知之說焉。思欽躍然而起，拜而復稽曰：「元相苟非至於夫子之門，則尚未知有其心，又何以圖不朽於其親乎？請歸葬吾親，而來卒業於夫子之門，則庶幾其不朽之圖矣。」

羅履素詩集序

履素先生詩一帙，爲篇二百有奇，浙大參羅公某以授陽明子某，而告之曰：「是吾祖之作也。今詩文之傳，皆其崇高顯赫者也。吾祖隱於草野，其所存要無愧於古人，然世未有知之者，而所爲詩文又皆淪落止是，某將梓而傳焉。懼人之以我爲僭也，吾子以爲奚若？」某曰：「無傷也。孝子仁孫之於其父祖，雖其服玩嗜好之微，猶將謹守而弗忍廢，況乎詩文，其精神心術之所寓，有足以發聞於後者哉！夫先祖有美而弗傳，是弗仁也，夫孰得而議之！蓋昔者夫子之取於詩也，非必其皆有聞於天下、彰彰然明著者而後取之。滄浪之歌採之孺子，萍實之謡得諸兒童，夫固若是其寬博也。然至於今，其傳者不過數語而止，則亦豈必其多之貴哉？今詩文之傳則誠富矣，使有删述者而去取之，其合於道也，是能幾？履素之作，吾誠不足以知之，顧亦豈無一言之合於道乎？夫有一言之合於道，是其於世也，亦有一言之訓矣，又況其不止於是也，而又奚爲其不可以傳哉？吾觀大參公之治吾浙，寬而不縱，仁而有勇，溫文藴藉；居然稠衆之中，固疑其先必有以開之者。乃今觀履素之作，而後知其所從來者之遠也。世之君子，苟未知大參公之所自，吾請觀於履素之作；苟未知履素之賢，吾請觀於大參公之賢，無疑矣。然則是集也，固羅氏之文獻繫焉，其又可以無傳乎哉？」大參公起拜曰：「其固將以爲羅氏之書也，請遂以吾子之言序之。」大參公名鑒，字某，由進士累今官。有厚德長才，向用未艾。大參之父某，亦起家進士，而以文學政事顯。羅氏之文獻，於此益爲有證云。

兩浙觀風詩序

兩浙觀風詩者，浙之士夫爲僉憲陳公而作也。古者天子巡狩而至諸侯之國，則命太師陳詩以觀民風。其後巡狩廢，而陳詩亡。春秋之時，列國之君大夫相與盟會、問遺，猶各賦詩以言己志，而相祝頌。今觀風之作，蓋亦祝頌意也。王者之巡狩，不獨陳詩觀風而已。其始至方岳之下，則望秩於山川，朝見兹土之諸侯，同律曆禮樂制度衣服，納價以觀民之好惡；就見百年者而問得失，賞有功，罰有罪。蓋所以布王政而興治功，其事亦大矣哉！漢之直指、循行，唐、宋之觀察、廉訪、採訪之屬，及今之按察，雖皆謂之觀風，而其實代天子以行巡狩之事。故觀風，王者事也。

陳公起家名進士，自秋官郎擢僉浙臬，執操縱予奪、生死榮辱之柄，而代天子觀風於一方，其亦榮且重哉。吁！亦難矣。公之始至吾浙，適歲之旱，民不聊生。饑者仰而待哺，懸者呼而望解；病者、鬱者怨，不得其平者鳴；弱者、強者、蹶者、嚙者，梗而孽者、狡而竊者，乘間投隙，沓至而環起。當是之時，而公無以處之，吾見其危且殆也。賴公之才，明知神武，不震不激，撫柔摩剔，以克有濟。期月之間，而饑者飽，懸者解，呻者歌，怨者樂，不平者申；蹶者起，嚙者馴，孽者順，竊者靖。滌蕩剖刷，而率以無事。於是乎修廢舉墜，問民之疾苦而休息之，勞農勸學，以興教化。然後上會稽，登天姥，入雁蕩，陟金娥，覽觀江山之形勝，慨然太息。弔子胥之忠誼，禮嚴光之高節，希遐躅於隆龐，挹流風於仿佛，固亦大丈夫得志行道之一樂哉！然公之始，其憂民之憂也，亦既無所不至矣。公唯憂民之憂，是以民亦樂公之樂，而相與歡欣鼓舞，以頌公德。然則今日觀風之作，豈獨見吾人之厚公，抑以見公之厚於吾人也。

雖然，公之憂民之憂，其惠澤則既無日而可忘矣；民之樂公之樂，其愛慕亦既與日而俱深矣。以公之才器，天子其能久容於外乎？則公固有時而去也。然則其可樂者能幾？而可憂者終誰任之？則夫今日觀風之作，又不徒以頌公之厚於吾人，將遂因公而致望於繼公者亦如公焉。則公雖去，而所以憂其民者，尚亦永有所託，而因以不墜也。上句旁批：好。

山東鄉試録序 并策二道

山東，古齊、魯、宋、衛之地，而吾夫子之鄉也。嘗讀夫子家語，其門人高弟，大抵皆出於齊、魯、宋、衛之間，固願一至其地，以觀其山川之靈秀奇特，將必有如古人者生其間，而吾無從得之也。今年爲弘治甲子，天下當復大比。山東巡按監察御史陸偁輩，以禮與幣，來請守仁爲考試官。故事，司考校者唯務得人，初不限以職任。其後三四十年來，始皆一用學職，遂致應名取具，事歸外簾，而糊名易書之意微。自頃言者頗以爲不便，大臣上其議。天子曰：「然。其如故事。」於是聘禮考校，盡如國初之舊，而守仁得以部屬來典試於兹土，雖非其人，寧不自慶其遭際！又况夫子之鄉，固其平日所願一至焉者；而乃得以盡觀其所謂賢士者之文而考校之，豈非平生之大幸與！雖然，亦竊有大懼焉。夫委重於考校，將以求才也。求才而心有不盡，是不忠也；心之盡矣，而真才之弗得，是弗明也。不忠之責，吾知盡吾心爾矣；不明之罪，吾終且奈何哉！蓋昔者夫子之時，及門之士嘗三千矣，身通六藝者七十餘人；其尤卓然而顯者，德行言語則有顏、閔、予、賜之徒，政事文學則有由、求、游、夏之屬。今所取士，其始拔自提學副使陳某者，蓋三千有奇而得千有四百，既而試之，得七十有五人焉。嗚呼！是三千有奇者，其皆夫子鄉人之後進而獲游於門牆者乎？是七十有五人者，其皆身通六藝者乎？夫今之山東，猶古之山東也，雖今之不逮於古，顧亦寧無一二人如昔賢者？而今之所取苟不與焉，豈非司考校者不明之罪與？雖然，某於諸士亦願有言者。夫有其人而弗取，是誠司考校者不明之罪矣。司考校者以是求之，以是取之，而諸士之中苟無其人焉以應其求，以不負其所取，是亦諸士者之恥也。雖然，予豈敢謂果無其人哉？夫子嘗曰：「魯無君子者，斯焉取斯。」顏淵曰：「舜何人也，予何人也，有爲者亦若是。」夫爲夫子之鄉人，苟未能如昔人焉，而不恥不若，又不知所以自勉，是自暴自棄也，其名曰不肖。夫不肖之與不明，其相去何遠乎！然則司考校者之與諸士，亦均有責焉耳矣。

嗟夫！司考校者之責，自今不能以無懼，而不可以有爲矣；若夫諸士之責，其不能者猶可以自勉，而又懼其或以自畫也。諸士無亦曰吾其勗哉，無使司考校者終不免於不明也。斯無愧於是舉，無愧於夫子之鄉人也矣。

問：老、佛爲天下害，已非一日，天下之訟言攻之者，亦非一人，而卒不能去，豈其道之不可去邪？抑去之而不得其道邪？將遂不去，其亦不足以爲天下之患邪？夫今之所謂佛、老者，鄙穢淺劣，其妄初非難見，而程子乃謂比之楊、墨，尤爲近理；豈其始固自有説，而今之所習者，又其糟粕之餘與？佛氏之傳，經傳無所考，至於老子，則孔子所從問禮者也。孔子與之同時，未嘗一言其非，而後世乃排之不置，此又何與？夫楊氏爲我，墨氏兼愛，則誠非道矣，比後世貪冒無恥、放於利而行者，不有間乎？而孟子以爲無父無君，至比於禽獸，然則韓愈以爲佛、老之害甚於楊、墨者，其將何所比乎？抑不知今之時而爲兼愛、爲我，其亦在所闢乎？抑將在所取乎？今之時不見有所謂楊、墨者，則其患止於佛、老矣；不知佛、老之外尚有可患者乎？夫言其是而不知其所以是，議其非而不識其所以非，同然一辭而以和於人者，吾甚恥之，故願諸君之深辯之也。

天下之道，一而已矣，而以爲有二焉者，道之不明也。孔子曰：「道之不明也，我知之矣，知者過之，愚者不及也；道之不行也，我知之矣，賢者過之，不肖者不及也。」嗚呼！道一也，而人有知愚、賢不肖之異焉，此所以有過與不及之弊，而異端之所由起與？然則天下之攻異端，亦先明吾夫子之道而已耳。夫子之道明，彼將不攻而自破。不然，我以彼爲異端，彼亦以我爲異端，譬之穴中之鬭鼠，是非孰從而辨之？

今夫吾夫子之道始之於存養慎獨之微，而終之以化育參贊之大；行之於日用常行之間，而達之於天下國家之遠，人不得焉不可以爲人，而物不得焉不可以爲物。猶之水火菽帛，不可一日缺焉者。然而異端者乃至與之抗立而爲三，則亦道之不明者之罪矣。道之不明，苟不過焉，即不及焉。過與不及，皆不得夫中道者也，則亦異端而已矣，而何以攻彼爲哉？今夫二氏之説，其始亦非欲以亂天下也；而卒以亂天下，則是爲之徒者之罪也。

夫子之道，其始固欲以治天下也，而未免於二氏之惑，則亦爲之徒者之罪也。何以言之？佛氏吾不得而知矣，至於老子，則以知禮聞，而吾夫子所嘗問禮，則其爲人亦非庸下者，其修身養性，以求合於道，初豈甚乖於夫子乎？居其實而去其名，斂其器而示之不用，置其心於無所計較之地，而亦不以天下之較計動其心。此其爲念，固亦非有害於天下者，而亦豈知其弊之一至於此乎？今夫夫子之道，過者可以俯而就，不肖者可以企而及，是誠行之萬世而無弊矣。然而子夏之後有田子方，子方之後爲莊周；子弓之後有荀況，荀況之後爲李斯，蓋亦不能以無弊，則亦豈吾夫子之道使然也？故夫善學之，則雖老氏之說無益於天下，而亦可以無害於天下；不善學之，則雖吾夫子之道，而亦不能以無弊也。今天下之患，莫大於貪鄙以爲同，冒進而無恥。貪鄙以爲同者曰：「吾夫子固無可無不可也。」冒進而無恥者曰：「吾夫子固汲汲於行道也。」嗟乎！吾以吾夫子之道以爲奸，則彼亦以其師之說而爲奸，顧亦奚爲其不可哉？上句旁批：刺骨。今之二氏之徒，苦空其行，而虛幻其說者，既已不得其原矣，然彼以其苦空，而吾以其貪鄙；彼以其虛幻，而吾以其冒進，如是而攻焉，彼既有所辭矣，而何以服其心乎？

孟子曰：「經正則庶民興，庶民興，斯無邪慝矣。」今亦望望然自攻其弊，以求明吾夫子之道。而徒以攻二氏爲心，亦見其不知本也。執事以攻二氏爲問，而生切切於自攻，夫豈不喻執事之旨哉？春秋之道，責己嚴而待人恕；吾夫子之訓，先自治而後治人也。若夫二氏與楊、墨之非，則孟子闢之於前，韓、歐諸子闢之於後，而豈復俟予言乎哉？

問：古人之言曰：「志伊尹之所志，學顏子之所學。」諸君皆志伊學顏者，請遂以二賢之事而質之。夫伊尹之耕於有莘之野，而樂堯舜之道也，固將終身爾矣。湯之聘幣三往，而始幡然以起，是豈苟焉者？而後世至以爲割烹要湯，斯固孟子已有明辯；至於桀則固未嘗以幣聘尹也，而自往就之，至三至五，昔人謂其急於生人而速其功也，果爾，其不類於以割烹要之乎！顏淵之學於孔子也，其詳且要，無有過於「四勿」之訓。茲四言者，今之初學之士皆自以爲能知，而孔子之徒以千數，其最下者宜其猶愈於今之人也，何獨唯顏子而後可以與此乎？至於簞瓢陋巷而不改其樂，此又孔子之所深嘉屢歎而稱以爲賢者，而昔之人乃以爲哲人之細事，將無類於今之初學自謂能知

「四勿」之訓者乎？夫尹也，以湯之聖，則三聘而始往；以桀之虐，則五就而不辭。顔之「四勿」，孔門之徒所未聞，而今之初學自以爲能識；簞瓢之樂，孔子以爲難，而昔人以爲易也。茲豈無其説乎？不然，則伊尹之志荒，而顔子之學淺矣。

求古人之志者，必先自求其志，而後能辨其出處之是非；論古人之學者，必先自論其學，而後能識其造詣之深淺。此伊尹之志，顔子之學，所以未易於窺測也。

嘗觀伊尹耕於有莘之野，而樂堯舜之道，固將終其身於畎畝，雖禄之以天下，有弗顧者，及感成湯三聘之勤，而始幡然以起，是誠不易矣。而戰國之士，猶以爲割烹要湯，向非孟氏之辯，則千載而下，孰從而知其説之妄乎？至於五就桀之説，則尚有可疑者。孟子曰：「往役，義也；往見，不義也。」夫尹以庶人而往役於桀，可也；以行道而往就於桀，不可也。尹於成湯之聖，猶必待其三聘者，以爲身不可辱而道不可枉也。使尹不俟桀之聘而自往，則其辱身枉道也甚矣，而何以爲伊尹乎？使尹之心以爲湯雖聖，臣也；桀雖虐，君也，而就之，則既以爲君矣，又何從而伐之乎？桀之暴虐，天下無不知者，彼置成湯之聖而不用，尚何有於伊尹？使尹不知而就之，是不智也；知而就之，是不明也；就而復伐之，是不忠也。三者無一可，而謂伊尹爲之乎？柳宗元以爲伊尹之五就桀，是大人之欲速其功。且曰：「吾觀聖人之急生人，莫若伊尹；伊尹之大，莫大於五就桀。」蘇子瞻譏之，以爲宗元欲以此自解其從叔文之非，可謂得其心乎。然五就之説，孟子亦嘗言之，而説者以爲尹之就桀，湯進之也，則尹惟知以湯之心爲心而已。是在聖人必自有處，而愚則以爲雖誠有之，亦孟子所謂有伊尹之志則可耳。不然，吾未見其不爲反覆悖亂之臣也。

至於顔子「四勿」之訓，此蓋聖賢心學之大，有未易言。彼其自謂能知，則譬之越南冀北。孰不知越之爲南，而冀之爲北乎？至其道里之曲折險易，自非所嘗經歷，莫從而識之也。今以「四勿」詢人，誠未見其有不知者，及究其所謂「非禮」，則又莫不喑然而無以爲答。今夫天下之事，固有似禮而非禮者矣，亦有似非禮而實爲禮者矣，其纖悉毫釐至於不可勝計，使非盡格天下之物而窮天下之理，則其疑似幾微之間，孰能決然而無所惑哉？夫於所謂非禮者既有未辨，而斷欲以之勿視聽言動，是亦告子之所謂「不得於言，勿求於心」耳，其何以能「克己復禮」而爲仁乎？夫唯顔子博約之功已盡於平日，而其明睿所照，既已略無纖芥之疑，故於事至物來，天理人欲，不待擬議，而已判然，然後行之勇決而無疑滯，此正所謂有至明以察其幾、有至健以致其決者也。孔門之徒，自子貢之穎悟，不能無疑於「一貫」，則「四勿」之訓，宜乎唯顔子之得聞也。若夫簞瓢之樂，則顔子之賢盡在於此，蓋其所得之深者。周子嘗令二程尋之，則既知其難矣。唯韓退之以爲顔子得聖人爲之依歸，則其不憂而樂也豈不易？顧以爲哲人之細事，初無所難者，是蓋言其外而未究其中也。蓋簞瓢之樂，其要在於窮理，其功始於慎獨。能窮理，故能擇乎中庸，而復理以爲仁；能慎獨，故能克己，不貳過，而至於三月不違。蓋其人欲淨盡，天理流行，是以内省不疚，仰不愧，俯不怍，而心廣體胖，有不知其手舞足蹈者也。退之之學，言誠正而弗及格致，則窮理慎獨之功正其所大缺，則於顔子之樂，宜其得之淺矣。

嗟乎！志伊尹之志也，然後能知伊尹之志；學顔子之學也，然後能知顔子之學，生亦何能與於此哉！

書東齋風雨卷後

悲喜憂快之形於前，初亦何常之有哉？向之以爲愁苦悽鬱之鄉，而今以爲樂事者，有矣；向之歌舞歡愉之地，今過之而嘆息咨嗟，泫然而泣下者，有矣。二者之相尋於無窮，亦何以異於不能崇朝之風雨？而顧執而留之於胸中，無乃非達者之心歟！吾觀東齋風雨之作，固亦寫其一時之所感遇。風止雨息，而感遇之懷，亦不知其所如矣，而猶諷詠嗟嘆於十年之後，得非類於夢爲僕役，覺而涕泣者歟？夫其隱几於蓬牕之下，聽芹波之春響，而詠夜簷之寒聲，自今言之，但覺其有幽閒自得之趣，殊不見其有所苦也。借使東齋主人得時居顯要，一旦失勢，退處寂寞，其感念疇昔之懷，當與今日何如哉？然則録而追味之，無亦將有灑然而樂、廓然而忘言者矣。而和者以爲真有所苦，而類爲垂楚不任之辭，是又不可與言夢者，而於東齋主人之意，失之遠矣。

重刊文章軌範序

宋謝枋得氏取古文之有資於場屋者，自漢迄宋，凡六十有九篇，標揭其篇章句字之法，名之曰「文章軌範」。蓋古文之奥不止於是，是獨爲舉業者設耳。世之學者傳習已久，而貴陽之士獨未之多見。侍御王君汝楫於按歷之暇，手録其所記憶，求善本而校定之，謀諸方伯郭公輩，相與捐俸廩之資，鋟之梓，將以嘉惠貴陽之士，曰：「枋得爲宋忠臣，固以舉業進者，是吾微有訓焉。」屬守仁叙一言於簡首。

夫自百家之言興，而後有六經；自舉業之習起，而後有所謂古文。古文之去六經遠矣，由古文而舉業，又加遠焉。士君子有志聖賢之學，而專求之於舉業，何啻千里！然中世以是取士，士雖有聖賢之學，堯舜其君之志，不以是進，終不大行於天下。蓋士之始相見也必以贄，故舉業者，士君子求見於君之羔雉耳。羔雉之弗飾，是謂無禮；無禮，無所庸於交際矣。故夫求工於舉業而不事於古，作弗可工也；弗工於舉業而求於幸進，是僞飾羔雉以罔其君也。雖然，羔雉飾矣，而無恭敬之實焉，其如羔雉何哉！是故飾羔雉者，非以求媚於主，致吾誠焉耳。工舉業者，非以要利於君，致吾誠焉耳。世徒見夫由科第而進者，類多狥私媒利，無事君之實，而遂歸咎於舉業。不知方其業舉之時，唯欲釣聲利，弋身家之腴，以苟一旦之得，而初未嘗有其誠也。鄒孟氏曰：「恭敬者，幣之未將者也。」伊川曰：「自灑掃應對，可以至聖人。」夫知恭敬之實在於飾羔雉之前，則知堯舜其君之心不在於習舉業之後矣；知灑掃應對之可以進於聖人，則知舉業之可以達於伊、傅、周、召矣。吾懼貴陽之士謂二公之爲是舉，徒以資其希寵禄之筌蹄也，則二公之志荒矣。

竹江劉氏族譜跋

劉氏之盛，散於天下。其在安成者，出長沙定王發。今昔所傳，有自來矣。竹江之譜，斷自竹溪翁而下，不及於定王。見素子曰：「大夫不敢祖諸侯，禮也。」夫大夫之不祖諸侯也，蓋言祭也，若其支系之所自，則魯三桓之屬，是實不可得而剪。孔子曰：「吾猶及史之闕文也。」蓋孔子之時，史之闕疑者既鮮矣。竹江之不及定王，闕疑也，可以爲譜法也已。王道不明，人僞滋而風俗壞，上下相罔以詐。人無實行，家無信譜，天下無信史。三代以降，吾觀其史若江河之波濤焉，聊以知其起伏之概而已爾。士大夫不務誠身立德，而徒誇詡其先世以爲重，冒昧攀緣，適以絶其類，亂其宗。不知桀、紂、幽、厲之出於禹、湯、文、武，而顔、閔、曾、孟之先，未始有顯者也。若竹江之譜，其可以爲世法也哉！孔子曰：「斯民也，三代之所以直道而行。」充是心，雖以復三代之淳可也。且竹溪翁之後，其聞於世者歷歷爾。至其十一祖敬齋公，而遂以清節大顯於當代，録名臣者以首廉吏。敬齋之孫南峰公，又以清節文學顯。德業聲光，方爲天下所屬望。竹江之後，祖敬齋而宗南峰焉，亦不一足矣。况其世賢之多也，而又奚必長沙之爲重也夫！

祭徐曰仁文

嗚呼痛哉！曰仁，吾復何言。爾言在吾耳，爾貌在吾目，爾志在吾心，吾終可奈何哉！記爾在湘中還，嘗語予以壽不能長久。予詰其故。云：「嘗遊衡山，夢一老瞿曇撫曰仁背，謂曰：『子與顔子同德。』俄而曰：『亦與顔子同壽。』覺而疑之。」予曰：「夢耳。子疑之過也。」曰仁曰：「此亦可奈何？但令得告疾，早歸林下，冀從事於先生之教，朝有所聞，夕死可矣。」嗚呼！吾以爲是固夢耳，孰謂乃今而竟如所夢邪！向之所云，其果夢邪？今之所傳，其果真邪？今之所傳，亦果夢邪？向之所夢，亦果妄邪？嗚呼痛哉！

曰仁嘗語予：「道之不明幾百年矣。今幸有所見，而又卒無所成，不亦尤可痛乎？願先生早歸陽明之麓，與二三子講明斯道，以誠身淑後。」予曰：「吾志也。」自轉官南贛，即欲過家，堅卧不出。曰仁曰：「未可。紛紛之議方馳，先生且一行，爰與二三子姑爲饘粥計，先生了事而歸。」嗚呼！孰謂曰仁而乃先止於是乎！吾今縱歸陽明之麓，孰與予共此志矣！二三子又且離羣而索居，吾言之，而孰聽之？吾倡之，而孰和之？吾知之，而孰問之？吾疑之，而孰思之？嗚呼！吾無與樂餘生矣。吾已無所進，曰仁之進未量也。天而喪予也，則喪予矣，而又喪吾曰仁，何哉？天胡酷且烈也？嗚呼痛哉！朋友之中，能復有知予之深、信予之篤如曰仁者乎？夫道之不明也，由於不知不信。使吾道而非邪，則已矣；吾道而是邪，吾能無蘄於人之不予知、予信乎？

自得曰仁訃，蓋哽咽而不能食者兩日。人皆勸予食。嗚呼！吾有無窮之志，恐一旦遂死不克就，將以託之曰仁，而曰仁今則已矣。曰仁之志，吾知之，幸未即死，又忍使其無成乎？於是復強食。嗚呼痛哉！吾今無復有意於人世矣。姑俟冬春之交，兵革之役稍定，即拂袖而歸陽明。二三子苟有予從者，尚與之切磋砥礪，務求如平日與曰仁之所云。縱舉世不以予爲然者，亦且樂而忘其死，唯百世以俟聖人而不惑耳。曰仁有知，其尚能啓予之昏而警予之惰邪？嗚呼痛哉！予復何言！

又祭徐曰仁文

嗚呼曰仁！別我而逝兮，十年于今。葬茲丘兮，宿草幾青。我思君兮一來尋，林木拱兮山日深。君不見兮，窅嵯峨之雲岑。四方之英賢兮日來臻，君獨胡爲兮與鶴飛而猿吟？

憶麗澤兮欹歆，奠椒醑兮松之陰。良知之説兮聞不聞，道無間於隱顯兮，豈幽明而異心？我歌白雲兮，誰同此音？

祭楊士鳴文

嗚呼士鳴！吾見其進也，而遽見其止邪！往年士德之歿，吾已謂天道之無知矣，今而士鳴又相繼以逝，吾安所歸咎乎？嗚呼痛哉！

忠信明睿之資，一郡一邑之中不能一二見，而顧萃於一家之兄弟，又皆與聞斯道，以承千載之絶學，此豈出於偶然者！固宜使之得志大行，發聖學之光輝，翼斯文於悠遠。而乃栽培長養，則若彼其艱；而傾覆摧折，又如此其易。其果出於偶然，倏聚倏散，而天亦畧無主宰於其間邪？嗚呼痛哉！

潮郡在南海之涯，一郡耳。一郡之中，有薛氏之兄弟子侄，既足盛矣，而又有士鳴之昆季。其餘聰明特達、毅然任道之器，後先頡頏而起者以數十。其山川靈秀之氣，殆不能若是其淑且厚，則亦宜有盈虚消息於其間矣乎？士鳴兄弟雖皆中道而逝，然今海内善類，孰不知南海之濱有楊士德、士鳴者爲成德之士，如祥麟瑞鳳，爭一睹之爲快？因而向風興起者比比，則士鳴昆季之生，其潛啓默相以有績於斯道，豈其微哉？彼黄馘槁𩨒，與草木同腐者，又何可勝數？求如士鳴昆季一日之生以死，又安可得乎？嗚呼！道無生死，無去來，士鳴則既聞道矣，其生也奚以喜？其死也奚以悲？獨吾黨之失助，而未及見斯道之大行也，則吾亦安能以無一慟乎？嗚呼痛哉！

答方叔賢　即獻夫

昨見邸報，知西樵、兀崖皆有舉賢之疏。此誠士君子立朝之盛節，若干年無此事矣。深用歎服！但與名其間，却有一二未曉者，此恐鄙人淺陋，未能知人之故。然此乃天下治亂盛衰所繫，君子、小人進退存亡之機，不可以不慎也。此事譬之養蠶，但雜一爛蠶於其中，則一筐好蠶盡爲所壞矣。凡薦賢於朝，與自己用人又自不同。自己用人，權度在我，故雖小人而有才者，亦可以器使。若以賢才薦之於朝，則評品一定，便如白黑，其間舍短録長之意，若非明言，誰復知之？小人之才，豈無可用？如砒硫芒硝皆有攻毒破壅之功，但混於參苓耆术之間而進之，養生之人萬一用之不精，鮮有不誤者矣。僕非不樂二公有此盛舉，正恐異日或爲此舉之累，故輒叨叨，當不以爲罪也。

思、田事，貴鄉往來人當能道其詳。俗諺所謂生事事生，此類是矣。今其事體既已壞盡，欲以無事處之，要已不能。只求減省一分，則地方亦可減省一分勞擾耳。鄙見畧具奏内，深知大拂喜事者之心，然欲殺數千無罪之人以求成一己之功，仁者之所不忍也。賫奏人去，凡百望指示之。舟次草草，未盡鄙懷，千萬鑒恕。

卷之三　龍場書

共六篇

瘞旅文

維正德四年秋月三日，有吏目云自京來者，不知其名氏，携一子一僕，將之任，過龍場，投宿土苗家。予從籬落間望見之，陰雨昏黑，欲就問訊北來事，不果。明早遣人覘之，已行矣。薄午，有人自蜈蚣坡來云，一老人死坡下，傍兩人哭之哀。予曰：「此必吏目死矣。傷哉！」薄暮，復有人來云：「坡下死者二人，傍一人坐歎。」詢其狀，則其子又死矣。明日復有人來云：「見坡下積尸三焉。」則其僕又死矣。嗚呼傷哉！念其暴骨無主，將二童子持畚鍤，往瘞之，二童子有難色然。予曰：「嘻！吾與爾猶彼也。」二童憫然涕下，請往。就其傍山麓爲三坎埋之，又以隻雞飯三盂，嗟吁涕洟而告之曰：

嗚呼，傷哉！繄何人，繄何人？吾龍場驛丞餘姚王守仁也。吾與爾皆中土之産，吾不知爾郡邑，爾烏爲乎來爲茲山之鬼乎！古者重去其鄉，遊宦不踰千里。吾以竄逐而來此，宜也，爾亦何辜乎？聞爾官，吏目耳，俸不能五斗，爾率妻子躬耕，可有也，烏爲乎以五斗而易爾七尺之軀？又不足，而益以爾子與僕乎？嗚呼，傷哉！爾誠戀茲五斗而來，則宜欣然就道，烏爲乎吾昨望見爾容蹙然，蓋不任其憂者？夫衝冒霧露，扳援崖壁，行萬峰之頂，饑渴勞頓，筋骨疲憊，而又瘴厲侵其外，憂鬱攻其中，其能以無死乎？吾固知爾之必死，然不謂若是其速，又不謂爾子爾僕亦遽爾奄忽也。皆爾自取，謂之何哉！吾念爾三骨之無依而來瘞爾，乃使吾有無窮之愴也。嗚呼，傷哉！縱不爾瘞，幽崖之狐成群，陰壑之虺如車輪，亦必能葬爾於腹，不致久暴露爾。爾既已無知，然吾何能爲心乎？自吾去父母鄉國而來此，三年矣，歷瘴毒而苟能自全，以吾未嘗一日之戚戚也。今悲傷若此，是吾爲爾者重而自爲者輕也。吾不宜復爲爾悲矣。吾爲爾歌，爾聽之。歌曰：

連峰際天兮，飛鳥不通。遊子懷鄉兮，莫知西東。莫知西東兮，維天則同。異域殊方兮，環海之中。達觀隨寓兮，奚必予宫？魂兮魂兮，無悲以恫！

又歌以慰之，曰：

與爾皆鄉土之離兮，蠻之人言語不相知兮。性命不可期，吾苟死於兹兮，率爾子僕來從予兮。吾與爾遨以嬉兮，驂紫彪而乘文螭兮，登望故鄉而噓唏兮。吾苟獲生歸兮，爾子爾僕尚爾隨兮，無以無侶悲兮。道傍之塚累累兮，多中土之流離兮，相與呼嘯而徘徊兮。飱風飲露，無爾饑兮。朝友麋鹿，暮猿與栖兮。爾安爾居兮，無爲厲於兹墟兮！

答毛憲副

昨承遣人喻以禍福利害，且令勉赴太府請謝。此非道誼深情，決不至此。感激之至，言無所容！但差人至龍場陵侮，此自差人挾勢擅威，非大府使之也。龍場諸夷與之爭鬪，此自諸夷憤慍不平，亦非某使之也。然則大府固未嘗辱某，某亦未嘗傲大府，何所得罪而遽請謝乎？跪拜之禮，亦小官常分，不足以爲辱，然亦不當無故而行之。不當行而行，與當行而不行，其爲取辱一也。廢逐小臣，所守以待死者，忠信禮義而已。又棄此而不守，禍莫大焉！凡禍福利害之說，某亦嘗講之。君子以忠信爲利，禮義爲福。苟忠信禮義之不存，雖禄之萬鍾，爵以侯王之貴，君子猶謂之禍與害；如其忠信禮義之所在，雖剖心碎首，君子利而行之，自以爲福也，况於流離竄逐之微乎！某之居此，蓋瘴癘蠱毒之與處，魑魅魍魎之與遊，日有三死焉。然而居之泰然，未嘗以動其中者，誠知生死之有命，不以一朝之患而忘其終身之憂也。太府苟欲加害，而在我誠有以取之，則不可謂無憾。使吾無有以取之而横罹焉，則亦瘴癘而已爾，蠱毒而已爾，魑魅魍魎而已爾，吾豈以是而動吾心哉？執事之諭，雖有所不敢承，然因是而益知所以自勵，不敢苟有所隳墮，則某也受教多矣，敢不頓首以謝！

與安宣慰

某得罪朝廷而來，惟竄伏陰厓幽谷之中以禦魑魅，則其所宜。故雖夙聞使君之高誼，經旬月而不敢見，若甚簡伉者。然省愆内訟，痛自削責，不敢比數於冠裳，則亦逐臣之禮也。使君不以爲過，使廪人餽粟，庖人餽肉，園人代薪水之勞，亦寧不貴使君之義而諒其爲情乎？自惟罪人何可以辱守土之大夫，懼不敢當，輒以禮辭。使君復不以爲罪，昨者又重之以金帛，副之以鞍馬，禮益隆，情益至，某益用震悚。是重使君之辱而甚逐臣之罪也，愈有所不敢當矣！使者堅不可郤，求其說而不得。無已其周之乎？周之亦可受也。敬受米二石，柴炭雞鵝悉受如來數。其諸金帛鞍馬，使君所以交於卿士大夫者，施之逐臣，殊駭觀聽，敢固以辭。伏惟使君處人以禮，恕物以情，不至再辱，則可矣。

與安宣慰

減驛事，非罪人所敢與聞。承使君厚愛，因使者至，閒問及之，不謂其遂達諸左右也。悚息，悚息！然已承見詢，則又不可默。

凡朝廷制度，定自祖宗，後世守之，不可以擅改。在朝廷且謂之變亂，況諸侯乎！縱朝廷不見罪，有司者將執法以繩之，使君必且無益。縱幸免於一時，或五六年，或八九年，雖遠至二三十年矣，當事者猶得持典章而議其後。若是則使君何利焉？使君之先，自漢、唐以來千幾百年，土地人民未之或改。所以長久若此者，以能世守天子禮法，竭忠盡力，不敢分寸有所違。是故天子亦不得踰禮法，無故而加諸忠良之臣。不然，使君之土地人民富且盛矣，朝廷悉取而郡縣之，其誰以爲不可？夫驛可減也，亦可增也；驛可改也，宣慰司亦可革也。由此言之，殆甚有害，使君其未之思邪？

所云奏功陞職事，意亦如此。夫剗除寇盜以撫綏平良，亦守土之常職。今縷舉以要賞，則朝廷平日之恩寵禄位，顧將欲以何爲？使君爲參政，亦已非設官之舊，今又干進不已，是無抵極也，衆必不堪。夫宣慰守土之官，故得以世有其土地人民；若參政，則流官矣，東西南北，唯天子所使。朝廷下方尺之檄，委使君以一職，或閩或蜀，其敢弗行乎？則方命之誅，不旋踵而至；捧檄從事，千百年之土地人民非復使君有矣。由此言之，雖今日之參政，使君將恐辭去之不速，其又可再乎？凡此以利害言，揆之於義，反之於心，使君必自有不安者。夫拂心違義而行，衆所不與，鬼神所不嘉也。

承問及，不敢不以正對。幸亮察！

與安宣慰

阿賈、阿札等畔宋氏，爲地方患，傳者謂使君使之。此雖或出於妬婦之口，然阿賈等自言使君嘗錫之以氈刀，遺之以弓弩。雖無其心，不幸乃有其迹矣。始三堂兩司得是説，即欲聞之於朝。既而以使君平日忠實之故，未必有是，且信且疑，姑令使君討賊。苟遂出軍勦撲，則傳聞皆妄，何可以濫及忠良？其或坐觀逗遛，徐議可否，亦未爲晚。故且隱忍其議，所以待使君者甚厚。既而文移三至，使君始出，衆論紛紛，疑者將信。喧騰之際，適會左右來獻阿麻之首，偏師出解洪邊之圍，群公又復徐徐。今又三月餘矣，使君稱疾歸卧，諸軍以次潛回，其間分屯寨堡者，不聞擒斬以宣國威，唯增剽掠以重民怨，衆情愈益不平。而使君之民罔所知識，方揚言於人，謂：「宋氏之難當使宋氏自平，安氏何與而反爲之役？我安氏連地千里，擁衆四十八萬，深坑絶坉，飛鳥不能越，猿猱不能攀。縱遂高坐，不爲宋氏出一卒，人亦卒如我何！」斯言已稍稍傳播，不知三堂兩司已嘗聞之否？使君誠久卧不出，安氏之禍必自斯言始矣。使君與宋氏同守土，而使君爲之長。地方變亂，皆守土者之罪，使君能獨委之宋氏乎？夫連地千里，孰與中土之一大郡？擁衆四十八萬，孰與中土之一都司？深坑絶坉，安氏有之，然如安氏者，環四面而居以百數也。今播州有楊愛，愷黎有楊友，酉陽、保靖有彭世麒等諸人，斯言苟聞於朝，朝廷下片紙於楊愛諸人，使各自爲戰，共分安氏之所有，蓋朝令而夕無安氏矣。深坑絶坉，何所用其險？使君可無寒心乎？且安氏之職，四十八支更迭而爲。今使君獨傳者三世，而群支莫敢爭，以朝廷之命也。苟有可乘之釁，孰不欲起而代之乎？然則揚此言於外，以速安氏之禍者，殆漁人之計。蕭牆之憂，未可測也。使君宜速出軍，平定反側，破衆讒之口，息多端之議，弭方興之變，絶難測之禍，補既往之愆，要將來之福。某非爲人作説客者，使君幸熟思之！

象祠記

靈博之山有象祠焉，其下諸苗夷之居者，咸神而事之。宣慰安君因諸夷之請，新其祠屋，而請記於予。予曰：「毀之乎？其新之也？」曰：「新之。」「新之也，何居乎？」曰：「斯祠之肇也，蓋莫知其原。然吾諸蠻夷之居是者，自吾父、吾祖遡曾、高而上，皆尊奉而禋祀焉，舉之而不敢廢也。」予曰：「胡然乎？有庳之祠，唐之人蓋嘗毀之。象之道，以爲子則不孝，以爲弟則傲。斥於唐而猶存於今，毁於有庳而猶盛於兹土也，胡然乎？我知之矣。君子之愛若人也，推及於其屋之烏，而況於聖人之弟乎哉？然則祀者爲舜，非爲象也。意象之死，其在干羽既格之後乎？不然，古之驁桀者豈少哉？而象之祠獨延於世，吾於是益有以見舜德之至，入人之深，而流澤之遠且久也。象之不仁，蓋其始焉爾，又烏知其終之不見化於舜也？書不云乎：『克諧以孝，蒸蒸乂，不格姦。』瞽瞍亦允若，則已化而爲慈父。象猶不弟，不可以爲諧。進治於善，則不至於惡；不抵於姦，則必入於善。信乎，象蓋已化於舜矣！孟子曰：『天子使吏治其國，象不得以有爲也。』斯蓋舜愛象之深而慮之詳，所以扶持輔導之者之周也。不然，周公之聖，而管、蔡不免焉。斯可以見象之既化於舜，故能任賢使能而安於其位，澤加於其民，既死而人懷之也。諸侯之卿，命於天子，蓋周官之制，其殆倣於舜之封象與？吾於是益有以信人性之善，天下無不可化之人也。然則唐人之毀之也，據象之始也；今之諸夷之奉之也，承象之終也。斯義也，吾將以表於世，使知人之不善雖若象焉，猶可以改，而君子之修德及其至也，雖若象之不仁，而猶可以化之也。」

卷之四　廬陵書　止一篇

廬陵縣公移

廬陵縣爲乞蠲免以蘇民困事。准本縣知縣王爾，查得正德四年十一月二十六日，本縣抄蒙本府紙牌，抄奉欽差鎮守江西等處太監王鈞牌，差吏龔彰賫原發銀一百兩到縣，備仰掌印官督同主簿宋海，拘集通縣糧里，收買葛紗。比因知縣員缺，主簿宋海管徵錢糧，典史林嵩部糧，止有縣丞楊融署印。又蒙上司絡繹行委，摧提勘合人犯印信，更替不一。正德五年三月十八日，本職方纔到任，隨蒙府差該吏郭孔茂到縣守併當拘糧里陳江等，着令領價收買。據各稱，本縣地方自來不産葛布，原派歲額，亦不曾開有葛布名色。惟於正德二年，蒙欽差鎮守太監姚案行本布政司，備查出產葛布縣分，行令依時採辦，無產縣分，量地方大小，出銀解送收買，本縣奉派折銀一百五兩。當時百姓呶呶，衆口騰沸。江等迫於徵催，一時無由控訴，只得各自出辦賠貱。正德四年，仍前一百五兩，又復忍苦賠解。今來復蒙催督買辦，又在前項加派一百五兩之外。百姓愈加驚惶，恐自此永爲定額，遺累無窮。兼之歲辦料杉、楠木、炭、牲口等項，舊額三千四百九十八兩，今年增至一萬餘兩，比之原派幾於三倍。其餘公差往來，騷擾刻剥，日甚一日。江等自去年以來，前後賠貱七十餘兩，皆有實數可查。民産已窮，征求未息。况有旱災相仍，疾疫大作，比巷連村，多至闔門而死，骨肉奔散，不相顧療。幸而生者，又爲征求所迫，弱者逃竄流離，强者羣聚爲盜，攻劫鄉村，日無虚夕。今來若不呈乞寬免，切恐衆情忿怨，一旦激成大變。爲此連名具呈，乞爲轉申祈免等情。

據此欲爲備由申請間，驀有鄉民千數擁入縣門，號呼動地，一時不辨所言。上句旁批：妙。大意欲求寬貸。倉卒誠恐變生，只得權辭慰解，諭以知縣自當爲爾等申諸上司，悉行蠲免。旁批：妙。衆始退聽，徐徐散歸。

本月初七日，復蒙鎮守府紙牌催督前事，并提當該官吏。看得前項事件，既已與民相約，豈容復肆科斂？非惟心所不忍，兼亦勢有難行。參照本職自到任以來，即以多病不出，未免有妨職務。坐視民困而不能救，心切時弊而不敢言，至於物情忿激，擁衆呼號，始以權辭慰諭，又復擅行蠲免，論情雖亦紓一時之急，據理則亦非萬全之謀。既不能善事上官，又何以安處下位？苟欲全信於民，其能免禍於己？旁批：妙。除將原發銀兩解府轉解外，合關本縣當道，垂憐小民之窮苦，俯念時勢之難爲，特賜寬容，悉與蠲免。其有遲違等罪，止坐本職一人，即行罷歸田里，以爲不職之戒。中心所甘，死且不朽。等因，備關到縣。准此，理合就行。

卷之五　南贛書　共二十八篇

綏柔流賊

據左江道參議等官汪必東等呈稱：「古陶、白竹、石馬等賊，近雖誅勦，然尚有流出府江諸處者，誠恐日後爲患，乞調歸順土官岑𤅷兵一千名，萬承、龍英共五百名，或韋貴兵一千名，住劄平南、桂平衝要地方。」及該府知府程雲鵬等亦申量留湖兵，及調武靖州狼兵防守，等因。

始觀論議，似亦區畫經久之圖；徐考成功，終亦支吾目前之計。蓋用兵之法，伐謀爲先；處夷之道，攻心爲上。今各傜征勦之後，有司即宜誠心撫恤，以安其心；若不服其心，而徒欲久留湖兵，多調狼卒，憑藉兵力以威劫把持，謂爲可久之計，則亦末矣。殊不知遠來客兵，怨憤不肯爲用，一也。供饋之需，稍不滿意，求索訾詈，將無抵極，二也。就居民間，騷擾濁亂，易生讐隙，三也。困頓日久，資財耗竭，適以自弊，四也。欲借此以衛民，而反爲民增一苦；欲借此防賊，而反爲吾招一寇。各官之意，豈不虞各賊乘間突出，故欲振揚兵威，以苟幸目前之無事，抑亦不睹其害矣。前歲湖兵之調，既已大拂其情，乃今復欲留之，其可行乎？夫刑賞之用當，而後善有所勸，惡有所懲。勸懲之道明，而後政得其安。今稔惡各猺，舉兵征勦，刑既加於有罪矣；然破敗奔竄之餘，即欲招撫，彼亦未必能信。必須先從其傍良善各巢，加厚撫恤，使爲善者益知所勸，而不肯與之相連相比，則惡黨自孤，而其勢自定。使良善各巢傳道引諭，使各賊咸有回心向化之機，然後吾之招撫可得而行，而凡綏懷御制之道，可以次而舉矣。夫柔遠人而撫戎狄，謂之柔與撫者，豈專恃兵甲之盛，威力之強而已乎？古之人能以天地萬物爲一體，故能通天下之志。凡舉大事，必順其情而使之，因其勢而導之，乘其機而動之，及其時而興之。是以爲之但見其易，而成之不見其難。此天下之民所以陰受其庇，而莫知其功之所自也。今皆反之，豈所見若是其相遠乎？亦由無忠誠惻怛之心以愛其民，不肯身任地方利害爲久遠之圖，凡所施爲，不本於精神心術，而惟事補輳掇拾，支吾粉飾於其外，以苟幸吾身之無事。此蓋今時之通弊也。

合就通行計處，仰抄案回道，即行知府程雲鵬，公同指揮周胤宗及各縣知縣等官，親至已破賊巢各鄰近良善村寨，以次加厚撫恤，給以告示，犒以魚鹽，待以誠信，敷以德恩；喻以朝廷所以誅勦各賊者，爲其稔惡不悛。若爾等良善守分村寨，我官府何嘗輕動爾等一草一木？爾等各宜益堅向善之心，毋爲彼所扇惑摇動。從而爲之推選衆所信服，立爲酋長，以連屬之。優其禮待，厚其犒賞，以漸綏來調習，使之日益親附。又喻以稔惡各賊，彼若不改，一征不已，至於再；再征不已，至於三，至於四五，至於六七，必使滅絶而後已。此後官府若行勦除，爾等但要安心樂業，無有驚疑。若各賊果能改惡遷善，實心向化，今日來投，今日即待以良善，即開其自新之路，決不追既往之惡。爾等即可以此意傳告開喻之，我官府亦未嘗有必欲殺彼之心。若彼賊果有相引來投者，亦就實心撫安招來之，量給鹽米，爲之經紀生業；亦就爲之選立酋長，使有統率，毋令涣散。一面清查侵占田地，開立里甲，以息日後之爭。禁約良民，毋使乘機報復，以激其變。如農夫之植嘉禾而去稂莠，深耕易耨，芸菑灌溉，專心一事，勤誠無惰，必有秋獲。夫善者益知所勸，則助惡者日衰；惡者益知所懲，則向善益衆。此撫柔之道，而非專有恃於兵甲者也。

至於本院近行十家牌諭，誠亦弭盜安民之良法，而今之有司槩以虛文抵塞，莫肯實心推求舉行，雖已造册繳報，而尚不知其間所屬何意。所處地方該道仍要用心督責整理，誠使此法一行，則不待調發，而處處皆兵；不待屯聚，而家家皆兵；不待蓄養，而人人皆兵。無餽運之勞，而糧餉足；無關隘之設，而守禦固。習之愈久，而法愈精；行之彌廣，而功彌大。其視前項區處摘調之兵，有虛名而無實用，可張皇於暫時，而不可施行於永久者，勞逸煩簡，相去遠矣。唯有該府議欲散撤雇倩機快等項，調取武靖州土兵，使之就近防守一節，區畫頗當。然以三千之衆，而常在一處屯頓坐食，亦未得宜。必須分作六班，每五百名爲一班，每兩箇月日而更一次。若有鵰勦等項，然後通行起調。然必須於城市別立營房，毋使與民雜處，然後可免於騷擾嫌隙。蓋以十家牌門之兵，而爲守土安民之本；以武靖起調之兵，而備追捕勦截之用。此亦經權交濟相須之意，合就准行。仰該道仍將行糧等項，再議停當，備行該州土目人等，遵照奉行。自今以後，免其秋調。各處哨守等役，專在潯州地方聽憑守備參將調用。凡遇緊急調取，即要星火馳赴信地，不得遲違時刻。守巡各官仍要時加戒諭撫輯，毋令日久玩弛，又成虚應故事。

本院疎才多病，精力不足，不能躬親細務，獨其憂患地方，欲爲建立久安長治一念，真切自不能已，是以不覺其言之叨叨。各官務體此意，毋厭其多言，而必務爲紬繹；毋謂其迂遠，而必再與精思。務竭其忠誠，務行其切實，同心協德，共濟時艱。通行總鎮、總兵、鎮巡等衙門知會。仍行三司各道守巡、守備等官，事有相類者，悉以此意推而行之。發去魚鹽，或有不足，再行計處定奪。

告諭村寨

近因牛腸等寨，積年稔惡，是以舉兵征勦。爾等良善村寨，我官府自加撫恤，決無侵擾，各宜益堅爲善之心，共享太平之樂。其間平日縱有罪犯，從今但能中心改過，官府決不追論舊惡，毋自疑沮，或爲彼所扇惑，自取滅亡，後悔無及。就使已勦餘黨，果能悔罪自新，官府亦待以良善，一體撫恤。若是長惡不悛，一勦十勦，至於百勦，必加殄滅，斷不虚言。爾等各寨，爲善爲惡，日後自見，各宜知悉。

選揀民兵

照得撫屬地方，界連四省，山谷險隘，林木茂深，盜賊所盤，三居其一，乘間劫掠，大爲民患。本院繆當巡撫，專以弭盜安民爲職。欽奉敕諭，一應軍馬錢糧事宜，得以逕自區畫。莅任以來，甫及旬日，雖未遍歷各屬，且就贛州一府觀之，財用耗竭，兵力脆寡，衛所軍丁，止存故籍；府縣機快，半應虚文，禦寇之方，百無足恃。以此例彼，餘亦可知。夫以羸卒而當強寇，猶驅羣羊而攻猛虎，必有所不敢矣。是以每遇盜賊猖獗，輒復會奏請兵。非調土軍，即倩狼達，往返之際，輒已經年；縻費所須，動踰數萬。逮至集兵舉事，即已魍魎潛形，曾無可勦之賊；稍俟班師旋旅，則又鼠狐聚黨，復皆不軌之羣。良由素不練兵，倚人成事，是以機宜屢失，備禦益弛。徵發無救於瘡痍，供饋適增其荼毒。羣盜習知其然，愈肆無憚；百姓謂莫可恃，競亦從非。

夫事緩則坐縱烏合，勢急迺動調狼兵，一皆苟且之謀，此豈可常之策？古之善用兵者，驅市人而使戰，假閭戍以興師。豈以一州八府之地，遂無奮勇敢戰之夫？事豫則立，人存政舉。近據江西分巡嶺北道兵備副使楊璋，呈將所屬各縣機快，通行揀選，委官統領操練，即其處分，當亦漸勝於前。但此等機快，止可護守城郭，隄備關隘。至於擣巢深入，摧鋒陷陣，恐亦未堪。爲此案仰四省各兵備官，於各屬弩手、打手、機快等項，挑選驍勇絶羣、膽力出衆之士，每縣或多十餘人，或少八九輩，務求魁傑異材，缺則懸賞召募。大約江西、福建二兵備，各以五六百名爲率。廣東、湖廣二兵備，各以四五百名爲率。中間若有力能扛鼎、勇敵千人者，優其廩餼，署爲將領。召募犒賞等費，皆查各屬商税贓罰等銀支給。各縣機快，除南贛兵備已行編選外，餘四兵備仍於每縣原額數内，揀選精壯可用者，量留三分之二，就委該縣能官統練，專以守城防隘爲事。其餘一分揀退疲弱不堪者，免其着役，止出工食，追解該道，以益召募犒賞之費。所募精兵，專隨各兵備官屯劄，别選素有膽畧，各屬官員分隊統押。教習之方，隨材異技；器械之備，因地異宜。日逐操演，聽候徵調。各官常加考校，以核其進止金鼓之節。本院間一調遣，以習其往來道途之勤。資裝素具，遇警即發。聲東擊西，舉動由己；運機設伏，呼吸從心。如此，則各縣屯戍之兵，既足以護防守截；而兵備募召之士，又可以應變出奇。盜賊漸知所畏而革心，平良益有所恃而無恐，然後聲罪之義克振，撫綏之仁可施。弭盜之方，斯惟其要。

本院所見如此，其間尚有知慮未周，措置猶缺者，又在各官酌量潤色，務在盡善，期於可久。亮愛民憂國之心既無不同，則拯溺救焚之圖自不容緩。案至即便舉行，或有政務相妨，未能一一親詣，先行各屬，精爲選發。先將召募所得姓名，及措置支費銀糧，陸續呈報。事完之日，通造文册，以憑查考。

案行廣東福建領兵官進勦事宜

據福建、廣東按察司等衙門備呈到院，看得兩省勦捕事宜，設施布置，頗已詳備。誠使諸將齊心，軍士用命，並舉夾攻，已有必克之勢。但事干各省，舉動難一，頓兵既久，變故旋生，則謀筭機宜，旬日頓異，亦難各守初議，執爲定說。

照得福建軍務，整緝既久；兼有海滄、演城、政和諸處打手，足可濟事。諸將咸有以功贖罪之心，意氣頗鋭，當道亦皆協謀并力，期收克捷之功，利在速戰。若當集謀之始，掩賊不備，奮擊而前，成功可必。今即曠日持久，聲勢彰聞，各巢賊黨必皆連絡糾合，阻阱設械，以禦我師。其爲奸計，當亦日加險密。至於今日，已爲持久之師，且宜示以寬懈，待間而發。而猶執其乘機之說，張皇於外，以堅賊志，是謂知吾卒之可擊，而不知敵之未可擊也。

廣東之兵，集謀稍緩，聲威未震，意在倚重狼達土軍，然後舉事，利於持久，是亦慎重周悉之謀。諸賊聞之，雖相結聚，尚候土兵之集，以卜戰期，其備必猶懈弛。若因而形之以緩，乘此機候，正可奮怯爲勇，變弱爲強。而猶執其持重之說，必候土軍之至，以坐失事機。是徒知吾卒之未可擊，而不知敵之正可擊也。

善用兵者，因形而借勝於敵。故其戰勝不復，而應形於無窮。勝負之筴，間不容髮，烏可執滯！除江西南贛地方，凡通賊關隘，已行兵備副使楊璋委官隄備截殺，及將進勦方畧，各另差人封付福建僉事胡璉、廣東僉事顧應祥，會同守巡等官，密切遵依行事外。仰抄案回司，即行各官，務要同心協德，乘間而動。毋得各守一見，縻軍債事。一應進止，不必呈禀，以致悮事。領軍等官，隨機應變，就便施行，一面呈報。如復彼此偏執，失悮軍機，定行從重參拏，決不輕貸。

十家牌法告諭父老子弟

本院奉命巡撫是方，惟欲剪除盜賊，安養小民。所恨才力短淺，智慮不及，雖懷愛民之心，未有愛民之政。父老子弟，凡可以匡我之不逮，苟有益於民者，皆有以告我。我當商度其可，以次舉行。今爲此牌，似亦煩勞。爾衆中間固多詩書禮義之家，吾亦豈忍以狡詐待爾良民？便欲防奸革弊，以保安爾良善，則又不得不然。父老子弟，其體此意。自今各家，務要父慈子孝，兄愛弟敬，夫和婦隨，長惠幼順，小心以奉官法，勤謹以辦國課，恭儉以守家業，謙和以處鄉里。心要平恕，毋得輕意忿爭；事要含忍，毋得輒興詞訟。見善互相勸勉，有惡互相懲戒。務興禮讓之風，以成敦厚之俗。吾愧德政未敷，而徒以言教。父老子弟，其勉體吾意，毋忽！

輪牌人每日仍將告諭，省曉各家一番。

十家牌式

某縣某坊

某人某籍

某人某籍

某人某籍

某人某籍

某人某籍

某人某籍

某人某籍

某人某籍

某人某籍

某人某籍

右甲尾某人

右甲頭某人

此牌，十家輪日收掌。每日酉牌時分，持牌到各家，照粉牌查審：某家今夜少某人，往某處，幹某事，某日當回。某家今夜多某人，是某姓名，從某處來，幹某事。務要審問的確，仍通報各家知會。若事有可疑，即行報官。如或隱蔽，事發，十家同罪。

各家牌式：

某縣某坊民户某人。

某坊都里長某下甲首。軍户，則云某所總旗小旗某下。匠户，則云某里甲下某色匠。客户，則云原籍某處，某里甲下，某色人，見作何生理，當某處差役，有寄莊田在本縣某都，原買某人田，親徵保住人某某。若官户，則云某衙門，某官下舍人、舍餘。

若客户，不報寫莊田在牌者，日後來告有莊田，皆不准。不報寫原籍里甲，即係來歷不明，即須查究。

男子幾丁

某（某項官，見任、致仕，在京聽選，或在家）

某（某處生員，吏典）

某（治何生業，成丁、未成丁，或往何處經營）

某（見當某差役）

某（有何技能，或患廢疾）

某

某

某

見在家幾丁。若人丁多者，牌許增闊，量添行格填寫。

一婦女幾口

一門面屋幾間（係自己屋，或典賃某人屋）

一寄歇客人（某人係某處人，到此作何生理，一名名開寫浮票寫帖，客去則揭票；無則云無）

兵符節制

先據該道具呈，計處武備，以便經久事。議將原選聽調人役，如寧都殺手廖仲器之屬，盡行查出，頂補各縣選退機兵，通拘贛城操演，以備征調，已經批仰施行去後。看得習戰之方，莫要於行伍；治衆之法，莫先於分數。所據各兵既集，部曲行伍，合先預定。爲此仰抄案回道，照依定去分數，將調集各兵，每二十五人編爲一伍，伍有小甲。五十人爲一隊，隊有總甲。二百人爲一哨，哨有長、協哨二人。四百人爲一營，營有官、有參謀二人。一千二百人爲一陣，陣有偏將。二千四百人爲一軍，軍有副將、偏將無定員，臨事而設。小甲於各伍之中選材力優者爲之，總甲於小甲之中選材力優者爲之，哨長於千百户、義官之中選材識優者爲之。副將得以罰偏將，偏將得以罰營官，營官得以罰哨長，哨長得以罰總甲，總甲得以罰小甲，小甲得以罰伍衆。務使上下相維，大小相承，如身之使臂，臂之使指，自然舉動齊一，治衆如寡，庶幾有制之兵矣。編選既定，仍每五人給一牌，備列同伍二十五人姓名，使之連絡習熟，謂之伍符。每隊各置兩牌，編立字號，一付總甲，一藏本院，謂之隊符。每哨各置兩牌，編立字號，一付哨長，一藏本院，謂之哨符。每營各置兩牌，編立字號，一付營官，一藏本院，謂之營符。凡遇征調，發符比號而行，以防奸僞。其諸緝養訓練之方，旗鼓進退之節，皆要逐一講求，務濟實用，以收成績。事完，備造花名手册送院，以憑查考發遣。

勦捕漳寇方畧牌

據福建、廣東布、按二司，參議等官張簡等各呈勦捕事宜，已經行仰遵照案驗施行。所有方畧，恐致泄露，不欲備開案内。爲此另行牌仰廣東嶺東、福建汀、漳等處兵備僉事顧應祥、胡璉，密切會同守巡、紀功、贊畫等官，於公文至日，便可揚言本院新有明文，謂：天氣向煖，農務方新，兼之山路崎險，林木蓊翳，若雨水洊至，瘴露驟興，軍馬深入，實亦非便，莫若於要緊地方，量留打手、機兵，操練隄備。其餘軍馬，逐漸抽回，待秋收之後，風氣凉冷，然後三省會兵齊進。或宣示遠近，或曉諭下人。

此聲既揚，却乃大饗軍士，陽若犒勞給賞，爲散軍之狀，實則感激衆心，作興士氣。一面亦將不甚緊關人馬抽放一處、兩處，以信其事。其實所散人馬，亦可不遠而復。預遣間牒，探賊虛實。有間可乘，即便賫糗銜枚，連夜速發。當此之時，却須捨却身家，有死無生，有進無退。若一念轉動，便成大害。勁卒當前，重兵繼後，伺至其地，鼓噪而入。仍戒當先之士，唯在摧鋒破陣，不許斬取首級。後繼重兵，止許另分五六十騎，沿途收斬，其餘亦不得輒亂行次。違者，就便以軍法斬首。重兵之後，紀功、贊畫等官各率數隊，相繼而進，嚴整行伍，務令鼓噪之聲連亙不絶，使諸賊逃遯山谷者聞之，不得復聚。若賊首未盡，探其所如，分兵速躡，不得稍緩，使賊復得爲計。已獲渠魁，其餘解散黨與，平日罪惡不大，可招納者，還與招納，不得貪功，一槩屠戮。乘勝之餘，尤要振兵肅旅，如初遇敵，不得恃勝懈弛，恐生他虞。歸途仍將已破賊巢，悉與掃蕩。經過寨堡村落，務禁摽掠。宜撫恤者，即加撫恤；宜處分者，即與處分。毋速一時之歸，復遺他日之悔。

本院奉命而來，專以節制四省沿邊軍職爲務。即今進兵一應機宜，悉宜禀聽本院，庶幾事有總領，舉動齊一。授去方略，敢有故違，悉以軍法論處。

攻治盜賊二策疏

查得先因地方盜賊日熾，民被荼毒。竊計兵力寡弱，既不足以防遏賊勢；事權輕撓，復不足以齊一人心。乞要申明賞罰，假臣等令旗令牌，使得便宜行事，庶幾舉動如意，而事功可成。已經具題間，今復據各呈申前因，臣等參看得前項賊徒，惡貫已盈，神怒人怨。譬之疽癰之在人身，若不速加攻治，必至潰肺決腸。

然而攻治之方，亦有二説。若陛下假臣等以賞罰重權，使得便宜行事，期於成功，不限以時，則兵衆既練，號令既明，人知激勵，事無掣肘，可以伸縮自由，相機而動。一寨可攻則攻一寨，一巢可撲則撲一巢。量其罪惡之淺深而爲撫勦，度其事勢之緩急以爲後先。如此亦可以省供饋之費，無征調之擾。日剪月削，使之漸盡灰滅。此則如昔人拔齒之喻，日漸動摇，齒拔而兒不覺者也。然而今此下民之情，莫不欲大舉夾功，以快一朝之忿。蓋其怨恨所激，不復計慮其他。必須南調兩廣之狼達，西調湖湘之土兵，四路並進，一鼓成擒，庶幾數十年之大患可除，千萬人之積冤可雪。然此以兵法「十圍五攻」之例，計賊二萬，須兵十萬，日費千金。殆於道路不得操事者七十萬家，積粟料財，數月而事始集；刻期舉謀，又數月而兵始交。聲迹彰聞，賊强者設險以拒敵，黠者挾類而深逃，迨於鋒刃所加，不過老弱脅從。且狼兵所過，不減於盜；轉輸之苦，重困於民。近年以來，江西有姚源之役，瘡痍甫起；福建有汀、漳之寇，軍旅未旋；府江之師方集於兩廣，偏橋之討未息於湖湘。兼之杼柚已空，種不入土，而營建所輸，四征未已；誅求之刻，百出方新。若復加以大兵，民將何以堪命？此則一撥去齒，而兒亦隨斃者也。

夫由前之説，則如臣之昧劣，實懼不足以堪事，必擇能者任之而後可。若大舉夾攻，誠可以分咎而薄責，然臣不敢以身謀而廢國議。唯陛下擇其可否，斷而行之。

申明賞罰以勵人心疏

據江西按察司整飭兵備帶管分巡嶺北道副使楊璋呈：「伏覩大明律内該載失誤軍事條：『領兵官已承調遣，不依期進兵策應；若承差告報軍期而違限，因而失誤軍機者，並斬。』從軍違期條：『若軍臨敵境，託故違期三日不至者，斬。』主將不固守條：『官軍臨陣先退，及圍困敵城而逃者，斬。』此皆罰典也。及查得原擬直隸、山東、江西等處征勦流賊陞賞事例。一人并二人爲首就陣擒斬以次劇賊一名者，五兩。二名者，十兩。三名者，陞實授一級；不願者，賞十兩。陣亡者，陞一級，俱世襲；不願者，賞十兩。擒斬從賊六名以上至九名者，止陞實授二級，餘功加賞。不及六名，除陞一級之外，扣算賞銀。三人四人五人以上共擒斬以次劇賊一名者，賞銀十兩均分。從賊一名者，賞五兩均分。領軍、把總等官自斬賊級，不准陞賞；部下獲功七十名以上者，陞署一級；五百名者，陞實授一級；不及數者，量賞。一人捕獲從賊一名者，賞銀四兩；二名者，賞八兩；三名者，陞一級。以次劇賊一名者，陞署一級，俱不准世襲；不願者，賞五兩。此皆賞格也。賞罰如此，宜乎人心激勸，功無不立；然而有未能者，蓋以賞罰之典雖備，然罰典止行於參提之後，而不行於臨陣對敵之時；賞格止行於大軍征勦之日，而不行於尋常用兵之際故也。且以嶺北一道言之，四省連絡，盜賊淵藪。近年以來，如賊首謝志珊、高快馬、黄秀魁、池大鬢之屬，不時攻城掠鄉，動輒數千餘徒。每每督兵追勦，不過遥爲聲勢，俟其解圍退散，卒不能取決一戰者，以無賞罰爲之激勸耳。合無申明賞罰之典，今後但遇前項賊情，領兵官不拘軍衛有司，所領兵衆有退縮不用命者，許領兵官軍前以軍法從事。領兵官不用命者，許總統兵官軍前以軍法從事。所統兵衆，有能對敵擒斬功次，或赴敵陣亡，從實開報，覆勘是實，轉達奏聞，一體陞賞。至若生擒賊徒，鞫問明白，即時押赴市曹，斬首示衆。庶使人知警畏，亦與見行事例『決不待時』無相悖戾。如此，則賞罰既明，人心激勵。盜賊生發，得以即時撲滅。糧餉可省，事功可見矣。」具呈到臣。

卷查三省盜賊，二三年前，總計不過三千有餘。今據各府州縣兵備、守備等官所報，已將數萬，蓋已不啻十倍於前。臣嘗深求其故，詢諸官僚，訪諸父老，采諸道路，驗諸田野，皆以爲盜賊之日滋，由於招撫之太濫；招撫之太濫，由於兵力之不足；兵力之不足，由於賞罰之不行，誠有如副使楊璋所議者。臣請因是爲陛下畧言其故：

盜賊之性雖皆兇頑，固亦未嘗不畏誅討。夫唯爲之而誅討不及，又從而招撫之，然後肆無所忌。蓋招撫之議，但可偶行於無辜脅從之民，而不可常行於長惡怙終之寇；可一施於回心向化之徒，而不可屢施於隨招隨叛之黨。南贛之盜，其始也，被害之民恃官府之威令，猶或聚衆而與之角，鳴之於官；而有司者以爲既招撫之，則皆置之不問。盜賊習知官府之不彼與也，益從而讐脅之。民不任其苦，知官府之不足恃，亦遂靡然而從賊。由是，盜賊益無所畏，而出劫日頻，知官府之必將己招也；百姓益無所恃，而從賊日衆，知官府之必不能爲己地也。夫平良有冤苦無伸，而盜賊乃無求不遂。爲民者困征輸之劇，而爲盜者獲犒賞之勤，則亦何苦而不彼從乎？是故近賊者爲之戰守，遠賊者爲之鄉導；處城郭者爲之交援，在官府者爲之間諜。其始出於避禍，其卒也從而利之。故曰「盜賊之日滋，由於招撫之太濫」者，此也。

夫盜賊之害，神怒人怨，孰不痛心，而獨有司者必欲招撫之，亦豈得已哉？誠使強兵悍卒，足以殲渠魁而蕩巢穴，則百姓之憤雪，地方之患除，功成名立，豈非其所欲哉！然而南贛之兵素不練養，類皆脆弱驕惰，每遇征發，追呼拘攝，旬日而始集；約束齎遣，又旬日而始至，則賊已稇載歸巢矣。或猶遇其未退，望賊塵而先奔，不及交鋒而已敗。以是禦寇，猶驅羣羊而攻猛虎也，安得不以招撫爲事乎？故凡南贛之用兵，不過文移調遣，以苟免坐視之罰；應名勦捕，聊爲招撫之媒。求之實用，斷有不敢。何則？兵力不足，則勦捕未必能克；勦捕不克，則必有失律之咎，則必征調日繁，督責日至；糾舉論劾者四面而起，往往坐視而至於落職敗名者有之。招撫之策行，則可以安居而無事，可以無調發之勞，可以無戴罪殺賊之責，無地方多事不得遷轉之滯。夫如是，孰不以招撫爲得計？是故寧使百姓之荼毒，而不敢出一卒以抗方張之虜；寧使孤兒寡婦之號哭，顛連疾苦之無告，而不敢提一旅以忤反招之賊。蓋招撫之議，其始也出於不得已，其卒也遂守以爲常策。故曰「招撫之太濫，由於兵力之不足」者，此也。

古之善用兵者，驅市人而使戰，收散亡之卒以抗強虜。今南贛之兵尚足以及數千，豈盡無可用乎？然而金之不止，鼓之不進；未見敵而亡，不待戰而北。何者？進而效死，無爵賞之勸；退而奔逃，無誅戮之及，則進有必死而退有幸生也，何苦而求必死乎？吴起有云：「法令不明，賞罰不信，雖有百萬，何益於用？凡兵之情，畏我則不畏敵，畏敵則不畏我。」今南贛之兵，皆畏敵而不畏我，欲求其用，安可得乎？故曰「兵力之不足，由於賞罰之不行」者，此也。

今朝廷賞罰之典固未嘗不具，但未申明而舉行耳。古者賞不踰時，罰不後事。過時而賞，與無賞同；後事而罰，與不罰同。况過時而不賞，後事而不罰，其亦何以齊一人心而作興士氣？是雖使韓、白爲將，亦不能有所成，况如臣等腐儒小生，才識昧劣，而素不知兵者，亦復何所冀乎？議者以南贛諸處之賊連絡數郡，蟠據四省，非奏調狼兵，大舉夾攻，恐不足以掃蕩巢穴。是固一説也。然臣以爲狼兵之調，非獨所費不貲，兼其所過殘掠不下於盜，大兵之興，曠日持久，聲勢彰聞，比及舉事，諸賊渠魁悉已逃遯。所可得者，不過老弱脅從無知之民。於是乎有横罹之慘，於是乎有妄殺之弊。班師未幾，而山林之間復已呼嘯成羣。此皆往事之已驗者。

臣亦近揀南贛之精鋭，得二千有餘，部勒操演，畧有可觀。誠使得以大軍誅討之賞罰而行之平時，假臣等以便宜行事，不限以時，而唯成功是責，則比於大軍之舉，臣竊以爲可省半費而收倍功。臣請以近事證之：臣於本年正月十五日抵贛，卷查兵部所咨申明律例：「今後地方但有草賊生發，事情緊急，該管官司即便依律調撥官軍，乘機勦捕。應合會捕者，亦就調發策應；但係軍情，火速差人申奏。敢有遲延隱匿，巡撫巡按三司官即便參問，依律罷職、充軍等項發落。雖不係聚衆草賊，但係有名強盜肆行劫掠，賊勢兇惡；或白晝攔截，或明火持杖，不拘人數多少，一面設法緝捕，即時差人申報合干上司，并具申本部知會處置。如有仍前朦朧隱蔽，不即申報，以致聚衆滋蔓，貽患地方，從重參究，決不輕貸。等因，題奉欽依，備行前來。」時以前官久缺，未及施行，臣即刊印數千百紙，通行所屬，佈告遠近。上句旁批：好。未及一月，而大小衙門以賊情來報者接踵，亦遂屢有斬獲一二人、或五六人、七八人者。何者？兵得隨時調用，而官無觀望掣肘，則自然無可推託逃避，思效其力。由此言之，律例具存，前此唯不申明而舉行耳。上句旁批：妙。今使賞罰之典悉從而申明之，其獲效亦未必不如是之速也。伏望皇上念盜賊之日熾，哀民生之日蹙，憫地方荼毒之愈甚，痛百姓冤憤之莫伸，特敕兵部俯采下議，特假臣等令旗令牌，使得便宜行事。如是而兵有不精，賊有不滅，臣等亦無以逃其死。夫任不專，權不重，賞罰不行，以致於僨軍敗事，然後選重臣，假以總制之權，而往拯之，縱善其後，已無救於其所失矣。

臣才識淺昧，且體弱多病，自度不足以辦此，行從陛下乞骸骨，苟全餘喘於林下。但今方待罪於此，心知其弊，不敢不爲陛下盡言。陛下從臣之請，使後來者得效其分寸，收討賊之功，臣亦得以少逭死罪於萬一。

議處河源餘賊

看得河源等處賊情，本院屢經批仰該道，會同守巡等官，從長計議，相機勦捕。今復據呈，看得賊勢漸盛，民患日深，該道既以兵力勞憊，勢未能克，即須會同守巡、守備等官，或親至賊巢，或於附近賊巢處所屯劄，選差知因通賊曉事人役，賫執告示榜文，權且撫諭各賊，委曲開譬。或姑賜以牛酒、銀布、耕具、種子之類，令其收衆入巢，趁時耕作，因使吾民亦得暫免防截之役，及時盡力農畝。一面選兵勵士，密切分布哨道，候收斂已畢，各巢亦積有糧米，然後的探虛實，尅期並舉。出其不意，掩其不備，是乃籍兵於民，因糧於賊，非獨可以稍紓目前之急，亦因得以永除日後之患矣。今若兵力不足，既未能勦，又不從權撫諭，任其出没往來，則非惟民不安生，窮困愈甚，抑且賊亦失其農業，衣食不給，若非擄掠，何以爲生？是所謂益重吾民之苦，而愈長羣賊之奸，兵糧日耗，後欲圖之，功愈難矣。

仰該道會同守巡、守備等官，上緊議處施行回報，毋復徒使往復，致釀後艱。其各該官司、兵快人等，不論或撫或勦，俱要時時操練整束，密切隄備，不得縱弛，致有疎虞。

添設清平縣治疏

據福建按察司兵備僉事胡璉呈：「奉本院批，據漳州府呈：『准知府鍾湘關據南靖縣儒學生員張浩然等連名呈稱，南靖縣治，僻在一隅，相離盧溪、平和、長樂等處，地理遥遠，政教不及，小民罔知法度，不時劫掠鄉村，肆無忌憚，釀成大禍。今日動三軍之衆，合二省之威，雖曰殲厥渠魁，掃除黨類，此特一時之計，未爲久遠之規。乞於河頭、中營處所添設縣治，引帶汀、潮，喉襟清寧。人煙輳集，道路適均。政教既敷，盜賊自息。考之近日，龍巖添設漳平，而寇盜以靖；上杭添設永定，而地方以寧，此皆明驗。今若添設縣治，可以永保無虞等情。又據南靖縣義民鄉老曾敦立、林大俊等呈稱，河頭地方北與盧溪流恩山崗接徑，西南與平和象湖山接境，而平和等鄉又與廣東饒平縣大傘、箭灌等鄉接境，皆係窮險賊巢。兩省民居，相距所屬縣治各有五日之程，名雖分設都圖，實則不聞政教，往往相誘出劫，一呼數千，所過荼毒，有不忍言。正德二年，雖蒙統兵勦捕，未曾設有縣治，不過數月，遺黨復興。今蒙調兵勦撫，雖少寧息，誠恐漏網之徒復踵前弊，呈乞添設縣治，以控制賊巢；建立學校，以移易風俗，庶得久安長治。等因。蒙漳南道督同本職，與南靖縣知縣施祥帶領耆民曾敦立等，并山人洪欽順等，親詣河頭地方，踏得大洋陂背山面水，地勢寬平，周圍量度可六百餘丈，西接廣東饒平，北聯三團盧溪，堪以建設縣治。合將南靖縣清寧、新安等里，漳浦縣二、三等都，分割管攝，隨地糧差。及看得盧溪枋頭坂地勢頗雄，宜立巡檢司以爲防禦，就將小溪巡檢司移建，仍量加編弓兵，點選鄉夫，協同巡邏。遇有盜賊，隨即撲捕。再三審據，通都民人合詞執稱，南靖地方極臨邊境，盜賊易生，上策莫如設縣。況今奏凱之後，軍餉錢糧尚有餘剩，各人亦願鑿山採石，挑土築城，砍伐樹木，燒造甎瓦。數月之内，工可告成。爲照南靖縣相離盧溪等處委的寫遠，難以隄防管束，今欲於河頭添設縣治，枋頭坂移設巡檢司，外足以控制饒平鄰境，内足以壓服盧溪諸巢；又且民皆樂從，不煩官府督責，誠亦一勞永逸，事頗相應。』具呈到道，呈乞照詳，等因。奉批：『看得開建縣治，控制兩省猺寨，以奠數邑民居，實亦一勞永逸之圖。但未經查勘奏請，仍仰該道會同始議各官，再行該府，拘集父老子弟及地方新舊居民，審度事體，斟酌利害。如果遠近無不稱便，軍民又皆樂從，事已舉興，勢難中輟，即便具由呈來，以憑奏請定奪。』仍一面俯順民情，相度地勢，就於建縣地内預行區畫街衢井巷，務要均適端方，可以永久無弊。聽從願徙新舊人民，各先占地建屋，任便居住。其縣治、學校、倉場及一應該設衙門，姑且規留空址，待奏准命下之日，以次建立。仍一面通行鎮巡等衙門，公同會議。此係設縣安民地方重事，各官務要計處周悉，經畫審當，毋得苟且雷同，致貽後悔。批呈作急勘報。等因。依蒙拘集坊郭父老及河頭新舊居民再三詢訪，各交口稱便。有地者願歸官丈量，以建城池；有山者願聽上砍伐，以助木石；有人力者又皆忻然相聚，挑築土基。業已垂成，唯恐上議中止，下情難遂。」等情。具呈到臣。

爲照建立縣治，固係禦盜安民之長策，但當大兵之後，繼以重役，竊恐民或不堪。臣時督兵其地，親行訪詢父老，諏咨道路，衆口一詞，莫不舉首願望，仰心樂從。旦夕皇皇，唯恐或阻。臣隨遣人私視其地，官府未有教令，先已伐木畚土，雜然並作。裹糧趨事，相望於道。究其所以，皆緣數邑之民積苦盜賊，設縣控禦之議，父老相沿已久，人心冀望甚渴，皆以爲必須如此，而後百年之盜可散，數邑之民可安。故其樂事勸工，不令而速。臣觀河頭形勢，實係兩省賊寨咽喉。今象湖、可塘、大傘、箭灌諸巢雖已破蕩，而遺孽殘黨，亦寧無有逃遯山谷者？舊因縣治不立，征勦之後，浸復歸據舊巢。亂亂相承，皆原於此。今誠於其地開設縣治，正所謂撫其背而扼其喉，盜將不解自散，行且化爲善良。不然，不過年餘，必將復起。其時再聚兩省之兵，又糜數萬之費，圖之已無及矣。臣竊以爲開縣治於河頭，以控制羣巢，於勢爲便。雖使民甚不欲，猶將強而從之，況其祝望欣趨若此，亦何憚而不爲？至於移巡司於枋頭坂，亦於事勢有不容已。蓋河頭者，諸巢之咽喉；枋頭者，河頭之唇齒，勢必相須。兼其事體已有成規，不過遷移之勞，所費無幾。臣等皆已經畫區處，大畧已備，不過數月，可無督促而成。民之所未敢擅爲者，唯縣治、學校，須命下之日乃舉行耳。

伏願陛下，俯念一方荼毒之久，深惟百姓永遠之圖，下臣等所議於該部，採而行之。設縣之後，有不如議，臣無所逃其責。今新撫之民，羣聚淤河頭者二千有餘，皆待此以息其反側。若失今不圖，衆心一散，不可以復合；事機一去，不可以復追。後有噬臍之悔，徒使臣等得以爲辭，然已無救於事矣。緣係添設縣治、永保地方事理，爲此具本請旨。

換敕謝恩疏

近准兵部咨，爲申明賞罰以勵人心事。該臣奏，該本部覆題，節奉聖旨：「是。王守仁着提督南、贛、汀、漳等處軍務，换敕與他。欽此。」備咨到臣。本年九月十一日，節該欽奉敕諭：「江西南安、贛州地方，與福建汀、漳二府，廣東南、韶、潮、惠四府及湖廣郴州桂陽縣，壤地相接，山嶺相連，其間盜賊不時生發，東追則西竄，南捕則北奔。蓋因地分各省，事無統屬，彼此推調，難爲處置。先年嘗設有都御史一員，巡撫前項地方，就令督勦盜賊。但責任不專，類多因循苟且，不能申明賞罰以勵人心，致令盜賊滋多，地方受禍。今因所奏，及該部覆奏事理，特改命爾提督軍務，撫安軍民，修理城池，禁革奸弊。一應軍馬錢糧事宜，俱聽便宜區畫，以足軍餉。但有盜賊生發，即便設法調兵勦殺，不許踵襲舊弊，招撫蒙蔽，重爲民患。其管領兵快人等官員，不問文職、武職，若在軍前違期，并逗遛退縮者，俱聽軍法從事。生擒盜賊，鞫問明白，亦聽就行斬首示衆。斬獲賊級，行令各該兵備守巡官即時紀驗明白，備行江西按察司造册奏繳，查照陞賞激勸。欽此。」俱欽遵外，竊念臣以凡庸，繆膺重寄，思逃罪責，深求禍源，始知盜賊之日熾，由於招撫之太濫；招撫之太濫，由於兵力之不足；兵力之不足，由於賞罰之不明。輒敢忘其僭妄，爲陛下一陳其梗槩。其實言不量力，請非其分，方虞戮辱之及。陛下特採該部之議，不唯不加咎謫，而又悉與施行；不唯悉與施行，而又隆以新命。是蓋曲從試可之請，不忍以人廢言也。

敕諭宣佈之日，百姓填衢塞道，悚然改觀易慮，以爲聖天子明見萬里，動察幽微。占羣策之畢舉，知國議之有人，莫不警懼振發，強息其暴，僞息其奸。怯者思奮而勇，後者思效而前。三軍之氣自倍，羣盜之謀自阻。所謂舞干格苗，運於廟堂之上，而震乎蠻貊之中者也。

夫過其言而不酬，有志者之所恥也；冒寵榮而不顧，自好者不爲也。臣固譾劣，亦寧草木無知，不思鞭策以報知遇！雖其才力有所難強，而螻蟻之誠決能自盡；雖於利鈍不可逆睹，而狐兔之穴斷期掃平。臣不勝感恩激切之至！

批廣東韶州府留兵防守申

看得本院募兵選士，欲弭盜安民，正恐地利不能齊一，措置或有未周，故期各官酌量潤色，務求盡善可久。今據該府各縣所呈，非惟不能弭盜，而適以啓盜；非徒不能安民，而又以擾民。此豈本院立法之初意哉？

行仰各縣掌印官，務體本院立法不得已之意，各要酌量事勢，通融審處。苟無不盡之心，自無難處之事。兵法謂：「守則不足，攻則有餘。」今各縣所留之兵，止於防守；而兵備所選之士，將以勦襲。防守之兵，雖老弱皆可以備數；而張威勦襲之士，非精鋭不可以摧鋒而陷陣。況各縣所留尚有三分之二，而兵備所取止得三分之一，其於大勢未便虧損。今取三分之一，而遂以爲地方不復可守，假使原數止此，亦將别無措置之方耶？又況勦襲之兵既集，則兵威日振，聲東擊西，倏來忽往，賊將瞻前顧後，自然不敢輕出，各縣防守愈易爲力。此於事理，亦皆明白易見。

各官類皆狃於因循，憚於振作，惟知取私便之爲利，而不知妨大計之爲害。宜各除去偏小之見，共爲公溥之謀。若復推調遲延，夾攻在邇，已經奏有成命，苟誤軍機，定以軍法從事。

批嶺東道額編民壯呈

據嶺東道巡守官呈：「議將各額編民壯存留，照舊守城；并追工食，雇募打手調用。」看得本院自行十家牌式，若使有司果能着實舉行，則處處皆兵，家家皆兵，人人皆兵，防守之備既密，則追捕之兵自可以漸減省，以節民財，以寬民力。但今有司類皆視爲虛文，未曾實心修舉，一旦遂將額設民壯三分減一，則意外不測之虞，果亦有如各官所呈者。合且姑從所議，將各民壯照舊存留，備行該道所屬查照施行。仍仰各官務要用心舉行十家牌式，不得苟且因循，唯事支吾。目前徒倚繁難自弊之術以爲上策，反視易簡久安之法以爲迂緩。

噫！果有愛民之誠心，處官事如家事者，其忍言者之諄諄，而聽之乃爾其藐藐邪？凡我各官，戒之敬之！此繳。

咨報湖廣巡撫右副都御史秦防賊奔竄

准巡撫湖廣都御史奏咨云云，已經一體欽遵施行。續據江西嶺北道副使楊璋，看得朱廣寨等處係桂陽、樂平二縣界内賊奔要路，今夾攻在邇，要行各道預發精兵把截。又經備行廣東、湖廣各官，起集驍勇機快、父子鄉兵，選委素有能幹官員統領，各於賊行要路，晝夜嚴加把截，或遇前賊奔逃，就便詳察險易，相機截捕。或先於朱廣、魚黄賊所潛逃諸山寨，多張疑兵，使賊不敢奔往。務要慮出萬全，不得墮賊奸計。各道仍須分投爪探，出奇設伏，先事預防，但得賊中虛實，差人飛報軍門。大抵防寇如水，四面堤防既固，但有一處滲漏，必致并力潰決。賊所奔逃，尚恐不止前項諸處。仍行各道再加詢訪，但有罅隙，即便行文知會，互相關防，必使皆無蟻穴之漏，庶可全收草薙之功。

今准前因，爲照前項各賊，屢經夾攻，狡猾有素，今聞大舉，預將妻子搬寄，此亦勢所必有。照得咨開龔福全、李斌，皆已搬送妻子，近往桶岡親識人家。除行嶺北道密行擒拏，一面行文湖廣各官，將前項寗户姓名，密切知會。或住近桂陽，或住近上猶，就仰各該守把官兵，相機勦捕外，擬合咨報。云云。

征勦横水桶岡分委統哨牌

據守把金坑等處領兵縣丞舒富等申稱：「探得各峯賊首聞知湖廣土兵將到，集衆劫掠，猖熾日甚，鑿山開塹，爲備益堅。又聞於桶岡後山，陡絶巖壁，結構飛梯，自此直入范陽大山，延袤千里，自來人迹所不能到，今皆搬運糧穀，設有機隘，意在悉力拒戰。戰而不勝，即奔入此中，截斷飛梯，雖有十萬之衆，亦無所施其力。乞要急爲區處。」等因，到院。隨將各峯擒獲賊徒，備細研審，亦與所呈略同。

照得先經具題，及備行兩省，將各處賊巢以次攻勦。先約湖廣官兵，會攻上猶諸賊，未報。但南贑兵力，自來疲弱，爲賊所輕，必資湖廣土兵，然後行事。賊見土兵未至，必以爲夾攻尚遠，今若出其不意，奮兵合擊，先以一哨急趨其後，奪其隘口，賊既失勢，殆可盡殪。若必俟土兵之至，果如各官所呈，陷賊計中。老師費財，復爲他日之患，追悔何及！本院節准兵部咨，題奉欽依「南贛地方賊情，着都御史王守仁自行量調官軍，設法勦捕」，及近奉敕諭云云「俱聽軍法從事」，欽此欽遵。除監督守巡官員行令分投，先往上猶、大庾等處調度催督外，本院身督中軍，直搗横水大巢。所據各哨官兵，合就分委督發，依期進勦。

一、仰贛州府知府邢珣，統領後開官兵，自上猶石坑進。由上稍、石溪，入磨刀坑，過白封龍，一面分兵搜茶潭、鴦井、杞州坑。正兵經過朱坑、早坑，入楊梅村，攻白藍、横水。與都司許清、指揮謝昶、姚璽、知縣王天與等兵會合，共結爲一大營。及各選精鋭，用鄉導分引，賫乾糧三日，四搜附近各山寨，如茶潭、鴦井、杞州坑、寨下等處。多方爪探，務期盡絶。互相援應，毋致疎虞。左溪諸賊既盡，然後分哨起營，過背烏坑、穿牛角窟，踰梅伏坑，過長流坑，涉果木口，搜芒背、上思順，過烏地，入上新地、中新地、下新地，攻桶岡峒諸賊。與知府唐淳、指揮余恩、謝昶等兵，合勢夾擊。賊既敗散，遂會各營連絡犄角，爲一大營。各選精鋭，開合縱横，分佈搜扒，必使噍類無遺。候有班師期日，方許回兵。領哨各官及兵快人等，敢有臨陣退縮、違犯號令者，仰遵照本院欽奉敕諭内事理，聽以軍法從事。本官務要竭忠效命，益展才猷，嚴督諸軍，奮勇前進，蕩除羣醜，以靖地方。如或怠忽乖謬，致有疎虞，國典且存，罪難輕貸。本院即日進屯南康，親臨督戰，一應進止機宜，密切差人俱赴營所禀白。牌候事完日繳。

計開：安遠縣新民義官某某等名下打手八百名。乾字營哨長趙某某等名下機兵四百名。弓箭手一隊。銃手八名。鄉導二十名。火藥八十斤。地圖一張。軍令八十張。號色布一千五百件。兵旗大小九十面。令字藍絹大旗一面。奇兵搜扒用爲先導，尋常皆捲，遇各營兵始開。令字黄絹大旗一面。正兵行動用爲先導，尋常皆捲，遇各營兵始開。

軍令：失誤軍機者斬。臨陣退縮者斬。違犯號令者斬。經過宿歇去處，敢有攪擾居民，及取人一草一木者斬。劄營起隊，取火作食，後時遲慢者，照軍法治；因而誤事者斬。安營住隊，常如對敵，不許私相往來，及輒去衣甲器仗，違者照軍法治；因而誤事者斬。凡安營訖，非給有各隊信牌，及非營門而輒出入者皆斬。守門人不舉告者同罪。其出營樵牧汲水方便，而擅過營門外者杖一百。軍中呼號奔走驚衆者斬。雖遇賊乘暗攻營，將士輒呼動者斬。軍中卒遇火起，除奉軍令救火人外，敢有喧呼及擅離本隊者斬。軍中守夜巡夜之人每夜各有號色，號色不應者，即便收縛。軍中不許私議軍機，及妄言禍福休咎，惑亂衆心，違者皆斬。凡入賊境哨探，可往而畏難不往，托故推調，及回報不實者斬。軍行遇敵人來衝，及有埋伏在傍者，不許輒動，即便整隊向賊，牢把相機殺勦，違者斬。軍行遇賊衆乞降，恐有奸謀，即要駐軍嚴備，一面飛稟中軍，令其遠退，自縛來投，不許輒與相近；遇有自稱官吏，及地方里老來迎接者，亦不許輒與相近，即便駐軍嚴備，一面飛稟中軍，審實發落，違者皆斬。賊使入營，及來降之人，將士敢與私語，及問賊中事宜，凡漏泄軍情者斬。凡臨陣對敵，一隊失，全隊皆斬。鄰隊不救，鄰隊皆斬。賊敗追奔，不得太遠，一聽號令；聞鼓方進，聞金即止，違者斬。賊巢財物，并聽殺賊已畢，差官勘驗給賞，敢有臨陣擅取者斬。乘勝逐賊，不許爭取首級；路有遺下金銀寶物，不許低頭拾取，違者皆斬。

一，仰統兵官汀州府知府唐淳，統領後開官兵，前往南安府，自百步橋、浮江、合村等處進屯聶都。會同把隘推官徐文英，將點集守把鄉夫，於内選取堪爲鄉導者一百名，分引哨路進襲上關。破下關，乃分兵爲三哨：中一大哨踰相見嶺，撲密溪，徑攻左溪。右一小哨從下關分道搜絲茅壩，復從中大哨於密溪，進攻左溪。左一小哨自密溪搜羊牯腦山，復自密溪從中大哨進攻左溪。三哨復合爲一，與本院會於横水，遂會同守備郟文、知府季斅、指揮余恩、縣丞舒富等兵五營犄角，合爲一大營，乃各選練精鋭，用鄉導分引，齎乾糧二三日，四搜山寨，多方爪探，務期盡絶。互相援應，毋致疎虞。左溪諸賊既盡，聽候本院再授方略，然後分哨起營，復自密溪回關田。推官徐文英仍於關田厚集營陣，以待奔竄遺賊，勿輕散動。本官自關田率兵由古亭進屯上保，復自上保歷茶坑，由十八磊依期進於木坳，攻桶岡諸賊。與知府邢珣、指揮余恩等兵，合勢夾擊。賊既敗散，遂會各營，連絡犄角，爲一大營。各選精鋭，開合縱横，分佈搜扒，必使噍類無遺。候有班師之日，方許回兵。領哨各官及兵快人等，敢有臨陣退縮、違犯號令者，仰既遵照本院云云。

計開：　云云下同

一、仰南安府知府季斅，統領後開官兵，自南安府石人背進破義安，分兵搜朱雀坑，入西峰；分兵搜狐狸坑，進鉛廠。分兵搜李家坑，屯穩下。分兵搜李坑，遂踰狗脚嶺，搜陰木坑，攻左溪。與本院會於橫水，遂與守備郟文、知府邢珣、唐淳、指揮余恩、縣丞舒富等兵合，連爲一大營。乃各選精鋭，齎乾糧三日，用鄉導分引，四搜附近山寨。多方爪探，務期盡絶。互相援應，毋致疎虞。左溪諸賊既盡，然後分哨起營，過密溪，搜羊牯腦，踰相見嶺，歷上關、下關、關田，經古亭，分屯上保、茶坑，斷胡蘆洞等處賊路。四面設伏，以待桶岡奔賊，爲都指揮許清之繼，探候緩急，相機應援。必使根株悉拔，噍類無遺。候有班師期日，方許回兵。領兵各官及兵快人等，敢有臨陣退縮、違犯號令者，仰即遵照本院云云。

一、仰江西都司都指揮僉事許清，統領後開官兵，自南康進破雞湖，撲新地，襲楊梅坑，攻白藍。與本院會於橫水，遂與知府邢珣等兵會合，共結爲一大營。乃各選精鋭，用鄉導分引，齎乾糧二三日，四搜附近各山寨。多方爪探，務期盡絶。互相援應，毋致疎虞。橫水諸賊既盡，聽候本院再授方略，然後分哨起營，自橫水穿牛角窟，搜川坳、陰木潭，會左溪，入密溪，過相見嶺，歷下關、上關、關田，上華山，過鱗潭，屯左泉，分斷西山界、胡蘆洞等賊路。四面設伏，以待桶岡奔賊。仍歸屯橫水，控制諸巢，遥與知府季斅相機應援。必使根株悉拔，噍類無遺。候有班師日期，方許回兵。領哨各官及兵快人等，敢有臨陣退縮、違犯號令者，仰即遵照本院云云。

一、仰守備南、贛二府地方，以都指揮體統行事指揮使郟文，統領後開官兵，前往南安府，自石人坑度湯瓶嶺破義安上西峰，過鉛廠破苦竹坑，勦長河洞，搜狐狸坑，攻左溪，與本院會於横水。遂與知府唐淳、季斅、指揮余恩、縣丞舒富等兵，營營連絡爲一大營。乃各選精鋭，用鄉導分引，賫乾糧二三日，四搜附近山寨，如天台菴、獅子山、絲茅壩等處。多方爪探，務期盡絶。互相援應，毋致疎虞。左溪附近諸賊既盡，聽候本院再授方畧，然後分哨起營，自左溪過密溪，分兵搜絲茅壩，會下關，入關田，過古亭，踰上保，搜茶坑，屯於十八磊，分兵斷下章，設伏以待桶岡奔賊，爲知府唐淳之繼。使人探候消息，相機應援，必使遠近各賊，噍類無遺。候有班師期日，方許回兵。領兵各官及兵快人等，敢有臨陣退縮、違犯號令者，仰即遵照本院云云。

一、仰贛州衛指揮余恩，統領後開官兵，自上猶、官隘踰獨孤嶺，至營前，進金坑，屯過步，破長流坑。分兵入梅伏坑，破牛角窟，撲川坳、陰木潭，與正兵合攻左溪。與本院會於橫水，遂與縣丞舒富、知府唐淳、季斆、守備郟文等兵，連絡爲一大營。乃各選精銳，齎乾糧二三日，用鄉導分引，四搜附近各山寨。多方爪探，務期盡絶。互相援應，毋致疎虞。左溪諸賊既盡，聽候本院再授方略，然後分哨起營，過密溪，搜羊牯腦，踰相見嶺，歷下關、上關、關田，經華山、鱗潭、網夾里，從左溪入西山界，攻桶岡諸賊。與知府邢珣、唐淳、指揮謝昶等兵，合勢夾擊。賊既敗散，遂會各營，連絡犄角，爲一大營。各選精銳，開合縱橫，分布搜扒，必使噍類無遺。候有班師期日，方許回兵。領兵各官及兵快人等，敢有臨陣退縮、違犯號令者，仰即遵照本院云云。

一、仰寧都縣知縣王天與，督同典史梁儀，統領後開官兵，自上猶官隘、員坑，過琴江口，由白面寨，至長潭，經杰壩，屯石玉，分兵搜樟木坑。正兵自黄泥坑，過大灣，入員分，與本院會於橫水。遂與知府邢珣、都司許清等兵會合四營，共結爲一大營。乃合選精銳，用鄉導分引，齎乾糧二三日，四搜附近各山寨，多方爪探，務期盡絶。互相援應，毋致疎虞。橫水等處諸賊既盡，聽候本院再授方略，然後分哨起營，過背烏坑、牛角窟、梅伏坑，涉長流渡、果木口，搜芒背，上思順，入烏地，經上新地、中新地，分屯下新地。分兵搜扒，斷絶要路，四面設伏，以待桶岡之賊，爲知府邢珣之繼。使人探候緩急，乃與縣丞舒富聲息相接應援，必使噍類無遺。候有班師期日，方許回兵。領兵各官及兵快人等，敢有臨陣退縮、違犯號令者，仰即遵照本院云云。

一、仰南康縣縣丞舒富，統領後開官兵，自上猶營前、金坑，進屯過步。破長流坑，徑攻左溪，與本院會於横水。遂與知府邢珣、唐淳、季斅、守備郟文等兵合四營，共結爲一大營。乃分選精鋭，齎乾糧，用鄉導分引，四搜附近賊巢，如鼈坑、箬坑、赤坑、觀音山、奄場、仙鶴頭、源陂、左溪等處。諸賊既盡，聽候本院再授方略，然後分哨起營，復自長流坑，過果木口，搜芒背，搜鐵木里，狥上池，遍搜東桃坑、山源、竹壩泉、大王嶺、板嶺諸巢，遂屯鎖匙龍外，四面埋伏，以待桶岡奔賊。仍與知縣王天與聲息相接，彼此相機應援，必使噍類無遺。候有班師期日，方許回兵。領兵各官及兵快人等，敢有臨陣退縮、違犯號令者，仰即遵照本院云云。

一、仰吉安府知府伍文定，統領後開官兵，前去屯劄穩下，會同守備郟文併謀協力，搜勦稽蕪等處賊巢。進屯横水，聽候本院再授方略，然後進攻桶岡諸峒。本官仍須詳察地理險易，相度機宜，協和行事，毋得爾先我後，力散勢分，致失事機。國典具存，罪不輕貸。其領哨各官及兵快人等，敢有臨陣退縮、違犯號令者，許即以軍法從事。軍中一應事宜，亦應隨宜應變。應呈報者，仍呈軍門施行。

一、仰廣東潮州府程鄉縣知縣張戩，統領部下新民、打手、鄉夫人等，搜勦稽蕪、黄雀坳、新地等處賊巢，進屯横水，聽候本院再授方略，然後進攻桶岡諸峒。本官仍須詳察云云。

横水桶岡捷音疏

據江西布、按二司巡守嶺北道兵備副使楊璋、左參議黄宏會呈：「據一哨統兵贛州府知府邢珣呈：『督同興國縣典史區澄等官兵，於十月十二等日攻破磨刀坑等巢，十一月初一等日攻破桶岡洞等巢，二十三日會兵擊賊于上新地寨，共十四處。共擒斬大賊首雷鳴聰、藍文亨、梁伯安等六名顆，賊從王禮生等二百四十一名顆，俘獲賊屬并奪回被虜男婦二百五十七名口，燒毀賊巢房屋一百七十七間，及奪馬牛贓仗等項。』」

「二哨統兵福建汀州府知府唐淳呈：『督同上杭縣縣丞陳秉等官兵，於十月十二等日，攻破左溪等巢，十一月初一等日攻破十八磊等巢，共十二處。共擒斬大賊首藍天鳳、藍八、蘇景祥等四名顆，賊從廖歐保等二百六十四名顆，俘獲賊屬并奪回被虜男婦五百四十四名口，燒毀賊巢房屋七百一十二間，及奪獲馬牛、器械、贓銀等項。』」

「三哨統兵南安府知府季斅呈：『督同同知朱憲、推官徐文英等官兵，於十月十二等日攻破穩下等巢，十二月初三日擊賊于朱雀坑等巢，共八處。生擒大賊首高文輝、何文秀等五名，擒斬賊從楊禮等三百六十一名顆，俘獲賊屬并奪回被虜男婦一百七十一名口，燒毀賊巢房屋五百七十八間，奪獲牛馬贓仗等物。及先於七月二十五等日二次被賊擁衆攻打本府城池，統領本營官兵，會同指揮來春、馮翔，與賊對敵。本職下官兵舍人共擒斬賊從龍正等一百三名顆，來春下官兵擒斬賊從王伯崇等二十五名顆，馮翔下官兵擒斬賊從劉保等一百三十五名顆。』」

「四哨統兵江西都司都指揮僉事許清開稱：『督領千户林節等官兵，於十月十二等日攻破雞湖等巢，共九處。共擒斬大賊首唐洪、劉允昌、葉志亮、譚祐、李斌等共一十名顆，賊從王志誠等一百四十六名顆，俘獲賊屬并奪回被虜男婦一百三名口，燒毀賊巢房屋二百間，及奪獲牛馬贓仗等物。」

「五哨統兵守備南、贛二府地方以都指揮體統行事指揮使郟文呈：『督領安遠縣義官唐廷華官兵，於十月十二等日攻破獅子寨等巢，二十三日會兵擊賊于上新地寨，斬獲首賊藍文昭等三名顆，擒斬賊從許受仔等一百六十六名顆，俘獲賊屬并奪回被虜男婦九十八名口，燒毀賊巢房屋四百一十二間，及奪獲牛馬器械等項。』

「六哨統兵贛州衛指揮余恩呈：『統領龍南縣新民王受等兵，於十月十二等日，攻破長流坑等巢，共五處。擒斬大賊首陳貴誠、薛文高、劉必深三名顆，賊從郭彥秀等一百七十七名顆，俘獲賊屬并奪回被虜男婦九十九名口，燒毀賊巢房屋五百一十七間，及奪獲馬驢、器械、贓銀等物。』

「七哨統兵寧都縣知縣王天與呈：『督同典史梁儀等官兵，於十月十二等日攻破樟木坑等巢，共八處，擒斬大賊首鄧崇泰、王孔洪等八名顆，擒斬賊從陳榮漢等一百三十九名顆，俘獲賊屬并奪回被虜男婦二百七十五名口，燒毀賊巢房屋一百六間，及奪獲牛馬贓物等項。』

「八哨統兵南康縣縣丞舒富呈：『統領上猶縣義官胡述等兵，於十月十二等日攻破箬坑等巢，共五處。擒斬賊從康仲榮等四百一十九名顆，俘獲賊屬并奪回被虜男婦一百八十三名口，燒毀賊巢房屋九百九十三間，及奪獲牛馬贓銀等項。及先於九月二十一等日，大賊首謝志田等攻打白面寨，隨督發寨長廖唯道等，擒斬首從賊徒謝志田等三十五名顆。』

「九哨統兵廣東潮州府程鄉縣知縣張戩呈：『統領本縣新民等兵，於十月二十四等日，攻破杞州坑等巢，十一月初一等日攻破西山界、桶岡等巢，共九處。擒斬大賊首蕭貴富、鍾得昌等六名顆，賊從何景聰等二百五十七名顆，俘獲賊屬并奪回被虜男婦一百五十七名口，及奪獲牛馬、器械、贓銀等物。』

「十消統兵吉安府知府伍文定呈：『統領廬陵縣等官兵劉顯等，於十月二十四等日，攻破寨下等巢；十一月初一等日，攻破上池等巢；二十日，擊賊於穩下等寨，共十二處。擒斬大賊首謝志珊、葉三等二十名顆，賊從王福兒等二百三十八名顆，俘獲賊屬并奪回被虜男婦二百八十四名口，燒毀賊巢房屋一百三十三間，及奪獲贓仗等物。』

「中營隨征參隨等官、推官危壽、指揮謝昶等各呈：『蒙提督軍門親統各職等官兵，於十月十二等日，攻破長龍、横水大巢及庵背等巢，共七處。生擒大賊首蕭貴模等一十四名，擒斬賊從蕭容等四百六十五名顆，俘獲賊屬并奪回被虜男婦二百四十八名口，燒毀賊巢房屋二百二間，及奪獲牛馬、金銀、贓仗等項。』各呈報到道。

「查得先爲地方緊急賊情事，節奉提督軍門案驗，備仰本道計處兵糧，約會三省官兵，將上猶等處賊巢剋期進勦，奏請定奪外，本年六月初五日，據大庾、上猶等縣申，并據南康縣縣丞舒富呈稱：『大賊首謝志珊號「征南王」，糾率桶岡等巢賊首鍾明貴等，約會廣東大賊首高快馬等，大修戰具，并造呂公車，欲要先將南康縣打破，就行乘虛入廣。乞早爲撲捕。』等因，備呈本院。行委知府季斆等分兵勦捕，獲功，呈報奏聞訖。又經本院行委知府季斆、指揮來春、姚璽、謝昶、馮翔、縣丞舒富、千户林節，各於要害防遏。擒斬功次，俱發仰本道紀驗，解送本院梟示外，隨該本道會同分守參議黄宏，議照江西地方，唯桶岡一處該與湖廣約會夾攻，龍川一縣該與廣東約會夾攻。其餘三縣腹心之賊，不時奔衝，難以止遏，合無以次勦捕。等因，具呈。本院移文廣東、湖廣鎮巡衙門，約會以次攻勦間，隨奉本院分定哨道，指授方略。將知府邢珣等刻期進勦，備仰各道不妨職事，照舊軍前紀驗贊畫等因，依奉催督各營官兵進攻去後，今呈前因，除將擒斬賊徒首級俱類送巡按衙門會審紀驗明白，生擒仍解提督軍門處決，并賊級照例梟示。被虜人口給親完聚，賊屬男女并牛馬騾變賣銀兩，收候賞功支用。器械贓物俱發贛縣貯庫外，職等議照上猶等縣、横水等巢大賊首謝志珊、謝志田、謝志富、謝志海、蕭貴模、蕭貴富、徐華、譚曰志、雷俊臣，桶岡大賊首藍天鳳、藍八蘇、藍文昭、胡觀、雷鳴聰、藍文亨，雞湖大賊首唐洪，新溪大賊首劉允昌、楊梅大賊首葉志亮、左溪大賊首薛文高、高誦、馮祥、朱雀坑大賊首何文秀，下關大賊首蘇景祥，義安大賊首高文輝，密溪大賊首高玉瑄、康永三，絲茅壩大賊首唐曰富、劉必深，長河壩大賊首蔡積富、葉三梅，伏坑大賊首陳貴誠，鼇坑大賊首藍通海，赤坑大賊首譚曰榮，雙壩大賊首譚祐、李斌等，冥頑凶毒，恃險爲惡，僭擬王號，僞稱總兵，聚集黨類數千，肆行流毒三省，攻圍南安、南康府縣城池，殺害千户、主簿等官；流劫湖廣桂陽、酃縣、宜章、吉安府龍泉、萬安、泰和、永新等縣。良民子女，被其奴戮；房屋倉廩，被其焚燒；道路田土，被其阻荒占奪者，以千萬頃；賦稅屯糧，負累軍民陪納者，以千萬石。其大賊首謝志珊、藍天鳳，各又自稱『盤皇子孫』，收有傳流寶印畫像，蠱惑羣賊，悉歸約束。即其妖狐酷鼠之輩，固知決無所就，而原其封豕長蛇之心，實已有不可言。比之姚源之王浩八，華林之胡雪二，東鄉之徐仰四，建昌之徐九齡，均爲賊首，而奸雄實倍之。今則渠魁授首，巢穴蕩平，擒斬既多，俘獲亦盡。數十年之禍害已除，三省之冤憤頓釋。」等因。據呈到臣。

卷查，先准兵部咨「爲申明賞罰以勵人心事」，該本部覆議請敕：「南、贛等處都御史假以提督軍務名目，給與旗牌應用，以振軍威。一應軍馬錢糧事宜，逕自便宜區畫。文職五品以下，武職三品以下，徑自拿問發落。如遇盜賊入境，即便調兵勦殺，不許踵襲舊弊招撫，重爲民患。所部官軍，若在軍前違期逗遛退縮，俱聽以軍法從事。」題奉聖旨：「是。王守仁着提督南、贛、汀、漳等處軍務，換敕與他。其餘事宜，各依擬行。欽此。」及「爲地方緊急賊情事」，准兵部咨：「看得所奏攻治賊盜二說，合無行文，交與都御史王守仁，悉依前項申明賞罰事理，便宜行事，期於成功，不限以時。」等因。題奉聖旨：

「是。這申明賞罰事宜，還行於王守仁知道。欽此。」又准兵部咨，該巡撫湖廣都御史秦金題，該本部覆題：「看得郴桂等處與廣東、江西所轄徭峒密邇聯絡，若非三省會兵夾攻，賊必遁散。合無請敕兩廣并南贛總督、巡撫等官會同行事，剋期進兵，等因。節奉聖旨：「是。都依擬行。欽此。」又該巡按江西監察御史屠僑奏，要會同湖廣、江西撫鎮等官，各量起兵約會，剋期夾勦。又該本部覆題，奉聖旨：「是。這南贛地方賊情，只照依恁部裏原擬事宜，着都御史王守仁自行量調官軍，設法勦捕。如有該與江西、兩廣巡撫、總督等官，會兵征勦的，聽隨宜會議施行。欽此。」續准兵部咨，該臣題開計處南、贛二府兵糧事宜，及合用本省巡按御史紀功緣由，該本部覆題，奉聖旨：「是，都依擬行。欽此。」俱欽遵。陸續備咨到臣，俱經行江西、廣東、湖廣各道兵備、守巡等官，一體欽遵。調取官軍兵快，剋期夾攻。

及咨巡撫江西都御史孫燧，并行巡按御史屠僑各查照外，續據領兵縣丞舒富等呈稱，各畬賊首聞知湖廣土兵將到，集衆據險，四出殺掠，猖熾日甚，乞爲急處。等因，到臣。當將進兵機宜，督同兵備副使楊璋、分守參議黃宏、統兵知府等官邢珣等，議得桶岡、橫水、左溪諸賊，茶毒三省，其患雖同，而事勢各異。以湖廣言之，則桶岡諸巢爲賊之咽喉，而横水、左溪諸巢爲之腹心。以江西言之，則横水、左溪諸巢爲賊之心腹，而桶岡諸巢爲之羽翼。今不先去横水、左溪腹心之患，而欲與湖廣夾攻桶岡，進兵兩寇之間，腹背受敵，勢必不利。旁批：因勢。今議者紛紛，皆以爲必須先攻桶岡，而湖廣剋期乃在十一月初一日。賊見我兵未集，而師期尚遠，且以爲必先桶岡，勢必觀望未備。今若出其不意，進兵速擊，可以得志。已破横水、左溪，移兵而臨桶岡，破竹之勢，蔑不濟矣。旁批：是。於是，臣等乃決意先攻横水、左溪，密切分佈哨道，使都指揮僉事許清率兵千餘，自南康縣所溪入；知府邢珣率兵千餘，自上猶縣石人坑入；知縣王天與率兵千餘，自上猶縣白面入；令其皆會横水。使守備指揮郟文率兵千餘，自大庾縣義安入；知府唐淳率兵千餘，自大庾縣聶都入；知府季斅率兵千餘，自大庾縣穩下入；縣丞舒富率兵千餘，自上猶縣金坑入，令其皆會左溪。知府伍文定、知縣張戩，候各兵齊集，令其亦從上猶、南康分入，以遏奔衝。臣亦親率兵千餘，自南康進屯至坪，期直搗横水，以與諸軍會。而使兵備副使楊璋、分守參議黄宏，監督各營官兵，往來給餉，以促其後。分佈既定，乃於十月初七日夜，各哨齊發。初九日，臣兵至南康。初十日，進屯至坪。使間諜四路分探，皆以爲諸賊不虞官兵猝進，各巢皆鳴鑼聚衆，往來呼噪奔走，爲分投禦敵之狀，勢甚張惶。然已於各險隘皆設有滚木礧石。度此時賊已據險，勢未可近。臣兵乘夜遂進。十一日小餉，未至賊巢三十里，止舍，使人伐木立柵，開塹設堠，示以久屯之形。夜使報效聽選官雷濟、義民蕭庾，分率鄉兵及樵豎善登山者四百人，各與一旗，齎銃砲鉤鐮，使由間道攀崕懸壁而上，分列遠近極高山頂以覘賊。張立旗幟，爇茅爲數千竈，度我兵且至險，則舉砲燃火相應。十二日早，臣兵進至十八面隘。賊方據險迎敵，驟聞遠近山頂砲聲如雷，煙焰四起；我兵復呼噪奮逼，銃箭齊發。賊皆驚潰失措，以爲我兵已盡入破其巢穴，遂棄險退走。臣預遣千户陳偉、高睿分率壯士數十，緣崕上奪賊險，盡發其滚木礧石。我兵乘勝驟進，呼聲震天。指揮謝昶、馮廷瑞兵由間道先入，盡焚賊巢。賊退無所據，乃大敗奔潰。遂破長龍巢，破十八面隘巢，破先鵝頭巢，破狗脚嶺巢，破庵背巢，破白藍、横水大巢。

先是，大賊首謝志珊、蕭貴模等，皆以横水居衆險之中，倚以爲固。聞官兵四進，倉卒分衆扼險出禦。見橫水煙焰障天，銃砲聲撼摇山谷，各失勢，棄險走。各哨官兵乘之，奮勇力戰而入。知府邢珣遂破磨刀坑巢，破茶坑巢，破茶潭巢；知縣王天與破樟木坑巢，破石王巢；都指揮許清破雞湖巢，破新溪巢，破楊梅巢，俱至橫水。知府唐淳破羊牯腦巢，破上關巢，破下關巢，破左溪大巢；守備指揮郟文破獅寨巢，破義安巢，破苦竹坑巢；指揮余恩破長流坑巢，破牛角窟巢，破鼇坑巢；縣丞舒富破箬坑巢，破赤坑巢，破竹壩巢；知府季斆破上西峰巢，破狐狸坑巢，破鉛廠巢，俱至左溪。守巡各官亦隨後督兵而至。是日，擒斬首從賊人、賊級并俘獲賊屬男婦、奪回被虜人口、牛馬、贓仗數多，其餘自相蹂踐，墮崖填谷而死者，不可勝計。當是時，賊路所由入，皆刊崕倒樹，設阱埋簽，不可行。我兵晝夜涉深澗，蹈叢棘，遇險絶，則掛繩崕樹，魚貫而上，猿臂而下，往往失足墮深谷。幸而不死，經數日始能出。各兵已至橫水、左溪，皆困甚，不復能驅逐。會日已暮，遂令收兵屯劄。次日，大霧雨，咫尺不辨，連數日不開。乃令各營休兵享士，而使鄉導數十人分探潰賊所往，并未破巢穴動静。十五日，得各鄉導報，謂諸賊分陣，預於各山絶險崕壁立有柵寨，爲退保之計，有復合聚於未破之巢者，俱不意我兵驟入，未及搬運糧穀。若分兵四散追擊，可以盡獲。臣等竊計，湖廣夾攻在十一月初一，期已漸迫。此去桶岡尚百餘里，山路險峻，三日始能達。若此中之賊圍之不克，而移兵桶岡，勢分備多，前後瞻顧，非計之得。乃今各營皆分兵爲奇正二哨，一攻其前，一襲其後，冒霧速進，分投急擊。十六日，知府邢珣攻破旱坑巢、鴬井巢；知府季斆、守備指揮郟文攻破穩下巢、李家巢。十七日，知府唐淳攻破絲茅壩巢。十八日，都指揮許清攻破朱雀坑巢、村頭坑巢、黄竹坳巢、觀音山巢。十九日，指揮余恩攻破梅伏坑巢、石頭坑巢。二十日，知府邢珣又攻破白封龍巢、芒背巢，知縣王天與攻破黄泥坑巢、大富灣巢。二十二日，縣丞舒富攻破白水洞巢。本日，知府伍文定、知縣張戩兵亦至。至二十四日，知府伍文定攻破寨下巢，知縣張戩攻破杞州坑巢。二十五日，知縣張戩又破朱坑巢，知府伍文定破楊家山巢。二十六日，知府季斆又破李坑巢，都指揮許清又破川坳巢。二十七日，守備指揮郟文又破長河洞巢。連日各擒斬首從賊人、賊級并俘獲賊屬男婦，奪回被虜人口、牛馬、贓仗數多。

是日，各營官兵請乘勝進攻桶岡。臣復議得桶岡天險，四面青壁萬仞，中盤百餘里，連峯參天，深林絶谷，不睹日月。中所産旱穀、薯蕷之類，足餉凶歲。往者亦嘗夾攻，坐困數月，不能俘其一卒，竟以招撫爲名而罷。及詢訪鄉導，其所由入，唯鎖匙龍、葫蘆洞、茶坑、十八磊、新地五處，然皆架棧梯壑，夤懸絶壁而上。賊使數人於崕巔，坐發礌石，可無執兵而禦我師。唯上章一路稍平，然深入湖廣，迂回取道，半月始至。湖兵既從彼入，而我師復往，事皆非便。今橫水、左溪餘賊皆已奔入其中，同難合勢，爲守必力。彼若拒善戰者，其勢險，其節短。今我欲乘全勝之鋒，兼三日之程，長驅百餘里而爭利，彼若拒而不前，頓兵幽谷之底，所謂強弩之末不能穿魯縞矣。今若移屯近地，休兵養鋭，振揚威聲，先使人諭以禍福，彼必懼而請服。其或有不從者，乘其猶豫，襲而擊之，乃可以逞。乃使素與賊通戴罪義官李正岩、醫官劉福泰，釋其罪，并縱所獲桶岡賊鍾景，於二十八日夜懸壁而入，期以初一日早，使人於鎖匙龍受降。賊方甚恐，見三人至，皆喜，乃集衆會議。而橫水、左溪奔入之賊，果堅持不可，往復遲疑，不暇爲備。臣遣縣丞舒富率數百人屯鎖匙龍，促使出降。而使知府邢珣入茶坑，知府伍文定入西山界，知府唐淳入十八磊，知縣張戩入葫蘆洞。皆於三十日乘夜，各至分地，遇大雨，不得進。初一日早，冒雨疾登。大賊首藍天鳳方就鎖匙龍聚議，聞各兵已入險，皆驚愕散亂，猶驅其衆男婦千餘人，據内隘絶壁，隔水爲陣以拒。知府邢珣之兵渡水前擊，張戩之兵衝行其右，伍文定之兵自張戩右懸崕而下，遶賊傍擊。賊不能支，且戰且却。及午，雨霽，各兵鼓奮而前，乃敗走。縣丞舒富、知縣王天與所領兵，聞前山兵已入，亦從鎖匙龍並登。各軍乘勝擒斬，賊悉奔十八磊。知府唐淳之兵復嚴陣迎賊，又勝之。會日晚，猶扼險相持。次早，諸軍復合勢併擊，大戰良久，賊遂大敗。知府邢珣破桶岡大巢，破梅伏巢，破烏池巢。知縣張戩破西山界巢，破鎖匙龍巢，破黄竹坑巢。知府唐淳破十八磊巢。知府伍文定破鐵木里巢，破土池巢，破葫蘆洞巢。知縣王天與破員分巢，破背水坑巢。縣丞舒富破大王嶺巢。擒斬首從賊人、賊級并俘獲賊屬男婦，奪回被虜人口、牛馬、贓仗數多。賊大勢雖敗，結陣分遁者尚多。

是日，聞湖廣土兵將至，臣使知府邢珣屯葫蘆洞，知府唐淳屯十八磊，知府伍文定屯大水，守備指揮郟文屯下新地，知縣張戩屯磜頭，縣丞舒富屯茶坑，指揮姚璽、知縣王天與屯板嶺。而使副使楊璋巡行磜頭、茶坑諸營，監督進止，以繼其糧餉。又使知府季斆分屯聶都，以防賊之南奔。都指揮許清留屯横水，指揮余恩留屯左溪，以備腹心遺漏之賊。而使參議黄宏留劄南安，給糧餉以爲聶都之繼。臣亦躬率帳下屯茶寮，使各營分兵，與湖兵相會，夾勦遁賊。初五日，知府邢珣又破上新地巢，破中新地巢，破下新地巢。初七日，知府唐淳又破杉木坳巢，破原陂巢，破木里巢。十一日，知縣張戩破板嶺巢，破天台庵巢。十三日，又破東桃坑巢，破龍背巢。連日各擒斬俘獲數多。其間巖谷谿壑之内，饑餓病疹顛仆死者，不可以數。於是，桶岡之賊略盡。臣以其暇，親行相視形勢，據險立隘，使卒數百，斬木棧崖，鑿山開道。又使典史梁儀領卒數百，相視横水，創築土城。周圍千餘丈，亦設隘以奪其險。議以地請建縣治，控制三省諸傜，斷其往來之路。事方經營，十六日，據防遏推官徐文英呈稱，廣東魚黄等巢被湖兵攻破，賊黨男婦千餘，突往雞湖、新地、穩下、朱雀坑等處。臣復遣知府季斅分兵趨朱雀坑等處，知府伍文定趨穩下、雞湖等處，守備指揮郟文、知府邢珣趨上新等處，各相機急勦。二十日，知府伍文定兵，擊賊於穩下寨、西峰寨、苦竹坑寨、長河壩巢、黎坑巢。二十三日，守備指揮郟文、知府邢珣擊賊於上新地巢，知府伍文定又追擊於雞湖巢。十二月初三日，知府季斅擊賊於朱雀坑寨、狐狸坑巢，擒斬首從賊徒、俘獲賊屬、奪獲贓仗數多，於是奔遁之賊始盡。然以湖、廣二省之兵方合，雖近境之賊悉以掃蕩，而四遠奔突之虞，難保必無。乃留兵二千餘，分屯茶寮、横水等隘，而以是月初九日回軍近縣，以休息疲勞，候二省夾攻盡絶，然後班師。兩月之間，通計搗過巢穴八十餘處，擒斬大賊首謝志珊、藍天鳳等八十六名顆，從賊首級三千一百六十八名顆，俘獲賊屬二千三百三十六名口，奪回被虜男婦八十三名口，牛馬騾六百八隻匹，贓仗二千一百三十一件，金銀一百一十三兩八錢一分。總計首從賊徒、賊屬、牛馬、贓仗共八千五百二十五名顆口隻件。俱經行令轉解紀功官處，審驗紀録去後，今呈前因。

參照大賊首藍天鳳、謝志珊等，盤據千里，荼毒數郡，僭擬王號，圖謀不軌，基禍種惡，且將數十餘年。而虐焰之熾盛，流毒之慘極，亦已數年于兹。前此亦嘗夾勦，曾不能損其一毛；屢加招撫，適足以長其桀驁。今乃驅卒不過萬餘，用費不滿三萬，兩月之間，俘斬六千有奇，破巢八十有四。渠魁授首，噍類無遺。此豈臣等能賢於昔人，是皆仰仗朝廷威德之被，廟堂處置得宜。既假臣以賞罰之權，復專臣以提督之任，故臣等得以伸縮自由，舉動如志。奉成算以行事，循方畧而指揮。將士有用命之美，進止無掣肘之虞。及照監軍副使楊璋、參議黄宏、領兵都指揮僉事許清、都指揮使行事指揮使郟文、知府邢珣、季斆、伍文定、唐淳、知縣王天與、張戩、指揮余恩、馮翔、縣丞舒富、隨征參謀等官指揮謝昶等，以上各官，或監軍督餉，或領兵隨征，悉皆深歷危險，備嘗艱難，各效勤苦之力，共成克捷之功。俱合甄録，以勵將來。伏願皇上普彰廟堂之大賞，兼收行伍之微勞。激勸既行，功庸益集，自然賊盗寢息，百姓安生，則地方幸甚，臣等幸甚！

告諭浰頭巢賊

本院巡撫是方，專以弭盗安民爲職。蒞任之始，即聞爾等積年流劫鄉村，殺害良善，民之被害來告者，月無虚日。本欲即調大兵勦除爾等，隨往福建督征漳寇，意待回軍之日勦蕩巢穴。後因漳寇即平，紀驗斬獲功次七千六百有餘，審知當時倡惡之賊不過四五十人，黨惡之徒不過四千餘衆，其餘多繫一時被脅，不覺慘然興哀。因念爾等巢穴之内，亦豈無脅從之人。况聞爾等亦多大家子弟，其間固有識達事勢，頗知義理者。自吾至此，未嘗遣一人撫諭爾等，豈可遽爾興師翦滅？是亦近於不教而殺，異日吾終有憾於心。故今特遣人告諭爾等，勿自謂兵力之強，更有兵力強者；勿自謂巢穴之險，更有巢穴險者，今皆悉已誅滅無存，爾等豈不聞見？

夫人情之所共恥者，莫過於身被爲盜賊之名；人心之所共憤者，莫甚於身遭劫掠之苦。今使有人罵爾等爲盜，爾必怫然而怒。爾等豈可心惡其名而身蹈其實？又使有人焚爾室廬，劫爾財貨，掠爾妻女，爾必懷恨切骨，寧死必報。爾等以是加人，人其有不怨者乎？人同此心，爾寧獨不知？乃必欲爲此，其間想亦有不得已者。或是爲官府所迫，或是爲大户所侵，一時錯起念頭，誤入其中，後遂不敢出。此等苦情，亦甚可憫。然亦皆由爾等悔悟不切。爾等當初去從賊時，乃是生人尋死路，尚且要去便去；今欲改行從善，乃是死人求生路，乃反不敢，何也？若爾等肯如當初去從賊時，拚死出來，求要改行從善，我官府豈有必要殺汝之理？爾等久習惡毒，忍於殺人，心多猜疑，豈知我上人之心，無故殺一雞犬尚且不忍，况於人命關天！若輕易殺之，冥冥之中，斷有還報，殃禍及於子孫，何苦而必欲爲此？我每爲爾等思念及此，輒至於終夜不能安寢，亦無非欲爲爾等尋一生路。唯是爾等冥頑不化，然後不得已而興兵。此則非我殺之，乃天殺之也。今謂我全無殺爾之心，亦是誑爾；若謂我必欲殺爾，又非吾之本心。爾等今雖從惡，其始同是朝廷赤子。譬如一父母同生十子，八人爲善，二人背逆，要害八人。父母之心須除去二人，然後八人得以安生。均之爲子，父母之心何故必欲偏殺二子，不得已也。吾於爾等，亦正如此。若此二子者一旦悔惡遷善，號泣投誠，爲父母者亦必哀憫而收之。何者？不忍殺其子者，乃父母之本心也。今得遂其本心，何喜何幸如之！吾於爾等，亦正如此。

聞爾等辛苦爲賊，所得若亦不多，其間尚有衣食不充者。何不以爾爲賊之勤苦精力，而用之於耕農，運之於商賈，可以坐致饒富而安享逸樂，放心縱意，遊觀城市之中，優遊田野之内？豈如今日，擔驚受怕，出則畏官避讐，入則防誅懼勦，潛形遁迹，憂苦終身；卒之身滅家破，妻子戮辱，亦有何好？爾等好自思量，若能聽受吾言，改行從善，吾即視爾爲良民，撫爾如赤子，更不追咎爾等既往之罪。如葉芳、梅南春、王受、謝鉞輩，吾今只與良民一槩看待，爾等豈不聞知？爾等若習性已成，難更改動，亦由爾等任意爲之。

吾南調兩廣之狼達，西調湖湘之土兵，親率大兵圍爾巢穴。一年不盡至於兩年，兩年不盡至於三年。爾之財力有限，吾之兵糧無窮，縱爾等皆爲有翼之虎，諒亦不能逃於天地之外。

嗚呼！吾豈好殺爾等哉？爾等若必欲害吾良民，使吾民寒無衣，饑無食，居無廬，耕無牛，父母死亡，妻子離散，吾欲使吾民避爾，則田業被爾等所侵奪，已無可避之地；欲使吾民賄爾，則家資爲爾等所擄掠，已無可賄之財；就使爾等今爲我謀，旁批：妙。亦必須盡殺爾等而後可。旁批：妙。吾今特遣人撫諭爾等，賜爾等牛酒、銀錢、布疋，與爾妻子。其餘人多不能通及，各與曉諭一道。爾等好自爲謀，吾言已無不盡，吾心已無不盡。如此而爾等不聽，非我負爾，乃爾負我，我則可以無憾矣。嗚呼！民吾同胞，爾等皆吾赤子，吾終不能撫恤爾等而至於殺爾，痛哉！痛哉！興言至此，不覺淚下。

申諭十家牌法

本院所行十家牌諭，近來訪得各處官吏，類多視爲虚文，不肯着實奉行查考。據法即當究治，尚恐未悉本院立法之意，故今特述所以，再行申諭。

凡置十家牌，須先將各家門面小牌挨審的實，如人丁若干，必查某丁爲某官吏，或生員，或當某差役，習某技藝，作某生理，或過某房出贅，或有某殘疾，及户籍田糧等項，俱要逐一查審的實。十家編排既定，照式造册一本留縣，以備查考。及遇勾攝及差調等項，按册處分，更無躲閃脱漏。一縣之事，如視諸掌。每十家各令挨報甲内平日習爲偷竊，及喇虎教唆等項不良之人，同具不致隱漏重甘結狀。官府爲置「舍舊圖新」簿，記其姓名。姑勿追論舊惡，令其自今改行遷善。果能改化者，爲除其名。境内或有盗竊，即令此輩自相挨緝。若繫甲内漏報，仍并治同甲之罪。又每日各家照依牌式，輪流沿門曉諭覺察。如此，即奸僞無所容，而盗賊亦可息矣。十家之内，但有爭訟等事，同甲即時勸解和釋。如有不聽勸解，恃強凌弱，及誣告他人者，同甲相率禀官。官府當時量加責治省發，不必收監淹滯。凡遇問理詞狀，但涉誣告者，仍要查究同甲不行勸禀之罪。又每日各家照牌互相勸諭，務令講信修睦，息訟罷爭，日漸開導。如此，則小民益知爭鬭之非，而詞訟亦可簡矣。

凡十家牌式，其法甚約，其治甚廣。有司果能着實舉行，不但盜賊可息，詞訟可簡，因是而修之，補其偏而救其弊，則賦役可均；因是而修之，連其伍而制其什，則外侮可禦；因是而修之，警其薄而勸其厚，則風俗可淳；因是而修之，導以德而訓以學，則禮樂可興。凡有司之有高才遠識者，亦不必更立法制。其於民情土俗，或有未備，但循此而潤色修舉之，則一邑之治，真可以不勞而致。

今特畧述所以立法之意，再行申告。言之所不能盡者，其各爲我精思熟究，而力行之。毋徒紙上空言搪塞，竟成掛壁之虚文，則庶乎其可矣！

批嶺西道立營防守呈

據僉事李香呈稱雇募打手立營防守緣由。看得所議既得其要害，但屯兵固不可分，而合兵又不宜頓，必須該道及統兵官，時將屯聚之兵，督率於賊盜出没要害，往來巡視操演。因而或修復營堡，或開通道路，或戒飭反側猺寨，或撫安凋弊民村，巡行慣熟，遠近不疑。擇其長惡不悛者，間行鵰勦，懲一戒百。如農夫之植禾，必逐漸而耕耨；如園丁之去草，必以次而芟除。庶屯聚之兵無坐食之患，而有日新之功矣。仰備行各官，查照施行。

批嶺北道攻守機宜呈

據兵備副使楊璋呈稱：「訪得前項賊徒，俱被逃往横水、桶岡大巢屯聚，所平巢穴，未免復來營給。合行知府季斆統領異字營兵一千二百名，防遏大庾縣賊巢。縣丞舒富仍統震字營兵一千二百名，防遏上猶、南康二縣賊巢。」

看得各巢賊黨，雖已潰散，計其勢窮食絶，必將復出剽虜。所議防遏事理，照議施行。仍行縣丞舒富，務要在於賊巢總會處所屯劄，多遣乖覺鄉導，分路爪緝。探知賊徒將出，即便設伏擒勦，務竭忠誠，以副委任，毋得虚文粉飾。此後但有推奸坐視，定行治以軍法。

再照前項賊徒，今皆聚於横水、桶岡，若遣重兵直擣其地，示以必攻之勢，彼將團結自守不暇，勢必不敢分衆出掠。不過旬餘，兩巢之賊可以坐取。仍仰該道密議直擣方略，呈來定奪。呈繳。

申行十家牌法

凡立十家牌，專爲止息盜賊。若使每甲各自糾察，甲内之人不得容留賊盗。右甲如此，左甲復如此，城郭鄉村無不如此，以至此縣如此，彼縣復如此，遠近州縣無不如此，則盜賊亦何自而生？夫以一甲之人，而各自糾察十家之内，爲力甚易。使一甲而容一賊，十甲即容十賊，百甲即容百賊，千甲即容千賊矣。聚賊至於千百，雖起一縣之兵而勦除之，爲力固已甚難。今有司往往不嚴十家之法，及至盜賊充斥，却乃興師動衆，欲於某處屯兵，某處截捕。不治其本而治其末，不爲其易而爲其難，皆由平日怠忽因循，未嘗思念及此也。自今務令各甲各自糾舉，甲内但有平日習爲盜賊者，即行捕送官司，明正典刑。其或過惡未稔，尚可教戒者，照依牌諭，報名在官，令其改化自新，官府時加點名省諭，又逐日督令各家輪流沿門曉諭覺察。如此，則奸僞無所容，而盜賊自可息矣。

大抵法立弊生，必須人存政舉。若十家牌式，徒爾編置張掛，督勸考較之法，雖或暫行，終歸廢弛。仰各該縣官，務於坊里鄉都之内，推選年高有德，衆所信服之人，或三四十人，或一二十人，厚其禮貌，特示優崇，使之分投巡訪勸諭。深山窮谷，必至教其不能，督其不率，面命耳提，多方化導。或素習頑梗之區，亦可間行鄉約。進見之時，咨詢民瘼，以通下情，其於邑政，必有裨補。若巡訪勸諭著有成效者，縣官備禮，親造其廬，重加獎勵。如此，庶幾教化興行，風俗可美。後之守令，不知教化爲先，徒恃刑驅勢迫，由其無愛民之實心。若使果然視民如己子，亦安忍不施教誨勸勉，而輒加箠楚鞭撻？孟子云「善政不如善教之得民也」，况非善政乎？守令之有志於愛民者，其盍思之！

獎勵湖廣統兵參將史春牌

據副使楊璋呈稱，遵奉本院牌案，監督各營官兵，照依二省刻定日期，於十一月初一日午時攻破桶岡大峒，賊徒皆已擒斬，巢穴悉已掃蕩。但湖廣官兵未知，恐仍復前來，非但無賊可勦，抑且徒勞遠涉，乞將湖廣官兵留屯彼地，免其過境，實爲彼此兩便。等因，到院。

看得桶岡天險，先經夾勦，圍困半年，終不能下，乃今一鼓而破，斯固諸將用命，軍士效力，實亦湖廣兵威大震有以懾服其心。故破巢之日，不敢四散奔潰，以克收兹全功。訪得湖廣統兵參將史春，紀律嚴明，行陣肅整，故能遠揚威武，致兹克捷。雖兵不接刃而先聲以張，相應差官奬勵。爲此牌差千户高睿齎領後開花紅禮物，前去湖廣郴州，親送本官營内，傳布本院奬勵之意，以彰本官不顯之功。

牌行招撫官

據縣丞舒富稟稱：「橫水等處新民廖成、廖滿、廖斌等前來投招，隨又招出别山餘黨唐貴安等一百四十二名口，俱稱原繫被脅無辜，乞要安撫，照例糧差。」等因，到院。照得橫水、桶岡諸賊，已經本院親調官兵，將賊首藍天鳳等悉已擒勦，奏捷去後。近准兵部咨，奏奉敕旨：「橫水、桶岡等處賊首謝志珊、藍天鳳、蕭貴模等，既已擒勦，地方寧靖，有功官兵俱陞一級，不願陞者，照例給賞。此後但有未盡餘黨，務要曲加招撫，毋得再行勦戮，有傷天地之和。其橫水建立縣治，俱依所奏施行。」備咨准此。除查照通行外，看得新民廖成等誠心投撫，意已可嘉，又能招出餘黨，非但洗其既往之罪，亦當録其圖新之功。況今奉有敕旨，方欲大普弘仁，而廖成等投順，適當其時，相應量加陞賞，一以見朝廷之寬仁，一以勵將來之向化。爲此牌仰縣丞舒富，即將新民廖成授以領哨義官，廖滿、廖斌等各與巡捕老人名目，令其分統招出新民，編立牌甲，聽候調遣殺賊，更立新效，以贖舊愆。就於横水新建縣城内立屋居住，分撥田土，令其照例納糧當差。本官務加撫恤，毋令失所，有虧信義。仍仰諭各新民，俱要洗心滌慮，永爲良善，毋得聽信讐家恐嚇，妄生驚疑，自取罪累。及照見今農時已逼，新民人等牛具田種，當未能備，今特發去商税銀一百兩，就仰本官置買耕牛、農器，分給各民，督令上緊趁時布種。其有見缺食用者，亦與量給鹽米。一應撫安綏來之策，有可施行，俱仰本官悉心議處。呈。

批將士爭功呈

據兵備僉事王大用呈，樂昌縣知縣李增，緝獲大賊首李斌等，審驗明白。續據湖廣永州府推官王瑞之呈稱，廣東差人邀奪等情，已拘知縣見在人役，追出原得獲李斌金簪、銀兩、荷包見在，顯是湖廣兵快計擒，不得妄報掩飾。看得邇者大征之舉，湖廣實首其謀，江、廣亦協其力。既名夾攻，事同一體，湖兵有失，是亦廣兵之罪；廣人有獲，斯亦湖人之功。況今賊首既擒，則湖廣領哨之官亦復何咎？雖云因虞得鹿，而廣東計誘之人亦非無功。但求共成厥事，何必己專其伐？矧各呈詞，亦無相遠。就如湖廣各官所呈，即廣人乘機捕獲之功居然自見；就如廣東各官所呈，則湖官運謀驅逐之勞亦自不掩。獲級者匹夫之所能，爭功者君子之大恥。仰該道備行湖廣守巡等官，彼此同心易氣，各自據實造册。

辭免陞廕乞以原職致仕疏

臣於六月初六日准兵部咨，爲捷音事，該臣題，該本部覆題，節該奉聖旨：「王守仁陞右副都御史，廕子一人做錦衣衛，世襲百户。寫敕獎勵。欽此。」欽遵。臣聞命驚惶，莫知攸措，感極而懼，若墜冰淵。

切念臣以章句陋儒，過蒙朝廷滌瑕掩垢，收録於擯棄之餘；既又求長於短，拔之閑散之中，授以巡撫之寄。其時，臣以抱病在告，兩疏乞休，偶值前官有託疾避難之嫌，該部論奏之義甚嚴，朝廷督責之旨又切，遂不遑他計，狼狽就途。蒞事之後，兵耗財匱，盜熾民窮，縮手四顧，莫措一籌。朝廷憫念地方之顛危，慮臣才微力弱，必致傾債，謂其責任之不專，無以連屬人心；賞罰之不重，無以作興士氣；號令之不肅，無以督調遠近。於是，該部議假臣以賞罰，朝廷從而假之以賞罰；議給臣以旗牌，朝廷從而給之以旗牌；議改臣以提督之任，朝廷從而改之以提督之任，授之方略而不拘以制，責其成功而不限以時。由是，臣以賞罰之柄而激勵三軍之氣，以旗牌之重而號召遠近之兵，以提督之權而紀綱八府一州之官吏，伸縮如志，舉動自由。於是兵威漸振，賊氣先奪。成軍而出，一鼓而破橫水，再鼓而滅桶岡。全師克捷，振旅復舉，又一鼓而破三浰，再鼓而下九連。皆役不再藉，兵無挫刃。分遣官屬，齎執旗牌，以麾督兩廣夾勦之師，亦莫不畏威用命，咸奏成功。由是言之，其始促臣之來蒞事者，該部之議，朝廷之斷也；旗牌之能號召者，該部之議，朝廷之斷也；提督之能紀綱者，該部之議，朝廷之斷也；方畧之所分布，舉動之得展舒者，該部之議，朝廷之斷也。臣亦何功之有，而敢冒承其賞乎？譬之駑駘之馬而得良御，齊輯乎轡銜之際，而緩急乎唇吻之和，内得於人心，外合於馬志。故雖駑下，亦能盡日之力而至百里。人見其駑而百里，因謂之能；不知其能至此，皆御馬者驅策之力。不然，將數里而踣，或十數里而止矣。馬之疲勞，或誠有之，而遂以歸功於馬，其可乎？況臣驅逐之餘，疾病交作，手足麻痹，漸成廢人。前在賊巢，已嘗具本請罪，告病乞休。日夜伏候允報，庶幾生還畎畝。乃今求退而獲進，請咎而蒙賞，雖臣貪冒垂涎，忍恥苟得，其如朝廷賞功之典何？

伏望皇上推原功之所始，無使賞有濫及，收回成命。臣苟有微勞，不加罪戮，容令仍以原職致仕，延餘喘於田野。如此，則上無濫恩，下無奸賞。宣力受任者得免於覆餗之誅，量能度分者獲遂其知止之願。臣無任感恩懼罪，懇切祈望之至！

祭浰頭山神文

維正德十三年戊寅二月十五日甲申，提督軍務都御史王某謹以剛鬣柔毛，昭告於浰頭山川之神。

唯廣谷大川，阜財興物，以域民畜衆。故古者諸侯祭封内山川，亦唯其有功於民。然地靈則人傑，人之無良，亦足以爲山川之羞！兹土爲盜賊所盤據且數十年，遠近之稱浰頭者皆曰「賊巢」，恥莫大焉。是豈山川之罪哉？雖然，清洌之井，糞穢而不除，久則同於廁溷矣；丹鳳之穴，鴟狐聚而不去，久則化爲妖窟矣。糞穢之所，過者掩鼻；妖孽之窟，人將持刃熢燎，環而攻之。何者？其積聚招致使然也。誠使除其糞穢，刮剜滌蕩，將不終朝而復其清洌。鴟狐逐而鸞鳳歸，妖孽之窟還爲孕祥育瑞之所矣。今兹土之山川，亦何以異於是？

守仁奉天子明命，來鎮四陲。憤浰賊之兇悖，民苦荼毒，無所控籲，故邇者計擒渠魁，提兵搗其巢穴。所向克捷，動獲如意。斯固人怨神怒，天人順應之理，將或兹土山川之神厭惡兇殘，思一洗其積辱，陰有以相協，假手於予？今駐兵彌月，雖巢穴掃蕩，十且八九，然漏殄之徒，尚有潛逃，小民不能無怨於山川之神爲之逋逃主、萃淵藪也。今予提兵深入，豈獨除民之害，亦爲山川之神雪其恥。夫安舊染，棄新圖，非中人之情，而況於鬼神乎？今此殘徒，勢窮力屈，亦方遣人投招。將順而撫之，則慮其無革心之誠，復遺患於日後；逆而弗受，又恐其或出於誠心，殺之有不忍也。神其陰有以相協，使此殘寇而果誠心邪，即益佑其衷，俾盡攜其黨類，自縛來投。若水之赴壑，予將隄沼停畜之；如其設詐懷奸，即陰奪其魄，張我軍威，風驅電掃，一鼓而殲之。兹唯下民之福，亦惟神明之休。壇而祀之，神亦永永無怍。惟神實鑒圖之。

浰頭捷音疏

據江西按察司分巡嶺北道兵備副使楊璋呈：「據一哨統兵守備南、贛二府地方以都指揮體統行事指揮使郟文呈稱：『統領安遠縣義民孫洪舜等兵，於本年正月初七日攻破曲潭等巢，十一日攻破半逕等巢，共五處。二月二十六日，與賊戰於水源等處。擒斬大賊首吴積祥、陳秀謙、張秀鼎等七名顆，賊從陳希九等一百二十六名顆，俘獲賊屬男婦五十六名口，燒毁賊巢房屋禾倉二百五十三間，及奪獲器械等物。』

「二哨統兵贛州府知府邢珣呈稱：『督同同知夏克義、知縣王天與、典史梁儀、老人葉秀芳等官兵，於正月初七等日攻破方竹湖等巢，初九日攻破黄田坳等巢，共四處。二十五等日覆賊於白沙，二月十六日與賊戰於芳竹湖等處。擒斬大賊首黄佐、張廷和、王鑾師、劉欽等一十名顆，賊從黄密等二百六十名顆，俘獲賊屬男婦八十三名口，燒毁賊巢房屋、禾倉二百二十二間，及奪獲贓仗牛馬等項。』

「三哨領兵廣東惠州府知府陳祥呈稱：『督同通判徐璣、新民盧琢等官兵，於正月初七等日攻破熱水等巢，初九等日攻破鐵石障等巢，共五處。二十五等日覆賊於五花障等處，二月初二等日與賊戰於和平等處。擒斬大賊首陳活鷂、黄弘閏、張玉林等十一名顆，賊從李廷祥四百三十一名顆，俘獲賊屬男婦二百二十名口，燒毁賊巢房屋、禾倉五百七十二間，及奪獲器械、贓銀、牛馬等項。』

「四哨統兵南安府知府季敩呈稱：『統領訓導藍鐸、百長許洪等官兵，於正月初三等日攻破右坑等巢，十一日攻破新田逕等巢，共四處。二十七等日覆賊於北山，又與戰於風門奧等處。擒斬大賊首劉成珍等四名顆，賊從胡貴琢等一百三十名顆，俘獲賊屬男婦一百六十五名口，燒毀賊巢房屋、禾倉七十三間，及奪獲贓銀等物。』

「五哨統兵贛州衛指揮僉事余恩呈稱：『統領新民百長王受、黄金巢等兵，於正月初七日，會同推官危壽、千户孟俊，攻破上、中、下三浰大巢；十一日，攻破空背等巢，共四處。二十五日，覆賊於銀坑水等處。擒斬大賊首賴振禄、王貴洪、李全、鄒一唯等九名顆，賊從賴賤仔等三百五十名顆，俘獲賊屬男婦六十二名口，燒毀賊巢房屋、禾倉三百二十一間，及奪獲器械牛馬等項。』

「六哨統兵贛州衛指揮僉事姚璽呈稱：『統領新民梅南春等兵，於正月初七日攻破淡方等巢，初九日攻破岑岡等巢，共四處。二十七日覆賊於烏龍鎮，擒斬大賊首謝鑾、曾用奇等五名顆、賊從盧任龍一百九十九名顆，俘獲賊屬男婦一百一十二名口，燒毀賊巢房屋、禾倉三百七十間，及奪獲器械牛馬等項。』

「七哨統兵贛州府推官危壽呈稱：『統領義官葉方等兵，於正月初七日，會同指揮余恩、千户孟俊，攻破上、中、下三浰大巢；初十等日，攻破鎮里寨等巢。共四處。二十七日，覆賊於中村等處。擒斬大賊首池仲寧、高允賢、池仲安、朱萬、林根等十二名顆、賊從黄穩等二百一十一名顆，俘獲賊屬男婦三十三名口，燒毁賊巢房屋、禾倉三百二十三間，及奪獲贓仗牛馬等項。』

「八哨統兵贛州衛千户孟俊呈稱：『統領義官陳英、鄭志高、新民盧珂等兵，於正月初七等日，會同指揮余恩、推官危壽，攻破上、中、下三浰大巢；初十等日，攻破大門山等巢。共六處。擒斬大賊首謝鳳經、吴宇、張廷興、石榮等九名顆、賊從張角子等一百九十二名顆，俘獲賊屬男婦一百四十三名口，燒毁賊巢房屋、禾倉一百七十三間，及奪獲器械、牛馬、贓銀等項。』

「九哨統兵南康縣縣丞舒富呈稱：『統領義民趙志標等兵，於正月十一等日，攻破旗領等巢，共二處。二月十四日，與賊戰於乾村等處。擒斬賊從劉三等一百七名顆，俘獲賊屬男婦二十一名口，燒毀賊巢房屋、禾倉五十三間，及奪獲器械等物。』等因。各呈報到道。

「查得先爲地方緊急賊情事，據信豐縣所呈稱，正德十二年二月初七日，龍南縣賊首黄秀魁糾合廣東賊首池仲容等，突來本縣殺人放火，見今攻城不退，乞要發兵救援，等因。該本道議，委經歷王祚、縣丞舒富領兵勦捕，斬獲賊級四顆，被賊殺死報效義士楊習舉等十名，執去經歷王祚。隨該本道新詣該縣，暫將各賊招安，發回原巢，經歷王祚送出。參將失事知縣王天爵、盧鳳、千户鄭鐸、朱誠、洪恩、主簿周鎮、鎮撫劉鏜等，俱各有罪。及將前賊應勦緣由，呈詳轉達具奏外，正德十三年正月初三日，奉提督軍門紙牌：

『議照上猶等縣賊巢既平，廣東龍川縣浰頭等處賊巢，奉有成命，應該會勦。其大賊首池仲容等，本院已行計誘擒獲。見今軍勢頗振，若不乘此機會，出其不意，搗其不備，坐視以待廣兵之來，未免有失事機之會。本院除遵奉敕諭内『自行量調官軍，設法勦捕』事理，部勒兵衆，分布哨道，行仰守備指揮并知府等官郟文、陳祥等統領，各授進止方略外，備行本職，前去軍前紀驗功次，及催各哨官兵上緊依期進勦，仍行巡按衙門前來覈實施行。』等因。隨呈巡按江西監察御史屠僑，批行本道：『先行紀驗明白，通候覈實施行。』依奉。督率各省官兵依期進勦去後。

「今據前因，除將前項功次俱類巡按衙門會審紀驗明白，生擒賊犯解赴提督軍門斬首梟示，賊屬男婦變賣銀兩，器械、贓仗、贓銀俱貯庫外，參照浰頭大賊首池仲容、池仲寧、池仲安、高允賢、李全等，盤據一方，歷有歲年，僭稱王號，僞設官職；廣東翁源、龍川、始興，江西龍南、信豐、安遠、會昌等縣，屢被攻圍城池，殺害官軍，焚燒村寨，虜殺男婦，歲無虚日。曾經狼兵夾攻數次，俱被漏網。是乃衆賊奸雄之巨擘，三省羣盜之根源也。今幸天奪其魄，仲容束手就擒，仲寧、仲安等一時授首，各巢賊從擒斬殆盡，永期安輯。呈乞照詳轉達。」等因。據呈到臣。

卷查先爲地方緊急賊情事，准兵部咨，該巡按江西監察御史屠僑奏，該本部覆題，節奉聖旨：「是。這地方賊情，著都御史王守仁自行量調官軍，設法勦捕。欽此。」及爲申明賞罰以勵人心事，准兵部覆題：「請敕南、贛等處都御史假以提督軍務名目，給與旗牌應用，以振軍威。一應軍馬錢糧事宜，逕自便宜區畫。如遇盜賊入境，即便調兵勦殺，不許踵襲舊弊招撫，重爲民患。所部官軍，若在軍前違期逗留退縮，俱聽以軍法從事。生擒盜賊，亦聽斬首示衆。賊級聽本處兵備會同該道守巡官，即時紀驗明白，備行江西按察司造册奏繳，查照勦殺南方蠻賊見行舊例，議擬陞賞。」等因。具題。奉聖旨：「是，王守仁著提督南、贛、汀、漳等處軍務，換敕與他。其餘事宜，各依擬行。欽此。」又爲地方緊急賊情事，准兵部覆題：「看得所奏攻治盜賊二説，就令差來人齎文，交與都御史王守仁，悉依前項申明賞罰事理便宜行事。期於功成，不限以時，相機攻勦。」等因，具題，節該奉聖旨：「是。欽此。」陸續備咨到臣。

俱經通行撫屬四省各道、守巡、兵備、守備等官一體欽遵，并咨總督兩廣左都御史陳金查照外，續該臣看得南、贛盜賊，其在南安之横水、桶岡諸巢，則接境於湖郴；在贛州之浰頭、桶岡諸巢，則連界於閩、廣。接境於湖郴者，賊衆而勢散，恃山溪之險以爲固；連界於閩、廣者，賊狡而勢聚，結黨與之助以相援。臣等遵奉敕諭，及查照兵部咨示方略，初議先攻横水，次攻桶岡，而末乃與廣東會兵，徐圖浰頭。如攻堅木，先其易者，後其節目。自正德十二年九月，臣等議將進兵横水，恐浰賊乘虛出擾，思有以沮離其黨。

臣乃自爲告諭，具述禍福利害，使報效生員黄表、義民周祥等往諭各賊，因皆賜以銀布。一時賊黨亦多感動，各寨酋長黄金巢、劉遜、劉粗眉、溫仲秀等，遂皆願從表等出投。唯大賊首池仲容即池大鬢，獨憤然謂其衆曰：「我等做賊已非一年，官府來招亦非一次，此亦何足爲憑！待金巢等到官後，果無他説，我等遣人出投，亦未爲晚。」旁批：晚。其時臣等兵力既未能分，意且羈縻，令勿出爲患，故亦不復與較。金巢等至，臣乃釋其罪，推誠厚撫，各願出力殺賊立效。於是，藉其衆五百餘，悉以爲兵，使從征横水。

十月十二日，臣等已破横水，仲容等聞之始懼。計臣等必且以次加兵，於是集其酋豪池仲寧、高飛甲等謀，使其弟池仲安率老弱二百餘徒，亦赴臣所投招，求隨衆立效，意在緩兵，因而窺覘虛實，乘間内應。臣逆知其謀，陽許之。及臣進攻桶岡，使領其衆截路于上新地，以遠其歸途；内嚴警禦之備，以防其釁；外示寬假之形，以安其心。陰使人分召鄰賊諸縣被賊害者，皆詣軍門計事。旬日之間，至者數十。問所以攻勦之策，皆以此賊狡詐兇悍，非比他賊。其出劫行剽，皆有深謀，人不能測。自知惡極罪大，國法難容，故其所以扞拒之備，亦極險譎。前此兩經夾勦，皆狼兵二三萬，竟亦不能大捷。後雖敗遁，所殺傷亦略相當。近年以來，奸謀愈熟，惡焰益熾，官府無可奈何。每以調狼兵恐之，彼輒謾曰：「狼兵易與耳。縱調他來，也須半年。我縱避他，只消一月。」其意謂狼兵之來不能速，其留不能久也。是以益無忌憚。今已僭號設官，奸計逆謀，尤非昔比。必欲除之，非大調狼兵，事恐難濟。臣以爲兵無常勢，在因敵變化而制勝。今各賊狃於故常，且謂必待狼兵而後敢攻，此所以不必狼兵而可以攻之也。旁批：妙，妙。乃爲密畫方略，使數十人者各歸部集，候我兵有期，則據隘遏賊。

十一月，賊聞臣等復破桶岡，益懼，爲戰守備。臣使人至賊所，賜各酋長牛酒，以察其變。賊度不可隱，則詐稱龍川新民盧珂、鄭志高等將掩襲之，是以密爲之防，非敢虞官兵也。臣亦陽信其言，因復陽怒盧珂、鄭志高等擅兵讎殺，移檄龍川，使廉其實。且趣各賊伐木開道，將回兵自浰頭取道，往討之。賊聞，以爲臣等實有爲之之意，又恐假道伐之，且喜且懼。因遣來謝，且請無勞官兵，當悉力自防禦。盧珂、鄭志高、陳英者，皆龍川舊招新民，有衆三千餘。遠近皆爲仲容所脅，而三人者獨與之抗，故賊深讐忌之。十二月望，臣兵回至南康，盧珂、鄭志高等各來告變，謂池仲容等僭號設官，今已點集兵衆，號召遠近各巢賊首，授以「總兵」、「都督」等僞官，使候三省夾攻之兵一至，即同時並舉，行其不軌之謀。及以僞授盧珂等官爵「金龍霸王」印信文書一紙黏狀來首。臣先已諜知其事，及珂等來，即陽怒，以爲爾等擅兵仇殺投招之人，罪已當死，今又造此不根之言，乘機誣陷。且池仲容等方遣其弟領兵報效，誠心向化，安得有此？遂收縛珂等，將斬之。時池仲安之屬方在營，見珂等入首，大驚懼，至是皆喜，羅拜懽呼，競訴珂等罪惡。臣因亦陽令具狀，謂將并拘其黨屬，盡斬之。於是遂械繫盧珂，而使人密喻以陽怒之意，欲以誘致仲容諸賊。且使盧珂等先遣人歸，集其衆，候珂等既還，乃發。臣又使生員黄表、聽選官雷濟往喻仲容，使勿以此自疑，密購其所親信，陰説之，使自來投訴。

二十日，臣兵已還贛，乃張樂大享將士。下令城中，今南安賊巢皆已掃蕩，而浰頭新民又皆誠心歸化，地方自此可以無虞。民久勞苦，亦宜暫休爲樂。遂散兵使各歸農，示不復用。而使池仲安亦領衆歸，助其兄防守，且云盧珂等雖已繫於此，恐其黨致怨，或掩爾不虞。仲安歸，具言其故，賊衆皆喜，遂弛備。臣又使指揮余恩賫曆往賜仲容等，令毋撤備，以防盧珂諸黨。賊衆亦喜。黄表、雷濟因復説仲容：「今官府所以安輯勞來爾等甚厚，何可不親往一謝？况盧珂等日夜哀訴反狀，乞官府試拘爾等，若拘而不至者，即可以證反狀之實。今若不待拘而往，因面訴珂等罪惡，官府必益信爾無他，而謂珂等爲詐，殺之必矣。」所購親信者復從力贊，仲容然之，乃謂其衆曰：「若要伸，先用屈。贛州伎倆，亦須親往勘破。」遂定議，率其麾下四十餘人，自詣贛。臣使人探知仲容已就道，乃密遣人先行屬縣勒兵，分哨道，候報而發。又使千户孟俊先至龍川，督集盧珂、鄭志高、陳英等兵。然以道經浰巢，恐摇諸賊，則别齎一牌，以拘捕盧珂等黨屬爲名。各賊聞俊往，果遮迎問故，俊出牌視之，乃皆羅拜，相爭導送出境。俊已至龍川，始發牌部勒盧珂等兵。衆賊聞之，皆以爲拘捕其屬，不復爲意。

閏十二月二十三日，仲容等至贛，見各營官兵皆已散歸，而街市多張燈設戲爲樂，信以爲不復用兵。密賂獄卒，私往覘盧珂等，又果械繫深固。仲容乃大喜，遣人歸，報其屬曰：「乃今吾事始得萬全矣！」臣乃夜釋盧珂、鄭志高等，使馳歸發兵。而令所屬官僚次設羊酒，日犒仲容等，以緩其歸。旁批：後服者誅，仲容等是矣。正月三日，度盧珂等已至家，所遣屬縣勒兵當已大集，臣乃設犒於庭，先伏甲士，引仲容入，并其黨，悉擒之。出盧珂等所告狀，訊鞫皆伏，遂置於獄。而夜使人趨發屬縣兵，期以初七日同時入巢。於是，知府陳祥兵從龍川縣和平都入，指揮姚璽兵從龍川縣烏虎鎮入，千户孟俊兵從龍川縣平地水入，指揮余恩兵從龍南縣高沙保入，推官危壽兵從龍南縣南平入，知府邢珣兵從龍南縣太平保入，守備指揮郟文兵從龍南縣冷水逕入，知府季斆兵從信豐縣黄田岡入，縣丞舒富兵從信豐縣烏徑入。臣自率帳下官兵，從龍南縣冷水逕直擣下浰大巢，而使各哨分路同時並進，會於三浰。

先是，賊徒得池仲容報，謂贛州兵已罷歸，皆已弛備，散處各巢。至是，驟聞官兵四路並進，皆驚懼失措。乃分投出禦，而悉其精鋭千餘，據險設伏，併勢迎敵於龍子嶺。我兵聚爲三衝，犄角而前。指揮余恩所領百長王受兵首與賊遇，大戰良久，賊敗却。王受等奮追里許，賊伏兵四起，奮擊王受。推官危壽所領義官葉芳兵鼓噪而前，復奮擊賊伏兵後。千户孟俊兵從傍繞出岡背，横沖賊伏，與王受合兵。於是賊乃大敗奔潰，呼聲震山谷。我兵乘勝逐北，遂克上、中、下三浰。各哨官兵遥聞三浰大巢已破，皆奮勇齊進，各賊皆潰敗。知府陳祥兵遂破熱水巢、五花障巢，指揮姚璽兵遂破淡方巢、石門山巢、上下陵巢，知府邢珣兵遂破芳竹湖、白沙巢，守備指揮郟文兵遂破曲潭巢、赤唐巢，知府季斆兵遂破右坑巢、三坑巢。是日，擒斬首從賊人、賊級、俘獲賊屬男婦、牛馬、器仗數多，其餘墮崕填谷死者不可勝計。是夜，賊復奔聚未破巢穴。次日早，乃令各哨官兵探賊所往，分投急擊。初九日，知府陳祥兵破鐵石障巢、羊角山巢，獲賊首「金龍霸王」印信旗袍。知府邢珣兵破黄田坳巢，指揮姚璽兵破岑岡巢，指揮余恩兵破塘含洞巢、溪尾巢。初十日，千户孟俊兵破大門山巢，推官危壽兵破鎮里寨巢。十一日，知府邢珣兵破中村巢，守備郟文兵破半逕巢、都坑巢、尺八嶺巢，知府季斆兵破新田逕巢、古池巢，指揮余恩兵破空背巢，縣丞舒富兵破旗嶺巢、頓岡巢。十三日，千户孟俊兵破狗脚坳巢、水晶洞巢、五湖巢、藍州巢。十六日，推官危壽兵破風盤巢、茶山巢。連日，各擒斬首從賊人、賊級并俘獲賊屬男婦、牛馬、器仗數多。然各巢奔散之賊，其精悍者尚八百餘徒，復哨聚九連大山，扼險自固。當臣看得九連山勢極高，横亙數百餘里，四面斬絶，我兵既不得進，而其内東接龍門山後諸處，賊巢以百數。若我兵進逼，賊必奔往其間，誘激諸巢，相連而起，勢亦難制。然彼中既無把截之兵，欲從傍縣潛軍，斷其後路，必須半月始達，緩不及事。止有賊所屯據崕壁之下一道可通，然賊已據險，自上發石滚木，我兵百無一全。於是，乃選精鋭七百餘人，皆衣所得賊衣，佯若奔潰者，乘暮直沖賊所據崕下澗道而過。旁批：妙，妙。賊以爲各巢敗散之黨，皆從崕下招呼，我兵亦佯與呼應。賊疑，不敢擊。已度險，遂扼斷其後路。次日，賊始知爲我兵，并勢沖敵。我兵已據險，從上下擊。賊不能支，乃退敗。臣度其必潰，預令各哨官兵四路設伏以待。賊果分隊潛遯。二十五日，知府陳祥兵覆賊於五花障，知府邢珣兵覆賊於白沙，指揮余恩兵覆賊於銀坑水。二十七日，指揮姚璽兵覆賊於烏虎鎮，推官危壽兵覆賊於中村，知府季斆兵覆賊於北山，又戰於風門奧。其餘奔散殘黨尚三百餘徒，分逃上、下坪、黄田坳諸處，各哨官兵復黏蹤會追。二月初二日，知府陳祥兵復與賊戰於平和。初五日，復戰於上坪、下坪。初八日，推官危壽、指揮余恩兵，復與賊戰於黄坳。十二日，知府陳祥兵復與賊戰於鐵障山。十四日，縣丞舒富兵復與賊戰於乾村，又戰於梨樹。十四日，知府邢珣、季斆兵，復與賊戰於芳竹湖。二十三日，縣丞舒富兵復與賊戰於北順，又戰於和洞。二十六日，守備郟文兵復與賊戰於水源，戰於長吉，戰於天堂寨。連日擒斬首從賊人、賊級數多。三月初三日，據鄉導人等四路爪探，皆以爲各巢積惡凶狡之賊，皆已擒斬畧盡。唯餘黨張仲全等二百餘徒，其間多繫老弱，及遠近村寨一時爲賊所驅脅、從惡未久之人，今皆勢窮計迫，聚於九連谷口，呼號痛哭，誠心投招。臣遣報效生員黄表往驗虚實，果如所探。因引其甲首張仲全等數人前來投見，訴其被脅不得已之情。臣量加責治，隨遣知府邢珣往撫其衆，籍其名數，遂安插於白沙。

初七日，據知府邢珣等呈稱：我兵自去歲二月從征閩寇，迄今一年有餘，未獲少休。今幸各巢賊已掃蕩，餘黨不多，又蒙俯順招安；況今陰雨連綿，人多疾疫，兼之農功已動，人懷耕作，合無俯順下情，還師息衆。及義官葉芳等并各村鄉居民亦告前情，臣因親行相視險易，督同副使楊璋、知府陳祥等經理立縣設隘，可以久安長治之策，留兵防守而歸。

蓋自本年正月初七日起，至三月初八日止，前後兩月之間，通共搗過巢穴三十八處，擒斬大賊首二十九名顆，次賊首三十八名顆，從賊二千零六名顆，俘獲賊屬男婦八百九十名口，奪獲牛馬一百二十二隻匹，器械、贓仗二千八百七十件把，贓銀七十兩六錢六分，總計擒斬、俘獲、奪獲共五千九百五十五名顆口隻匹件把。俱經行令兵備等官審驗紀録，仍行紀功御史覈實施行，具由呈報，去後。

今據前因，臣等會同江西巡按御史屠僑、廣東巡按御史毛鳳，參照大賊首池仲容等，荼毒萬民，騷擾三省，陰圖不軌，積有年歲，設官僭號，罪惡滔天。比之上猶諸賊，尤爲桀鷔難制。蓋上猶諸賊，雖有僭竊不軌之名，而徒唯劫掠焚燒是嗜。至於浰頭諸賊，雖亦剽劫擄掠是資，而實懷僭擬割據之志。故其招致四方無籍，隱匿遠近妖邪，日夜規圖，漸成奸計。兼之賊首池仲容、池仲安等，又皆力搏猛虎，捷競飛猱，兇惡之名，久已著聞；四方賊黨，素所向服，是以負固恃頑，屢征益熾。前此知其無可奈何，亦唯苟且招安，以幸無事。其實無救荼毒之慘，益養奸宄之謀。今乃臣等驅不練之兵，資缺乏之費，不踰兩月，而破奸雄不制之虜，除三省數十年之患。旁批：太自誇。此非朝廷威德，廟堂成算，何以及此！臣等切惟天下之事，成於責任之專一，而敗於職守之分撓。旁批：是。就今事而言，前此嘗夾攻二次，計勦數番。以兵，則前者強，而今者弱，前者數萬，而今者數千；以時，則前者期年，而今者兩月；以費，則前者再倍，而今者什一；以任事之人，則前者多知謀老練之士，而今者乃若臣之迂疎淺劣。然而計功較績，顧反有加於昔。何哉？

實由朝廷之上明見萬里，洞察往弊，處置得宜。既假臣以賞罰之權，復改臣以提督之任；既以兵忌遥制，而重各省專征之責；又慮事或牽狃，而抑守臣干預之請。授之方畧而不拘以制，責其功成而不限以時。以故詔旨一頒，而賊先破膽奪氣；咨文一布，而人皆踴躍爭先。效謀者知無沮撓之患，而務竟其功；希賞者知無侵削之弊，而畢致其死。是乃所謂「得先勝之算於廟堂，收折衝之功於樽俎」。實用兵之要道，制事之良法也。事每如此，天下之治有不足成者矣。

臣等偶叨任使，何幸濫竽成功。敢是獻捷之餘，拜手稽首以賀。伏願皇上推成功之所自，原發縱之有因，庶無僭賞，以旌始謀。及照兵備副使楊璋，監軍給餉，紀功督戰，備歷辛勤，宜加顯擢。守備指揮郟文、知府陳祥、邢珣、季斅、推官危壽、指揮余恩、姚璽及千户孟俊、縣丞舒富等，皆身親行陣，屢立戰功，俱合獎擢，庶示激揚，以爲後勸。

臣本凡庸，繆當重任，偶逢事機之會，幸免覆餗之誅。然功非其才，福已踰分，遂沾痿痺之疾，既成廢棄之人。除已别行請罪乞休外，緣繫捷音，及該兵部議擬「期於成功，不限以時」，題奉欽依事理，爲此具本題。

卷之六　平濠書

共二十八篇

撫安百姓告示

示仰遠近城郭鄉村軍民人等，近日倡亂之徒，上逆天道，下失人心。本院駐軍於此，已有定計，勤王之師，四面已集。仰各安居樂業，毋得驚疑。敢有擅自搬移，因而扇惑擾攘者，地方里甲人等綁赴軍門，治以軍法。其有忠義豪傑，能獻計效力，願從義師擊反叛者，俱赴軍門投見。

禁約釋罪自新軍民告示

告示：一應平日隨從逆府舍餘軍校人等，論罪俱在必誅，雖經自首，奉有詔宥，據法亦當遷徙邊遠烟瘴之地。但念其各已誠心悔罪，故今務在委曲安全。仰各洗心滌慮，改惡從善，本分生理，保守身家，毋得仍蹈前非。或又投入各王府及鎮守撫按三司等衙門，充作軍牢、伴當、皂隸、防夫等項名目，挾持復讎，定行擒拏，追坐從逆重刑。知情容留，官司參究，論以窩藏逆黨。同甲鄰佑不舉首者，連坐以罪。除已奏請外，仰各遵照毋違。

某縣某坊第幾甲釋罪自新一户某人

左鄰某人　右鄰某人

仰各鄰毋念舊惡，務要與之和睦相處。早晚仍須勸化鈐束，毋令投入各府及鎮守、撫按三司等衙門，充當軍牢、伴當、皂隸、防夫等項名目。挾勢害人，定行坐以知情容隱逆黨重罪，決不輕貸。

告示在城官兵

照得寧王造謀作亂，神人共憤，法所必誅。在城宗支郡王、儀賓，皆被逼脅，如鍾寧王無罪削爵，建安王父子俱死，軍民人等或覆宗滅族，或蕩家傾産，或勒取子女，皆恨入骨髓，敢怒而不敢言。今日之事，豈其本心？本院仰仗朝廷威靈，調集兩廣並本省狼達、漢、土官兵二十餘萬，即日臨城，亦無非因民之怨，唯首惡是問。告示至日，宗支郡王、儀賓各閉門自保，商賈買賣如故，軍民棄甲投戈，各歸生理，無得驚疑。該府内臣校尉把守人員，開門出首，或反兵助順，擒斬首惡，一體奏聞陞賞。其有懷奸稔惡，從逆不悛者，必殺不赦。凡我良善軍民，即便去惡從善，毋陷族滅。故示。

與當道書

江省之變，大略具奏内。此人逆謀，已非一日，久而未發，蓋其心懷兩圖，是以遲疑未決，抑亦慮生之躡其後也。近聞生將赴閩，必經其地，已視生爲几上肉矣。賴朝廷之威靈，諸老先生之德庇，竟獲脱身虎口。所恨兵力寡弱，不能有爲爾。南、贛舊嘗屯兵四千，朝有警而夕可發。近爲户部必欲奏革商税，糧餉無所取給，故遂放散。未三月而有此變，復欲召集，非數月不能，亦且空然無資矣。世事之相撓阻，每每如此，亦何望乎？今亦一面號召忠義，取調各縣機快，且先遣疲弱之卒，張布聲勢於豐城諸處，牽躡其後。天奪其魄，彼果遲疑而未進。若再留半月，南都必已有備。彼一離窠穴，生將奮搗其虚，使之進不得前，退無所據。勤王之師，又四面漸集，必成擒矣。此生億料若此，切望諸老先生急賜議處，速遣能將，將重兵，聲罪而南，以絶其北窺之望。飛召各省，急興勤王之師。此人兇殘忌刻，世所未有，使其得志，天下無遺類矣。諒在廟堂，必有成算，區區愚誠，亦不敢不竭盡。生病疲尫，僅存餘息。近者入閩，已具本乞休，必不得已，且容歸省。不意忽遭此變，本非生之責任。但闔省無一官見在，人情渙散，洶洶震摇。使無一人牽制其間，彼得安意順流而下。萬一南都無備，將必失守。彼又分兵四掠，十三郡之民素劫於積威，必向風而靡。如此，則湖湘、閩、浙皆不能保。及事聞朝廷，大兵南下，彼之奸計漸成，破之難矣。以是遂忍死暫留於此，徒以空言收拾散亡，感激忠義。日望命帥之來，生得以輿疾還越，死且瞑目。伏惟諸老先生鑒其血誠，必賜保全，勿遂竭其力所不能，窮其智所不及，以爲出身任事者之戒，幸甚，幸甚！

預行南京各衙門勤王咨

爲照前事，係天下非常之變，宗社安危之機。雖今備行江西吉安等府，及湖廣、福建、廣東等處調集軍兵，合勢征勦外。但彼聲言欲遂順流東下，竊據南都。看得長江天險，南北之限，留都根本，咽喉所關，雖以朝廷威德，人心效順，逆謀斷無有成。但其譎奸陰圖，已非一日，兼聞潛伏奸細於京城，期爲内應。萬一預備無素，爲彼所掩，震驚遠邇，噬臍何及？爲此合咨貴部，煩爲通行在京及大小衙門，會謀集議，作急繕完城守，簡練舟師，設伏沿江，以防不虞之襲；傳檄傍郡，以張必討之威。先發操江之兵，聲義而西，約會湖湘，互爲犄角。本職亦砥鈍策駑，牽躡其後，以義取暴，以直加曲，不過兩月之間，斷然一鼓可縛。惟高明速圖之。

示諭江西布按三司從逆官員

照得寧王悖逆天道，造謀作亂，殺戮大臣，都、布、按三司官員各悚於暴虐，保其妻子，以致臨難之際不能自擇。或俛首幽囚，或甘心降伏，貪生畏死，反面事仇。春秋之義雖嚴於無將之誅，而志圖興復者，尚不忍於峻絶。探得各官見今在城，閉門自訟者有之，臨城巡閘者有之，出入府庫運籌畫策者有之。此皆大義未分，孤立無助，揆之法理，固不容誅；推之人情，實爲可憫。即今本院統集狼達、漢、土官軍二十餘萬，後先臨城。各官果能去逆歸順，尚可轉禍爲福。故今特遣牌諭，兵臨之日，仰各開門出首；仍一面將本院發去告示給散張掛，撫諭良善百姓。宗支儀賓人等各閉門自保，毋輕出街市，横遭殺戮。該府把守内臣、校尉人等，亦各諭以大義，俾知背逆向順，尚可免死。投甲釋戈，蓬頭面縛，候本院臨審定奪。敢有從惡不悛，執迷不悟，拒敵官兵者，必殺無赦！仍具改正緣由，親齎投首，以憑施行，毋得遲違，自取族滅。牌具依准繳來。

告示七門從逆軍民

督府示諭，省城七門内外軍民、雜役人等，除身犯黨逆不赦另議外，其原被寧府迫脅，僞授指揮、千、百户、校尉、護衛及南昌前衛，一應從亂雜色人役家屬在省城者，仰各安居樂業，毋得逃竄。有能寄聲父兄子弟改過遷善，擒獲首惡，詣軍門報捷者，一體論功給賞。逃回報首者，免其本罪。仍仰各地方，將前項人役一名名赴各該管門官處開報，令各親屬一名，每五日一次打卯。其有收藏軍器，許盡數送官，各宜悔過，毋取流亡。

牌行各哨統兵官進攻屯守　七月十七日

仰一哨統兵官吉安府知府伍文定，即統部下官軍兵快四千四百二十一員名，進攻廣潤門；就留兵防守本門，直入布政司屯兵，分兵把守王府内門。

仰二哨統兵官贛州府知府邢珣，即統部下官軍兵快三千一百三十餘員名，進攻順化門；就留兵防守本門，直入鎮守府屯兵。

仰三哨統兵官袁州府知府徐璉，即統部下官軍兵快三千五百三十員名，進攻惠民門；就留兵防守本門，直入按察司、察院屯兵。

仰四哨統兵官臨江府知府戴德孺，即統部下官軍兵快新、喻二縣三千六百七十五員名，進攻永和門；就留兵防守本門，直入都察院提學分司屯兵。

仰五哨統兵官瑞州府通判胡堯元、童琦，即統部下官軍兵快四千員名，進攻章江門；就留兵防守本門，直入南昌前衛屯兵。

仰六哨統兵官泰和縣知縣李楫，即統部下官軍兵快一千四百九十二員名，夾攻廣潤門；直入王府西門屯兵守把。

仰七哨統兵官新淦縣知縣李美，即統部下官軍兵快二千員名，進攻德勝門；就留兵防守本門，直入王府東門屯兵守把。

仰中軍營統兵官贛州衛都指揮余恩，即統部下官軍兵快四千六百七十員名，進攻進賢門；直入都司屯兵。

仰八哨統兵官寧都知縣王天與，即統部下官軍兵快一千餘員名，夾攻進賢門；留兵防守本門，直入鐘樓下屯兵。

仰九哨統兵官吉安府通判談儲，即統部下官軍兵快一千五百七十六員名，夾攻德勝門；直入南昌左衛屯兵。

仰十哨統兵官萬安縣知縣王冕，即統部下官軍兵快一千二百五十七員名，夾攻進賢門；就守把本門，直入陽春書院屯兵。

仰十一哨統兵官吉安府推官王暐，即統部下官軍兵快一千餘員名，夾攻順化門；直入南、新二縣儒學屯兵。

仰十二哨統兵官撫州府通判鄒琥、知縣傅南喬，即統部下官兵三千餘員名，夾攻德勝門；就留兵防守本門，隨於城外天寧寺屯兵。

承委官員務要竭忠奮勇，擒勦叛逆，以靖國難。如或退縮觀望，違犯節制，定以軍法論處。軍兵人等敢有臨陣退縮者，就仰本官遵照本院欽奉敕諭事理，就於軍前斬首示衆。

牌候事完日繳。

與王晉溪司馬書　共十五首，今録十一首

伏惟明公德學政事高一世，守仁晚進，雖未獲親炙，而私淑之心已非一日。乃者承乏鴻臚，自以迂腐多疾，無復可用於世，思得退歸田野，苟存餘息。乃蒙大賢君子不遺葑菲，拔置重地。適承前官謝病之後，地方亦復多事，遂不敢固以疾辭。已於正月十六日抵贛，扶疾莅任。雖感恩圖報之心無不欲盡，而精力智慮有所不及，恐不免終爲薦舉之累

耳。伏惟仁人君子，器使曲成，責人以其所可勉，而不強人以其所不能，則守仁羈鳥故林之想，必將有日可遂矣。因遣官詣闕陳謝，敬附申謝私於門下，伏冀尊照。不備。

守仁近因峯賊大修戰具，遠近勾結，將遂乘虛而入，乃先其未發，分兵掩撲。雖斬獲未盡，然克全師而歸，賊巢積聚亦爲一空。此皆老先生申明律例，將士稍知用命，以克有此。不然，以南贛素無紀律之兵，見賊不奔，亦已難矣，况敢暮夜之間奮呼追擊？功雖不多，其在南贛，則實創見之事矣。伏望老先生特加勸賞，使自此益加激勵，幸甚。今各巢奔潰之賊，皆聚横水、桶岡之間，與郴、桂諸賊接境。生恐其勢窮，或并力復出。且天氣炎毒，兵難深入遠攻。乃分留重卒於金坑營前，扼其要害，示以必攻之勢，使之旦夕防守，不遑他圖。又潛遣人於已破各巢山谷間，多張疑兵，使既潰之賊不敢復還舊巢，聊且與之牽持。候秋氣漸涼，各處調兵稍集，更圖後舉。惟望老先生授之以成妙之算，假之以專一之權，明之以賞罰之典。生雖庸劣，無能爲役，敢不鞭策駑鈍，以期無負推舉之盛心！秋冬之間，地方苟幸無事，得以歸全病喘於林下，老先生骨肉生死之恩，生當何如爲報耶！

前月奏捷人去，曾瀆短啓，計已達門下。守仁才劣任重，大懼覆餗，爲薦揚之累。近者南贛盗賊雖外若稍定，其實譬之疽癰，但未潰決。至其惡毒，則固日深月積，將漸不可瘳治。生等固庸醫，又無藥石之備，不過從旁撫摩調護，以紓目前。自非老先生發鍼下砭，指示方藥，安敢輕措其手，冀百一之成？前者申明賞罰之請，固來求鍼砭於門下，不知老先生肯賜俯從，卒授起死回生之方否也？近得奮中消息，云將大舉，乘虚入廣。蓋兩廣之兵，近日皆聚府江，生等恐其聲東擊西，亦已密切布置，將爲先事之圖。但其事隱而未發，未敢顯言於朝，然又不敢不以聞於門下。且聞府江不久班師，則其謀亦將自阻。大抵南贛兵力極爲空踈，近日稍加募選訓練，始得三千之數。然而糧賞之資，則又百未有措。若夾攻之舉果行，則其勢尤爲窘迫。若欲稱貸於他省，則他省各有軍旅之費；若欲加賦於貧民，則貧民又有從盗之虞。惟贛州雖有鹽税一事，邇來既奉户部明文停止，但官府雖有禁止之名，而奸豪實竊私通之利。又鹽利下通於三府，皆民情所深願，而官府稍取其什一，亦商人所悦從。用是輒因官僚之議，仍舊抽放。蓋事機窘迫，勢不得已。然亦不加賦而財足，不擾民而事辦，比之他圖，固尤計之得者也。今特具以聞奏，伏望老先生曲賜扶持，使兵事得賴此以濟，實亦地方生靈之幸。生等得免於失機誤事之誅，其爲感幸，尤深且大矣。自非老先生體國憂民之至，何事每敢控聒若此？

生於前月二十日，地方偶獲微功，已於是月初二日具本聞奏。差人既發，始領部咨，知夾攻已有成命。前者嘗具兩可之奏，不敢專主夾攻者，誠以前此三省嘗爲是舉，乃往返勘議，動經歲月，形迹顯暴。事未及舉，而賊已奔竄大半。今老先生略去繁文之擾，行以實心，斷以大義，一決而定，機速事果，則夾攻之舉固亦未嘗不善也。凡敗軍僨事，皆緣政出多門。每行一事，既稟巡撫，復稟鎮守，復稟巡按，往返需遲之間，謀慮既泄，事機已去。昨睹老先生所議，謂閫外兵權，貴在專委；征伐事宜，切忌遥制。且復除去總制之名，使各省事有專責，不令掣肘，致相推托，真可謂一洗近年瑣屑牽擾之弊，非有大公無我之心發強剛毅者，孰能與於斯矣！廟堂之上，得如老先生者爲之張主，人亦孰不樂爲之用乎？幸甚幸甚！今各賊巢穴之近江西者，蓋已焚毀大半，但擒斬不多，徒黨尚盛。其在廣東、湖廣者，猶有三分之一。若平日相機掩撲，則賊勢分而兵力可省。今欲大舉，賊且併力合勢，非有一倍之衆，未可輕議攻圍。況南贛之兵，素稱疲弱，見賊而奔，乃其長技。廣、湖所用，皆土官狼兵，賊所素畏，夾攻之日，勢必偏潰江西。今欲請調狼兵以當其鋒，非惟慮其所過殘掠，兼恐緩不及事。生近以漳南之役，親見上杭、程鄉兩處機快，頗亦可用，且在撫屬之内。故今特調二縣各一千名，并轃南贛新集起倩，共爲一萬二千之數。若以軍法五攻之例，必須三省合兵十萬而後可。但南贛糧餉無措，不得已而從減省若此。伏望老先生特賜允可。若更少損其數，斷然力不足以支寇矣。腐儒小生，素不習兵，勉強當事，惟恐覆公之餗。伏惟老先生憫其不逮，教以方略，使得有所持循。幸甚！幸甚！

守仁始至贛，即因閩寇猖獗，遂往督兵。故前者瀆奉謝啓，極爲草略，迄今以爲罪。閩寇之始亦不甚多，大軍既集，乃連絡四面而起，幾不可支。今者偶獲成功，皆頼廟堂德威成算，不然且不免於罪累矣。幸甚。守仁腐儒小生，實非可用之才。蓋未承南贛之乏，已嘗告病求退。後以托疾避難之嫌，遂不敢固請，黽勉至此，實恐得罪於道德，負薦舉之盛心耳。伏惟終賜指教而曲成之，幸甚幸甚！今閩寇雖平，而南贛之寇又數倍於閩，且地連四省，事權不一，兼之敕旨又有不與民事之説，故雖虚擁巡撫之名，而其實號令之所及，止於贛州一城。然且尚多牴牾，是亦非皆有司者敢於違抗之罪，事勢使然也。今爲南贛，止可因仍坐視，稍欲舉動，便有掣肘。守仁竊以南、贛之巡撫可無特設，止存兵備，而統於兩廣之總制，庶幾事體可以歸一。雖三省之務尚有牽碍，而南、贛之事猶可自專。一應軍馬錢糧，皆得通融裁處，而預爲之所。猶勝於今之巡撫，無事則開雙眼以坐視，有事則空兩手以待人也。夫弭盜所以安民，而安民者弭盜之本。今責之以弭盜，而使無與於民，猶專以藥石攻病，而不復問其飲食調適之宜，病有日增而已矣。今巡撫之改革，事體關係或非一人私議之間便可更定，惟有申明賞罰，猶可以稍重任使之權，而因以略舉其職，故今輒有是奏。伏惟特賜采擇施行，則非獨生一人得以稍逭罪戮，地方之困亦可以少蘇矣。

即日，伏惟經綸邦政之暇，台候萬福。守仁學徒慕古，識乏周時，謬膺簡用，懼弗負荷。祗命以來，推尋釀寇之由，率因姑息之弊。所敢陳請，實恃知已。乃蒙天聽，並賜允從，蕃錫寵右，恩與至重。是非執事器使曲成，獎飾接引，何以得此？守仁無似，敢不勉奮庸劣，遵稟成略，冀收微效，以上答聖眷，且報所自乎？兹當發師，匆遽陳謝，伏惟臺照。不備。

生惟君子之於天下，非知善言之爲難，而能用善言之爲難。舜在深山之中，與木石居，鹿豕遊，其所以異於深山之野人者幾希。舜亦何以異於人哉？至其聞一善言，見一善行，沛然若決江河，莫之能禦，然後見其與世之人相去甚遠耳。今天下智謀才辯之士，其所思慮謀猷，亦無以大相遠者。然多蔽而不知，或雖知而不能用，或雖用而不相決，雷同附和。求其的然真見，其孰爲可行，孰爲不可行，孰爲似迂而實切，孰爲似是而實非，斷然施之於用，如神醫之用藥，寒暑虛實，惟意所投，而莫不有以曲中其機。此非有明睿之資、正大之學、剛直之氣，其孰能與於此？若此者，豈惟後世之所難能，雖古之名世大臣，蓋亦未之多聞也。守仁每誦明公之所論奏，見其洞察之明，剛果之斷，妙應無方之知，燦然剖析之有條，而正大光明之學，凜然理義之莫犯，未嘗不拱手起誦，歆仰嘆服。自其識事以來，見世之名公巨卿，負盛望於當代者，其所論列，在尋常亦有可觀。至於當大疑，臨大利害，得喪毁譽，眩瞀於前，力不能正，即依違兩可，掩覆文飾，以幸無事。求其卓然之見、浩然之氣、沛然之詞，如明公之片言者，無有矣。在其平時，明公雖已自有以異於人，人固猶若無以大異者，必至於是，而後見其相去之甚遠也。守仁恥爲佞詞以諛人，若明公者，古之所謂社稷大臣，負王佐之才，臨大節而不可奪者，非明公其誰歟？守仁後進迂劣，何幸辱在驅策之末！奉令承教，以效其尺寸，所謂駑駘遇伯樂而獲進於百里，其爲感幸何如哉！邇者龍川之役，亦幸了事，窮本推源，厥功所自，已略具於奏末，不敢復縷縷。所恨福薄之人，難與成功。雖仰賴方略，僥倖塞責，而病患日深，已成廢棄。昨日乞休疏入，輒嘗恃愛，控其懇切之情，日夜瞻望允報。伏惟明公終始曲成，使得稍慰老父衰病之懷，而百歲祖母亦獲一見爲訣。生死骨肉之恩，生當何如爲報耶？情隘詞迫，乞冀矜亮！

近領部咨，見老先生之於守仁，可謂心無不盡，而凡其平日見於論奏之間者，亦已無一言之不酬。雖上公之爵，萬户侯之封，不能加於此矣。自度鄙劣，何以克堪？感激之私，中心藏之，不能以言謝！然守仁之所以隱忍扶疾，身披鋒鏑，出百死一生以赴地方之急者，亦豈苟圖旌賞，希階級之榮而已哉？誠感老先生之知愛，期無負於薦揚之言，不媿稱知己於天下而已矣。今雖不能大建奇偉之績，以仰答知遇，亦幸苟無撓敗戮辱，遺繆舉之羞於門下，則守仁之罪責亦已少塞，而志願亦可以無大憾矣。復何求哉！復何求哉！伏惟老先生愛人以德，器使曲成，不責人以其所不備，不強人以其所不能，則凡才薄福，尫羸疾廢如某者，庶可以遂其骸骨之請矣。乞休疏待報已三月，尚杳未有聞。歸魂飛越，夕不能旦。伏望憫其迫切之情，早賜允可，是所謂生死而肉骨者也，感德當何如耶！

輒有私梗，仰恃知愛，敢以控陳。近日三省用兵之費，廣、湖兩省皆不下十餘萬，生處所乞止於三萬，實皆分毫扣筭，不敢稍存羸餘。已蒙老先生洞察其隱，極力扶持，盡賜准允。後户部復見沮抑，以故昨者進兵之際，凡百皆臨期那借肩凑，殊爲窘急。賴老先生指授，幸而兩月之内，偶克成功。不然，决致敗事矣。此雖已遂之事，然生必欲一鳴其情者，竊恐因此遂誤他日事耳。又南贛盜賊巢穴，雖幸破蕩，而漏殄殘黨，難保必無。兼之地連四省，深山盤谷，逃流之民，不時嘯聚。輒采民情，議於横水大寨，請建縣治，爲久安之圖。乘間經營，已畧有次第。守仁迂疎病懶，於凡勞役之事，實有不堪。但籌度事勢，有不得不然者，是以不敢以病軀欲歸之故，閉遏其事而不以聞，苟幸目前之塞責而已也。伏惟老先生并賜裁度施行，幸甚！

守仁不肖，過蒙薦奬，終始曲成，言無不行，請無不得。既假以賞罰之權，復委以提督之任，授之方畧，指其迷謬，是以南贛數十年桀驁難攻之賊，兩月之内，掃蕩無遺。是豈駑劣若守仁者之所能哉？昔人有言，追獲獸兔，功狗也；發縱指示，功人也。守仁賴明公之發縱指示，不但得免於撓敗之戮，而又且與於追獲獸兔之功，感恩懷德，未知此生何以爲報也。因奏捷人去，先布下懇。俟兵事稍間，尚當具啓修謝。

邇者南贛盜賊遂獲底定，實皆老先生定議授筭，以克有此。生輩不過遵守奉行之而已，何功之有，而敢冒受重賞乎？伏惟老先生槖籥元和，含洪無迹，乃欲歸功於生物。物惟不自知其生之所自焉爾，苟知其生之所自，其敢自以爲功乎？是自絕其生也已。拜命之餘，不勝慚懼，輒具本辭免，非敢苟爲遜避，實其中心有不自安者。陞官則已過甚，又加之蔭子，若之何其能當之！「負且乘，致寇至。」生非無貪得之心，切懼寇之將至也。伏惟老先生鑒其不敢自安之誠，特賜允可，使得仍以原職致事而去，是乃所以曲成而保全之也。感刻當何如哉！瀆冒尊威，死罪死罪。

憂危之際，不敢數奉起居，然此心未嘗一日不在門牆也。事窮勢極，臣子至此，惟有痛哭流涕而已，可如何哉！生前者屢乞省葬，蓋猶有隱忍苟全之望。今既未可，得以微罪去歸田里，即大幸矣。素蒙知愛之深，敢有虚妄，神明誅殛。惟鑒其哀懇，特賜曲成，生死肉骨之感也。地方事決知無能爲，已閉門息念，袖手待盡矣。惟是苦痛切膚，未免復爲一控，亦聊以盡吾心焉爾。臨啓悲愴，不知所云。

自去冬畏途多沮，遂不敢數數奉啓，感刻之情，無由一達，繆劣多忤，尚獲曲全，非老先生何以得此？「中心藏之，何日忘之。」誦此而已，何能圖報哉！江西之民困苦已極，其間情狀，計已傳聞，無俟復喋。今騷求既未有艾，錢糧又不得免，其變可立待。去歲首爲控奏，既未蒙旨；繼爲申請，又不得達。今兹事窮勢極，只得冒罪復請。伏望憫地方之塗炭，爲朝廷深憂遠慮，得與速免，以救燃眉。幸甚，幸甚！生之乞歸省葬，去秋已蒙「賊平來説」之旨；冬底復請，至今未奉允報。生之汲汲爲此，非獨情事苦切，亦欲因此稍避怨嫉。素蒙老先生道誼骨肉之愛無所不至，於此獨忍不一舉手投足，爲生全之地乎？今地方事殘破憊極，去歲嘗繆申一二奏，皆中途被沮而歸。繼是而後，遂以形迹之嫌，不敢復有所建白。兼賤恙日尪瘠，又以老父憂危致疾之故，神志恍恍，終日如在夢寐中。今雖復還省城，不過閉門昏卧，服藥喘息而已。此外人事都不復省，况能爲地方救災拯難，有所裨益於時乎？所以復有蠲租之請者，正如夢中人被錐刺，未能不知疼痛。縱其手足撲療不及，亦復一呻吟耳。老先生幸憐其志，哀其情，速免征科，以解地方之倒懸；一允省葬之乞，使生得歸全首領於牖下，則闔省蒙更生之德，生父子一家受骨肉之恩，舉含刻於無涯矣。昏憒中控訴無敘，臨啓不勝愴慄。

屢奉啓，皆中途被沮，無由上達。幸其間乃無一私語，可以質諸鬼神。自是遂不敢復具。然此顛頓窘局，苦切屈抑之情，非筆舌可盡者，必蒙憫照，當不俟控籲而悉也。日來嘔血，飲食頓減，潮熱夜作，自計决非久於人世者。望全始終之愛，使得早還故鄉。萬一苟延餘息，生死肉骨之恩，當何如圖報耶！

比兵部差官來，賁示批札，開諭勤惓，佐亦隨至，備傳垂念之厚。昔人有云，公之知我，勝於我之自知。若公今日之愛生，實乃勝於生之自愛也。感報當何如哉！明公一身係宗社安危，持衡甫旬月，畧示舉動，已足以大慰天下之望矣。百凡起居，尤望倍常慎密珍攝，非獨守仁之私幸也。

擒獲宸濠捷音疏

照得先因寧王圖危宗社，興兵作亂，已經具奏請兵征勦外。隨看得寧王虐焰張熾，臣以百數疲弱之卒，未敢輕舉驟進，乃退保吉安，姑爲牽制之圖。時遠近軍民劫於寧王之積威，道路以目，莫敢出聲。臣一面督率吉安府知府伍文定等調集軍民兵快，召募四方報效義勇之士，奏留監察御史謝源、伍希儒分職任事，一面約會該府鄉官都御史王懋中、編修鄒守益、郎中曾直、評事羅僑、監察御史張鰲山、僉事劉藍、進士郭持平、參謀驛丞王思、李中、按察使劉遜、參政黄繡、知府劉昭等，相與激發忠義，移檄遠近，布朝廷之深仁，暴寧王之罪惡。於是豪傑響應，人始思奮。

時寧王聲言先取南京，臣慮南京尚未有備，恐爲所襲，乃先張疑兵於豐城，示以欲攻之勢。故寧王先遣兵出攻南康、九江，而自留居省城以禦臣。至七月初二日，探知臣等兵尚未集，乃留兵萬餘，使守江西省城，而自引兵向闕。臣晝夜促兵，期以本月十五日會臨江之樟樹，而身督知府伍文定等兵徑下。於是知府戴德孺、徐璉、邢珣、通判胡堯元、童琦、談儲、推官王暐、徐文英、知縣李美、李楫、王天與、王冕，各以其兵來赴。十八日遂至豐城，分哨道：使知府伍文定等進攻廣潤等七門。是日得諜報，寧王伏兵千餘於新舊墳廠，以援省城。臣乃遣奉新知縣劉守緒等從間道夜襲破之，以搖城中。十九日，發市汊，大誓各軍，申布朝廷之威，再暴寧王之惡，莫不切齒痛心，踴躍激憤。薄暮齊發，二十日黎明，各至信地。先是，城中爲備甚嚴，滚木、灰瓶、火炮、機械無不畢具。臣所遣兵已破新舊墳廠，敗潰之卒皆奔告城中，城中皆已驚懼。至是復聞我師四面驟集，益震駭奪氣。我師乘其動摇，呼噪並進，梯絙而登。城中之兵皆倒戈退奔，城遂破。擒其居守宜春王拱樤及僞太監萬鋭等千有餘人。寧王宫中眷屬聞變，縱火自焚，延各居民房屋。臣當令各官分道救火，散釋脅從，封府庫，謹關防，以撫軍民。

除將擒斬功次發御史謝源、伍希儒權令審驗紀録，及一面分兵四路追躡寧王嚮往，相機擒勦，於本月二十二日已經具題外。當於本日據諜報及據安慶逃回被虜船户十餘人報稱，寧王於十六日攻圍安慶未下，自督兵夫運土填塹，期在必剋。是日有守城軍門官差人來報，贛州王都堂已引兵至豐城，城中軍民震駭，乞作急分兵歸援。寧王聞之大怒，即欲回舟。因太師李士實等阻勸，以爲必須徑往南京，既登大寶，則江西自服。寧王不應。次日，遂解安慶之圍，移兵泊阮子江，會議先遣兵二萬歸援江西，寧王亦自後督兵隨來等因。

先是，臣等駐兵豐城，衆議安慶被圍，宜引兵直趨安慶。臣以九江、南康皆已爲賊所據，而南昌城中數萬之衆，精悍亦且萬餘，食貨充積。我兵若抵安慶，賊必回兵死鬬。安慶之兵僅僅自守，必不能援我於湖中。南昌之兵絶我糧道，而九江、南康之賊合勢撓躡，四方之援又不可望，事難圖矣。今我師驟集，先聲所加，城中必已震懾；因而并力急攻，其勢必下。已破南昌，賊先破膽奪氣，失其根本，勢必歸救。如此則安慶之圍自解，而寧王亦可以坐擒矣。至是得報，果如臣等所料。

當臣督同領兵知府會集監軍及倡義各鄉官等，議所以禦之之策，衆多以寧王兵勢衆盛，氣焰所及，有如燎毛。今四方之援尚未有一人至者，彼憑其憤怒，悉衆并力而萃於我，勢必不支。且宜斂兵入城，堅壁自守，以待四鄰之援，然後徐圖進止。臣以寧王兵力雖強，軍鋒雖鋭，然其所過，徒恃焚掠屠戮之慘，以威劫遠近，未嘗逢大敵，與之奇正相角，所以鼓動扇惑其下者，全以進取封爵之利爲説。今出未旬月而輒退歸，士心既已摧沮，我若先出鋭卒，乘其惰歸，要迎掩擊，一挫其鋒，衆將不戰自潰。所謂「先人有奪人之氣，攻瑕則堅者瑕」也。

是日撫州府知府陳槐兵亦至。於是遣知府伍文定、邢珣、徐璉、戴德孺合領精兵伍百，分道並進，擊其不意。又遣都指揮余恩以兵四百往來湖上，以誘致賊兵。知府陳槐，通判胡堯元、童琦、談儲，推官王暐、徐文英，知縣李美、李楫，王冕、王軾、劉守緒、劉源清等，使各領兵百餘，四面張疑設伏，候伍文定等兵交，然後四起合擊。分布既定，臣乃大賑城中軍民。慮宗室郡王、將軍或爲内應生變，親慰諭之，以安其心。又出給告示，凡脅從皆不問，雖嘗受賊官爵，能逃歸者，皆免死。斬賊徒歸降者給賞。使内外居民及鄉道人等，四路傳播，以解散其黨。

二十三日，復得諜報，寧王先鋒已至樵舍，風帆蔽江，前後數十里，不能計其數。臣乃分督各兵乘夜趨進，使伍文定以正兵當其前，余恩繼其後，邢珣引兵繞出賊背，徐璉、戴德孺張兩翼以分其勢。二十四日早，賊兵鼓譟乘風而前，逼黄家渡，其氣驕甚。伍文定、余恩之兵佯北以致之。賊爭進趨利，前後不相及。邢珣之兵前後横擊，直貫其中，賊敗走。文定、恩督兵乘之，璉、德孺合勢夾攻，四面伏兵亦呼譟並起。賊不知所爲，遂大潰。追奔十餘里，擒斬二千餘級，落水死者以萬數。賊氣大沮，引兵退保八字腦，賊衆稍稍遁散。寧王震懼，乃身自激勵將士，賞其當先者以千金，被傷者人百兩。使人盡發九江、南康守城之兵以益師。

是日，建昌府知府曾璵引兵亦至。臣以九江不破，則湖兵終不敢越九江以援我；南康不復，則我兵亦不能踰南康以躡賊。乃遣知府陳槐領兵四百，合饒州知府林瑊之兵，乘間以攻九江。知府曾璵領兵四百，合廣信知府周朝佐之兵，乘間以取南康。

二十五日，賊復并力盛氣挑戰。時風勢不便，我兵少却，死者數十人。臣急令人斬取先却者頭。知府伍文定等立於銃砲之間，火燎其鬚，不敢退，奮督各兵，殊死並進。砲及寧王舟，寧王退走，遂大敗。擒斬二千餘級，溺水死者不計其數。賊復退保樵舍，連舟爲方陣，盡出其金銀以賞士。臣乃夜督伍文定等爲火攻之具，邢珣擊其左，徐璉、戴德孺出其右，余恩等各官分兵四伏，期火發而合。

二十六日，寧王方朝羣臣，拘集所執三司各官，責其間以不致死力，坐觀成敗者，將引出斬之。爭論未決，而我兵已奮擊，四面而集，火及寧王副舟，衆遂奔散。寧王與妃嬪泣別。妃嬪宮人皆赴水死。我兵遂執寧王，并其世子、郡王、將軍、儀賓及僞太師、國師、元帥、參贊、尚書、都督、都指揮、千、百户等官，李士實、劉養正、劉吉、屠欽、王綸、熊瓊、盧珩、羅璜、丁饋、王春、吴十三、淩十一、秦榮、葛江、劉勳、何鏜、王信、吴國七、火信等數百餘人。被執脅從官太監王宏、御史王金、主事金山、按察使楊璋、僉事王疇、潘鵬、參政程果、布政梁辰、都指揮郟文、馬驥、白昂等。擒斬賊黨三千餘級，落水死者約三萬餘。棄其衣甲、器仗、財物，與浮屍，積聚横亙若洲焉。於是餘賊數百艘四散逃潰，臣復遣各官分路追勦，毋令逸入他境爲患。二十七日，及之於樵舍，大破之。又破之於吴城，擒斬復千餘級，落水死者殆盡。二十八日，得知府陳槐等報，亦各與賊戰於沿湖諸處，擒斬各千餘級。

臣等既擒寧王而入，闔城内外軍民聚觀者以數萬，歡呼之聲震動天地，莫不舉首加額，真若解倒懸之苦而出於水火之中也。除將寧王并其世子、郡王、將軍、儀賓、僞授太師、國師、元帥、都督、都指揮等官，各另監羈候解。被執脅從等官，并各宗室别行議奏，及將擒斬俘獲功次一萬一千有奇，發御史謝源、伍希儒暫令審驗紀録，另行造册繳報外。

照得臣節該欽奉敕諭：「但有盜賊生發，即便嚴督各該兵備、守備、守巡并各軍衛有司，設法調兵勦殺。其管領兵快人等官員，不問文職、武職，若在軍前違期并逗遛退縮者，俱聽以軍法從事。生擒盜賊，鞫問明白，亦聽就行斬首示衆。斬獲賊級，行令各該兵備、守巡、守備官即時紀驗明白，備行江西按察司造册繳報，查照事例，陞賞激勸。欽此。」及准兵部題稱：「今後但草賊生發，事情緊急，該管官司即便依律調撥官軍，乘機勦捕。應合會捕者，亦就調發策應。」等因，節奉欽依，備咨前來。又節該奉敕：「如或江西别府報有賊情緊急，移文至日，爾亦要及時遣兵策應，毋得違誤。欽此。」俱經欽遵外。

竊照寧王悉淫奸暴，腥穢彰聞，賊殺善類，剥害細民，數其罪惡，世所未有。不軌之謀，已踰一紀；積威所劫，遠被四方。士夫雖在千里之外，皆蔽目摇手，莫敢論其是非；小人雖在幽僻之中，且吞聲飲恨，不敢訴其冤抑。兼又招納叛亡，誘致劇賊渠魁如吴十三、淩十一之屬，牽引數千餘衆，召募四方武藝驍勇、力能拔樹排關者亦萬有餘徒。又使其黨王春等分賫金銀數萬，陰置奸徒於滄州、淮揚、山東、河南之間，亦各數十輩。其起事之日，從其護衛姻族，連其黨與朋私，驅脅商旅軍民，分遣其官屬親暱，使各募兵從行，多者數千，少者數百，帆檣蔽江，衆號一十八萬。其從之東下者，實亦不下八九萬餘。且又矯稱密旨，以脅制遠近；僞傳檄諭，以摇惑人心。故其舉兵倡亂一月有餘，而四方震懾畏避，皆謂其大事已定，莫敢抗義出身，與之爭衡從事。抱節者僅堅城而自守，忠憤者惟集兵以俟時，非知謀忠義之不足，其氣焰使然也。

臣以孱弱多病之質，才不逮於凡庸，知每失之迂繆，當兹大變，輒敢冒非其任，以行旅百數之卒，起事於顛沛危疑之中。旬月之間，遂能克復堅城，俘擒元惡。以萬餘烏合之兵，而破強寇十萬之衆，是固上天之陰隲，宗社之默佑，陛下之威靈。而廟廊謀議諸臣消禍於將萌而預爲之處，見機於未動而潛爲之制：改臣提督，使得扼制上流，而凛然有虎豹在山之威；申明律例，使人自爲戰，而翕然有臂指相使之形；敕臣以及時策應，不限以地，而隱然有常山首尾之勢。故臣得以不俟詔旨之下，而調集數郡之兵，數郡之民；亦不待詔旨之督，而自有以赴國家之難，長驅越境，直搗窮追，不以非任爲嫌。是乃伏至險於無形之中，藏不測於常制之外。人徒見擘哭之多獲，而不知王良之善御有以致之也。然則今日之舉，廟廊諸臣預謀早計之功，其又孰得而先之乎？

及照御史謝源、伍希儒監軍督哨，謀畫居多，倡勇宣威，勞苦備嘗。領哨知府伍文定、邢珣、徐璉、戴德孺、陳槐、曾璵、林瑊、周朝佐、署都指揮僉事余恩、分哨通判胡堯元、童琦、談儲、推官王暐、徐文英、知縣李楫、李美、王冕、王軾、劉源清、劉守緒、傅南橋、隨哨通判楊昉、陳旦、指揮麻璽、高睿、孟俊、知縣張淮、應恩、王庭、顧佖、萬士賢、馬津等，雖效績輸能亦有等列，然皆首從義師，爭赴國難，協謀并力，共收全功。其間若伍文定、邢珣、徐璉、戴德孺等，冒險衝鋒，功烈尤懋。鄉官都御史王懋中、編修鄒守益、御史張鰲山、郎中曾直、評事羅僑、僉事劉藍、進士郭持平、驛丞王思、李中、按察使劉遜、參政黃繡、知府劉昭等，仗義興兵，協張威武，運籌贊畫，夾輔折衝。

以上各官功勞，雖在尋常征勦，亦已甚爲難得，况當震恐摇惑，四方知勇莫敢一膺其鋒，而各官激烈忠憤，捐身殉國，乃能若此。

伏願皇上論功朝錫之餘，普加爵賞旌擢，以勸天下之忠義，以勵將來之懦怯。仍詔示天下，使知奸雄若寧王者，蓄其不軌之謀已十有餘年，而發之旬月，輒就擒滅，于以見天命之有在，神器之不可窺，以定天下之志。尤願皇上罷息巡幸，建立國本，端拱勵精，以承宗社之洪休，以絶奸雄之覬覦。則天下幸甚，臣等幸甚！

書佛郎機遺事

見素林公聞寧濠之變，即夜使人範錫爲佛郎機銃，并抄火藥方，手書勉予竭忠討賊。時六月毒暑，人多道暍死。公遣兩僕裹糧，從間道冒暑晝夜行三千餘里以遺予，至則濠已就擒七日。予發書，爲之感激涕下。蓋濠之擒以七月二十六，距其始事六月十四，僅月有十九日耳。世之君子當其任，能不畏難巧避者鮮矣，况已致其事，而能急國患踰其家如公者乎？蓋公之忠誠根於天性，故老而彌篤，身退而憂愈深，節愈勵。嗚呼，是豈可以聲音笑貌爲哉！嘗欲列其事于朝，顧非公之心也。爲作佛郎機私詠，君子之同聲者，將不能已於言耳矣。

佛郎機，誰所爲？截取比干腸，裹以鴟夷皮。萇弘之血釁不足，睢陽之怒恨有遺。老臣忠憤寄所洩，震驚百里賊膽披。徒請尚方劍，空聞魯陽揮。段公笏板不在茲？佛郎機，誰所爲？

正德戊寅之冬，福建按察僉事周期雍以公事抵贛。時逆濠奸謀日稔，遠近洶洶。予思預爲之備，而濠黨伺覘左右，摇手動足，朝聞暮達。以期雍官異省，當非濠所計及，因屏左右，語之故，遂與定議。期雍歸，即陰募驍勇，具械束裝，部勒以俟。予檄晨到，而期雍夕發。故當濠之變，外援之兵惟期雍先至，適當見素公書至之日，距濠始事亦僅月有十九日耳。

初，予嘗使門人冀元亨者，因講學説濠以君臣大義，或格其奸。濠不懌，已而滋怒，遣人陰購害之。冀辭予曰：「濠必反，先生宜早計。」遂遁歸。至是聞變，知予必起兵，即日潛行赴難，亦適以是日至。見素公在莆陽，周官上杭，冀在常德，去南昌各三千餘里，乃皆同日而至，事若有不偶然者。輒附録於此。

總評：奇事。

開報征藩功次贓仗咨

准欽差整理兵馬糧草等項兵部左待郎兼都察院左僉都御史王咨内開：「煩爲查照，將征勦防守有功官軍人等，俱照功次，分别明白，造册咨送，以憑查議」等因。

卷查，先爲飛報地方謀叛重情事，本職奉命前往福建公幹，中途遭遇寧府反叛，謀危宗祀，係國家大難，義不容舍之而往。當即保吉安，隨具本奏聞，及星夜行文各府，起調兵快，召募四方報效義勇。適遇巡按兩廣御史謝源、伍希儒回京復命，又行具本奏留軍前，協謀行事。各哨官兵，俱聽監督，獲有功次，俱憑本職送發各官審驗紀録去後。續督官兵，前後攻復省城，俘執宸濠，並其黨與劇賊起解間，隨准南京兵部咨開稱前事云云。

照得江西逆賊，既已擒獲，逆黨已經剪平，所獲功次，合行紀驗。除原差科道官前來外，煩將征勦逆賊官軍民兵，召募義勇，及鄉官人等所獲功次，分别奇功、頭功、次功，造册覆驗，等因，案經備行江西按察司查照施行去後。

今准前因，看得征勦宸濠之時，止是分布哨道，設伏運謀，以攻城破敵爲重，擒斬賊徒爲輕。且攻城破敵，雖係本職督領各哨官兵協謀併力，緣任非一人，事非一日，各官俱係同功一體，難以分别等第。其擒斬賊徒，雖有等級，自有下手兵夫，難以加於各官之上。止將各哨擒斬賊犯送發御史謝源、伍希儒審驗明白，從實直紀。緣各官不曾奉有紀功之命，但照本職欽奉敕諭便宜事理，從權審驗紀録，難以分别奇功、頭功、次功等項名目。止於造册内開寫某人擒斬某賊首、某賊從，重輕多寡，據實造册，中間等第，亦自可見。除行各官再行查照造册徑繳外，所據擒獲功次總數，及官軍兵快報效人等員名數目，合行開造咨報施行。

計開：

一、提督領兵官一員：

欽差提督南贛汀漳等處軍務都察院右副都御史王。

一、協謀討賊審驗功次官二員：

欽差巡按兩廣監察御史謝源、伍希儒。

一、領哨官十員：

衝鋒破敵：

吉安府知府伍文定、贛州府知府邢珣、袁州府知府徐璉、臨江府知府戴德孺。

邀伏截殺：

贛州衛署都指揮僉事余恩、撫州府知府陳槐、建昌府知府曾璵、饒州府知府林瑊、廣信府知府周朝佐、瑞州府通判胡堯元。

一、分哨官十一員：

邀伏截殺：

吉安府泰和縣知縣李楫、臨江府新淦縣知縣李美、吉安府萬安縣知縣王冕、南康府安義縣知縣王軾、瑞州府通判童琦。

守把截殺：

吉安府通判談儲、吉安府推官王暐、南昌府進賢縣知縣劉源清、南昌府奉新縣知縣劉守緒、南昌府推官徐文英、撫州府臨川縣知縣傅南喬。

一、隨哨官四十六員：

邀伏截殺：

吉安府通判楊昉、吉安守禦千户所指揮同知麻璽、贛州府同知夏克義、贛州衛指揮僉事孟俊、永新守禦千户所指揮同知高睿、南昌府通判陳旦、南昌府豐城縣知縣顧佖、袁州府推官陳輅、南昌府寧州知州汪憲、饒州府餘干縣知縣馬津、瑞州府上高縣知縣張淮、瑞州府高安縣知縣應恩、吉安府永新縣知縣柯相、南昌府建昌縣知縣方澤、南昌府靖安縣知縣萬士賢。

守把截殺：

廣信府沿山縣知縣杜民表、廣信府永豐縣知縣譚縉、瑞州府同知楊臣、瑞州府新昌縣知縣王廷、饒州府安仁縣知縣楊林、廣信府通判俞良貴、廣信府通判安節、廣信府推官嚴鎧、臨江府同知奚鉞、臨江府通判張郁、廣信府同知桂鏊、瑞州府推官金鼎、贛州府贛縣知縣宋瑢、贛州衛正千户劉鏜、贛州衛正千户楊基、廣信守禦千户所千户秦遜、永新縣儒學訓導艾珪、瑞州府高安縣縣丞盧孔光、饒州府餘干縣縣丞梅霖、南昌府靖安縣縣丞彭齡、吉安府萬安縣縣丞李通、南昌府武寧縣縣丞張翱、贛州府興國縣主簿于旺、瑞州府高安縣主簿胡鑾、饒州府餘干縣龍津驛驛丞孫天裕、南昌府南昌縣市義驛驛丞陳文瑞、吉安府吉水縣致仕縣丞龍光、贛州府贛縣選官雷濟、南昌府豐城縣省察官文楝材、贛州府贛縣義官蕭庾、南安府上猶縣義官尹志爵。

一、協謀討賊鄉官十二員

致仕都御史王懋中、養病痊可編修鄒守益、丁憂御史張鰲山、養病郎中曾直、養病評事羅僑、調用僉事劉藍，致仕按察使劉遜、致仕參政黄繡、閑住知府劉昭、依親進士郭持平、參謀驛丞王思、參謀驛丞李中。

一、戴罪殺賊官一十七員：

九江兵備副使曹雷、九江府知府汪穎、九江府德化縣知縣何士鳳、九江府彭澤縣知縣潘琨。九江府湖口縣知縣章玄梅、南康府知府陳霖、南康府同知張禄、南康府通判蔡讓、南康府通判俞椿、南康府推官王詡、南康府星子縣主簿楊永禄、南康府星子縣典史葉昌、南昌府知府鄭瓛、南昌府同知何繼周、南昌府通判張元澄、南昌府南昌縣知縣陳大道、南昌府新建縣知縣鄭公奇。

一、提調各哨官軍兵快人等，除分布把守外，臨陣共一萬四千二百四十三員名。

一、擒斬首從賊人賊級，並俘獲宫人賊屬，奪回被脅被虜，招撫畏服官民男婦等項，共一萬一千五百九十六名顆口；生擒六千二百七十九名：首賊一百零四名，從賊六千一百七十五名，内審放一千一百九十二名；斬獲賊級四千四百五十九顆；俘獲宫人四十三名，賊屬男婦二百三十八名口；奪回被脅被虜官民人等三百八十四員名口；招撫畏服投首一百九十三位名。

一、奪獲誥命、符驗，並各衙門印信關防，金銀贓仗等物：

誥命一道；符驗一道；印信關防一百零六顆；金並首飾六百二十三兩一錢二分，銀首飾、器皿八萬三千八百九十七兩一錢五分八厘五毫；贓仗一千八百九十件，器械一千一百九十九件，牛三十頭，馬一百零八匹，驢騾一十三頭，鹿三隻。

一、追獲金璽二顆，金册二付。

一、燒毁賊船七百四十二隻。

一、陣亡兵六十八名。

案行江西按察司停止獻俘呈

據江西按察司呈：「奉欽差提督軍務、御馬監太監張劄付，内開：『會同欽差提督軍務平賊將軍充總兵官左都督朱，議得止兵息民，不爲無見，旁批：亦自會説。但照奔潰黨惡，見該各屬日報嘯聚流劫，亦非已靖。黨惡閔念四等，又係職等行文之後拏獲之數，亦或尚多。撫按守臣，當此新亂之餘，正宜留心撫綏地方，聽候勘明解京，良由不知前因，固執一見，輒要自行獲解，私請回師。旁批：錯了。再照妃媵係宗藩眷屬，外官押解，恐有妨礙。設或越分擅爲，咎歸何人？職等體念民力不堪供給軍餉，責令將官將所領官兵分布各府住劄聽掣，當職止帶合用參隨、執打旗號等項人員，徑趨江西，公同巡撫等官查驗巢穴，及遍給告示曉諭、撫安地方。一面具請定示另行，除差委錦衣衛都指揮僉事馬驥前來外，劄仰本司當該官吏照依劄付内事理，即便遵照鈞帖内事理，備行巡撫都御史王等，將已獲賊犯留彼，聽候明旨欽遵施行。』」等因。備呈到院。

卷查，先爲飛報地方謀反重情事云云，本職將寧王并其逆黨，親自量帶官兵，徑赴水路，照依原擬日期啓行，解赴京師。已至廣信地方，今准前因，爲照前項逆黨俱已擒獲，其餘脅從，遵照欽降黄榜事例，俱已許令投首解散。宗藩眷屬俱係取到各將軍府内便管伴監守，保無他嫌。今欽差提督贊畫機密軍務御用監太監張，及欽差提督軍務御馬監太監張，欽差提督軍務平賊將軍充領兵官左都督朱，憂國愛民之心，素聞遠近，况號令嚴明，秋毫無犯，今來體勘逆賊巢穴果已破平，百姓貧困顛連，必能大加撫諭安輯，以仰布朝廷懷惠小民之仁。本職縱使復回省城，亦安能少效一籌？不過往返道途，違誤奏過程期，有損無益。

爲此仰抄案回司，着落當該官吏，照依案驗内事理，即便備呈前去，煩請逕自查照施行。

牌仰沿途各府州縣衛所驛遞巡司衙門慰諭軍民

總評：破會城，擒宸濠，共六日耳。忒快煞！

照得先因寧王謀反，請兵征勦。續該本院親督各哨，於七月二十日攻復省城。二十四等日，在鄱陽湖連日與賊大戰。至二十六日，遂將寧王俘執，及其謀黨李士實等，賊首林十一等，俱已前後擒獲。餘黨蕩平，地方稍靖，已於本月三十日具本奏捷訖。近因傳報京軍復來，旁批：妙，妙。愚民妄相逃竄，往往溺水自縊，本院親行撫諭，尚未能息。殊不知朝廷出兵，專爲誅勦寧賊，救民水火之中，况統兵將帥，皆係素有威望老臣、宿將，紀律嚴明，遠近素所稱服。旁批：妙。縱使復來，亦必自無擾害，况今寧賊已擒，地方已靖，京軍豈有無事遠涉之理！愚民無知，轉相驚惑，深爲可憫。誠恐沿途一帶居民，亦多聽信傳聞不實之言，而北來京軍尚未知寧王已就擒獲，合行差官沿途曉諭軍民，及一面迎候北來官兵。旁批：好。除將寧王反逆黨與，本院親自量帶官兵，徑從水路解赴京師外。仰沿途軍衛有司驛遞等衙門，照牌事理，即行抄牌，備出告示，旁批：妙。曉諭遠近鄉村軍民人等，使知寧賊已擒。差去官員，仍仰程程護送，同與迎候京軍，請免沿途百姓供億之苦。本院押解賊犯，量帶官兵，皆自備行糧廩給，沿途經過有司等衙門，止備人夫牽拽船隻，及略供柴草，給付各兵燒用，其他一無所擾，不得因此科害里甲軍民。

總評：絶妙。

告諭軍民

告諭軍民人等，爾等困苦已極，本院才短知窮，坐視而不能救，徒含羞負愧，言之實切痛心。今京邊官軍，驅馳道路，萬里遠來，皆無非爲朝廷之事。抛父母，棄妻子，被風霜，冒寒暑，顛頓道路，經年不得一顧其家，其爲疾苦，殆有不忍言者。豈其心之樂居於此哉？况南方卑濕之地，尤非北人所宜。今春氣漸動，瘴疫將興，久客思歸，情懷益有不堪。爾等居民念自己不得安寧之苦，即須念諸官軍久離鄉土、抛棄家室之苦，務敦主、客之情，勿懷怨恨之意。亮事寧之後，凡遭兵困之民，朝廷必有優恤。今軍馬塞城，有司供應，日不暇給，一應爭鬬等項詞訟，俱宜含忍止息。勿輒告擾，各安受爾命，寧耐爾心。本院心有餘而力不足，聊布此苦切之情於爾百姓，其各體悉無怨。

乞寬免税糧急救民困以弭災變疏

照得正德十四年七月内，節據吉安等一十三府所屬廬陵等縣，各申爲旱災事，開稱本年自三月至於秋七月不雨，禾苗未及發生，盡行枯死。夏税秋糧，無從辦納，人民愁歎，將及流離，申乞轉達寬免等因到臣。節差官吏、老人踏勘前項地方，委自三月以來，雨澤不降，禾苗枯死。續該寧王謀反，乘釁鼓亂，傳播僞命，優免租税。小人唯利是趨，洶洶思亂。臣因通行告示，許以奏聞，優免税糧。諭以臣子大義，申祖宗休養生息恩澤，暴寧王誅求無厭之惡。由是人心稍稍安集，背逆趨順，老弱居守，丁壯出征，團保饋餉，邑無遺户，家無遺夫。就使雨暘時若，江西之民亦已廢耕耘之業，事征戰之苦。况軍旅旱乾，一時併作，雖富室大户，不免饑饉；下户小民，得無轉死溝壑，流散四方乎？設或饑寒所迫，徵輸所苦，人自爲亂，將若之何？如蒙乞敕該部，暫將正德十四年分税糧通行優免，以救殘傷之民，以防變亂之階。伏望皇上罷冗員之俸，損不急之賞，止無名之徵，節用省費，以足軍國之需，天下幸甚！

緣由於本年七月三十日具題請旨，未奉明降。隨蒙大駕親征，京邊官軍前後數萬，沓至並臨，填城塞郭。百姓戍守鋒鏑之餘，未及息肩弛擔，又復救死扶傷，呻吟奔走，以給廝養，一應誅求。妻孥鬻於草料，骨髓竭於徵輸。當是之時，鳥驚魚散，貧民老弱流離棄委溝壑；狡健者逃竄山澤，羣聚爲盜；獨遺其稍有家業與良善守死者十之二三，又皆顛頓號呼於梃刃捶撻之下。郡縣官吏，咸赴省城與兵馬住屯之所，奔命聽役，不復得親民事。上下洶洶，如駕漏船於風濤顛沛之中，唯懼覆溺之不暇，豈遑復顧其他，爲日後之慮，憂及稅賦之不免，征科之未完乎！當是之時，雖臣等亦皆奔走道路，危疑倉皇，恐不能爲小民請一旦之命，豈遑爲歲月之慮，憂及賦稅之不免，征課之未完，而暇爲之復請乎！

若是者又數月，京邊官軍始將有旅歸之期，而户部歲額之徵已下，漕運交兑之文已促，督催之使，切責之檄，已交馳四集矣。流移之民聞官軍之將去，稍稍脅息延望，歸尋其故業。足未入境，而頸已繫於追求者之手矣。夫荒旱極矣，而又因之以變亂；變亂極矣，而又加之以師旅；師旅極矣，而又竭之以供饋，益之以誅求，亟之以征歛。當是之時，有目者不忍睹，有耳者不忍聞，又從而朘其膏血，有人心者而尚忍爲之乎！

今遠近軍民號呼匍匐，訴告喧騰，求朝廷出帑藏以賑濟。久而未獲，反有追征之令，閧然興怨，謂臣等昔日蠲賦之言爲紿己。竊相傷嗟，謂宸濠叛逆，猶知優免租稅以要人心。我輩朝廷赤子，皆嘗竭骨髓、出死力以勤國難，今困窮已極，獨不蒙少加優恤，又從而追征之，將何以自全？是以令之而益不信，撫之而益憤憤，諭之而益呶呶，甫懷收復之望，又爲流徙之圖。計窮勢迫，匿而爲奸，肆而爲寇。兩月以來，有司之以鼠竊警報者，月無虛日，無怪也。彼無家業衣食之資，無父母妻子之戀，而又旁有追呼之苦，上有捶剥之災，自非禮義之士，旁批：禮義之士又何如？孰肯閉口枵腹，坐以待死乎？

今朝廷亦嘗有寬恤之令矣，亦嘗有賑濟之典矣。然寬恤賑濟，内無帑藏之發，外無官府之儲，而徒使有司措置。措置者豈能神輸而鬼運？必將取諸富民。今富民則又皆貧民矣，削貧以濟貧，猶割心臠肉以啖口，口未飽而身先斃。且又有侵剋之斃，又有漁獵之奸，民之賴以生者不能什一，民之坐而死者，常十九矣。故寬恤之虛文，不若蠲租之實惠；賑濟之難及，不若免租之易行。今不免租税，不息誅求，而徒曰寬恤賑濟，是奪其口中之食，而曰「吾將療汝之饑」；刳其腹腎之肉，而曰「吾將救汝之死」。凡有血氣，皆將不信之矣。

夫户部以國計爲官，漕運以轉輸爲任，今歲額之催、交兑之促，皆其職之使然。但民者邦之本，邦本一摇，雖有粟，吾得而食諸？伏望皇上軫念地方塗炭之餘，小民困苦已極，思邦本之當固，慮禍變之可憂，乞敕該部速將正德十四、十五年該省錢糧悉行寬免。其南昌、南康、九江等府縣殘破尤甚者，重加寬貸，使得漸回喘息，修復生理。非但解江西一省之倒懸，臣等無地方變亂之禍，得免於誅戮，實天下之大幸，宗社之福也。夫免江西一省之糧税，不過四十萬石，今吝四十萬石而不肯蠲，異時禍變卒起，即出數百萬石，既已無救於難矣。此其形迹已見，事理甚明者。臣等上不能會計征歛以足國用，下不能建謀設策以濟民窮，徒痛哭流涕，一言小民疾苦之狀，惟陛下速將臣等黜歸田里，早賜施行，以紓禍變。緣系寬免税糧，急救民困，以弭災變事理，爲此具本請旨。

水災自劾疏

臣惟有官守者，不得其職則去。受人之牛羊而爲之牧者，求牧與蒭而不得，則反諸其人。臣以匪才，繆膺江西巡撫之寄，今且數月，曾未能有分毫及民之政。而地方日以多故，民日益困，財日益匱，災變日興，禍患日促。自春入夏，雨水連綿，江湖漲溢，經月不退。自贛、吉、臨、瑞、廣、撫、南昌、九江、南康，沿江諸郡，無不被害，黍苗淪没，室廬漂蕩，魚鼈之民聚棲於木杪，商旅之舟經行於閭巷，潰城決隄，千里爲壑；烟火斷絶，唯聞哭聲。詢諸父老，皆謂數十年來所未有也。除行各該司府州縣修省踏勘具奏外。夫變不虚生，緣政而起；政不自弊，因官而作；官之失職，臣實其端，何所逃罪？

夫以江西之民，遭歷宸濠之亂，脂膏已竭。而又因之以旱荒，繼之以師旅，遂使豐稔連年，曲加賑恤，尚恐生理未易完復，今又重之以非常之災，危亟若此。當是之時，雖使稷、契爲牧，周、召作監，亦恐計未有措。况病廢昏劣如臣之尤者，而畀之倀然坐尸其間？譬使盲夫駕敗舟於顛風巨海中，而責之以濟險，不待智者，知其覆溺無所矣。又况部使之催徵益急，意外之誅求未已。在昔，一方被災，鄰省尚有接濟之望，今湖湘連歲兵荒，閩、浙頻年旱潦，兩廣之征勦未息，南畿之供饋日窮，淮、徐以北，山東、河南之間，聞亦饑饉相屬。由此言之，自全之策既無所施，而四鄰之濟又已絶望。悠悠蒼天，誰任其咎！

靜言思究，臣罪實多。何者？宸濠之變，臣在接境，不能圖於未形，致令猖突，震驚遠邇。乃勞聖駕親征，師徒暴於原野，百姓殆於道路。朝廷之政令因而闕隔，四方之困憊由是日深。臣之大罪一也。徒避形迹之嫌，苟爲自全之計，旁批：真。隱忍觀望，幸而脱禍，不能直言極諫以悟主聽。臣之大罪二也。徒以逢迎附和爲忠，而不知日陷於有過；徒以變更遷就爲權，而不知日紊於舊章；徒以掇拾羅織爲能，而不知日離天下之心；徒以聚斂徵索爲計，而不知日積小民之怨。此臣之大罪三也。上不能有裨於國，下不能有濟於民，坐視困窮，淪胥以溺。臣之大罪四也。且臣憂悸之餘，百病交作，尪羸衰耗，視息僅存。以前四者之罪，人臣有一於此，亦足以召災而致變，况備而有之？其所以速天神之怒，深下民之憤，而致災沴之集，又何疑乎！

伏惟陛下軫災恤變，别選賢能，代臣巡撫。即以臣爲顯戮，彰大罰於天下，臣雖隕首，亦云幸也。即不以之爲顯戮，削其禄秩，黜還田里，以爲人臣不職之戒，庶亦有位知警，民困可息，人怒可泄，天變可弭，而臣亦死無所憾。

批追徵錢糧呈

據江西布政司呈，看得江西一省，重遭大患，民困已極，屢經奏免糧稅，日久未奉明旨。近因南科奏停，隨復部使催督，一以爲蠲免，一以爲追徵，非惟下民無所遵守，亦且官府難於施行。今該司議謂兑淮起運，係京儲額數；而王府禄米，亦歲用難缺。要行所屬，先納兑淮，次及京庫折銀，次及南京倉米，次及王府禄米，其餘俱候明降，等因。此亦深覩民患，欲濟不能，委曲調停，計出無奈。仰司即如所議，備行各該府州縣查照施行。後有恩旨，當亦止免十五年以後錢糧，其十四年以前拖欠，必須帶徵，終有不免，莫若速了爲便。各府州縣宜以此意備曉下民，姑忍割肉之痛，以救燃眉之急。

嗚呼！目擊貧民之疾苦而不能救，坐視徵求之急迫而不能止，徒切痛楚之懷，曾無拯援之術，傷心慘目，汗背赧顔，此皆本院之罪，其亦將誰歸咎！各府州縣官務體此意，雖在催科，恆存撫字，乃備出告示，使各知悉。此繳。

再批追徵錢糧呈

據江西布政司呈，看得本省十四年以前，一應錢糧，已經給事等官奉奏明旨：「果係小民拖欠，俱准暫且停徵，還着各該官司設法賑濟，毋視虚文。」此朝廷之深仁厚德，憫念窮民，誠愛惻怛之所發，小民莫不歡欣鼓舞，臣子所當遵守奉行。乃今停徵之令甫下，而催併之檄復行；賑濟之仁未布，而箠撻之苦已加。法令如此，有司何以奉行，下民何所取信？夫爲人臣者，上有益於國，下有益於民，雖死亦甘爲之。今日所行，上使朝廷失信於民，下使百姓歸怨於上，重貧民之困，益地方之災。縱使錢糧果可立辦，忍心害理，亦不能爲。况旬月之間，而欲追併了絶？就使神輸鬼運，亦於事勢不能，徒使斂怨殃民，何益於事？

除本院身爲巡撫，不能爲國爲民，自行住俸待罪外。仰布政司行各該府縣官，以理勸化小民，且諭以今日之舉，非關朝廷失信，實由京儲缺乏，司國計者勢不得已。興起其忠君親上之心，勉令漸次刻期完納。果克濟事，兩月之後，亦未爲遲。其各該官員，本非其罪，不必住俸，革去冠帶。行令照舊盡心職業，勿因事變之難，有灰愛民之志。後有違慢之戮，本院自當其罪。仍呈提督漕運行督糧官及巡按衙門知會。此繳。

批南昌府追徵錢糧呈

據南昌府所申凋弊徵求之苦，本院繆當斯任，實切憂慚！部堂諸公，非無恤民之念，但身司國計，不得不以空乏爲虞；在外有司，非無國計之憂，但目擊民痍，不能不以撫恤爲重。若使平民尚堪朘削，一時忍痛并徵，以輸國用，豈非臣子之心？但恐徒爾虐民，無濟國事，非徒無濟，兼恐生虞。斟酌調停，事在善處。仰布政司會同二司各官，將該府所申事理，即加酌議。或先徵新糧，將舊糧減半帶徵；或儘其力量可及，分作幾限，令民依期逐漸辦納。但可通融調攝，皆須悉心議處，務使窮民不致重傷，而國用終亦無損。一面備行各該府縣查照施行，一面具由呈來，以憑咨奏。此繳。

咨兵部查驗文移

照得本職已將寧王宸濠并其黨與及宮眷人等，照依原擬具奏日期起程，親自解赴闕下問。隨據南康府申，并江西按察司呈，各「奉欽差提督軍務御馬監太監張劄付，内開『訪得宸濠已該本職擒獲、克復省城等語，未曾親到江西，又無堪信文移，止是見人傳説，遽難憑據。况係宗藩人衆，中間恐有撥置同謀，逆黨未盡等因』」。及節准欽差提督贊畫機密軍務御用監太監張揭帖，開稱「將各犯委的當人員，用心防守，調攝飲食，獻俘闕下」。會官封記庫藏，俱候按臨地方區畫等因」。又准欽差提督軍務充總兵官安邊伯朱手本，開稱「即查節次共擒斬叛賊級若干内，各處原奏報有名若干，無名若干，有名未獲漏網，并自首，及獲馬騾器械等項各若干，連獲官軍衛所職役姓名，備查明白，俱各存留江西省城，聽候審驗。仍查餘黨有無奔潰，及曾否殄滅盡絶緣由，通行開報，以憑回報」，等因，各到職。

爲照宸濠并其同謀黨與，俱已擒獲，餘孽亦就誅戮。雖有脅從，數亦不多，皆非得已，隨即遵奉欽降黄榜曉諭，俱赴所在官司投首解散。其庫藏等項，該本職會同多官，於未准揭帖之先，眼同封貯在官，聽候命下定奪。官軍兵快擒斬功次，見該原經奏留兩廣監察御史謝源、伍希儒查造奏繳。及照宸濠并各重犯宫眷人等，見解廣信地方，設若往返，恐致疎虞，及違悮本職奏報原擬日期，除照舊督解前赴闕下獻俘，以昭聖武，及具揭帖各另回覆外。

今照前因，照得本職繆當軍旅重寄，地方安危所關，三軍死生攸係，一應事機，若非奉有御寶敕旨，及兵部印信咨文，安敢輕易憑信？今前項各官文移，既非祖宗舊章成憲，就使果皆出於上意，亦須貴部行有知會公文。萬一奸人假托各官名目，乘間作弊，致有不測變亂，本職雖死，亦何所及？除奉欽差總督軍務威武大將軍總兵官後軍都督府太師鎮國公朱鈞帖，曾奉朝旨，相應遵奉，其餘悉遵舊章施行外。緣前項各官文移，未委虛的，俱合備行咨報貴部，爲此備抄揭帖，黏連咨請，查驗施行。

告諭頑民

告諭安仁、餘干、東鄉等縣父老子弟，自本院始至江西，即聞三縣間有頑梗背化之民數千家。其時本院方事勦平閩、廣、湖郴諸蠻寇，且所治止於南、贛，政教有所未及。自去歲征討逆藩，朝廷復有兼撫是方之命，隨因聖駕南巡，奔走道路，故亦未遑經理。今復還省城，備詢三司府縣各官，及遠近士夫軍民，皆謂爾民梗化日久，積惡深重，已在必誅無赦。夫朝廷威令，雷厲風行於九夷八蠻之外，而中土郡縣之民乃敢悖抗若此，不有誅滅以示懲戒，亦將何以爲國？欲即發兵勦捕，顧其間尚多良善，恐致玉石無辨。

且前此有司所以處之，亦有未善。何者？安仁、餘干里分本少於東鄉，而地勢又限以山谷，顧乃割小益大，以啓爾民規避之端。其失一矣。既而兩邑之民徭賦不平，爭訟競起，其時若盡改復舊，亦有何說？顧又使其近東鄉者歸安仁，近安仁者附東鄉，以益爾民紛爭之謗。其失二矣。及爾等抗拒之迹既成，尚當體悉爾等，中間或有難忍之怨，屈抑不平之情，亦須爲之申泄斷理，或懲或戒，使兩得其平。若終難化諭者，即宜斷然正以國法。顧乃憚於身任其勞，一切惟事姑息。欲逃租賦，遂從而免其租賦；欲逃逋債，遂從而貸其逋債；於彼則務隱忍之政，而聽其外附；于此又信一偏之詞，而責其來歸。紀綱不立，冠履倒置；長奸縱惡，日增月熾，以成爾民背叛之罪，而陷之必死之地。其失三矣。

然爾等罪惡皆在本院未臨之前。自本院撫臨以來，尚未曾有一言開諭爾等。況查本院新行十家牌諭，以弭盜息訟、勸善糾惡，而各該縣官又因爾等恃頑梗化，皆未曾編查曉諭，爾等皆未知悉，其間或有悔創自新之願，亦未可知。若遽行擒勦，是亦不教而殺，雖爾等在前之惡受此亦不爲過，然于吾心終有所未盡也。近日撫州同知陸俸來稟，爾等尚有可憫之情，各懷求生之願，故特委同知陸俸親賚本院告諭，往諭爾等父老子弟，因而查照本院十家牌式，通行編排曉諭，使各民互相勸戒糾察，痛懲已往之惡，共爲維新之民。

爾等父老子弟，其間知識明達者，盍亦深思熟慮之：世豈有不納糧，不當差，與官府相對背抗，而可以長久無事，終免於誅戮者乎？旁批：一句三十字。世豈有恃頑樹黨，結怨搆仇，刦衆拒捕，不伏其辜，而可以長久無事，終免於誅戮者乎？旁批：一句三十字。就使爾等各有子弟奴僕，與爾抗拒背逆若此，爾等當何以處之？夫寧王宸濠挾奸雄之資，旁批：引得好。藉宗室之勢，謀爲不軌，積十餘年；誘聚海内巨寇猾賊，動以萬計；奮其財力甲兵之強，自以爲無敵於天下矣，一旦稱亂舉事，本院奉朝廷威令，興一旅之師，不旬日而破滅之，如虜匹雛。爾輩縱頑梗兇悍，自視以爲孰與宸濠？吾若聲汝之罪，不過令一偏裨，領衆數百，立虀粉爾輩如几上肉爾。顧念爾等皆吾赤子，其始本無背叛之謀，止因規利爭忿，肆惡長奸，日迷日陷，遂至於此。夫父母之於子，豈有必欲殺之心？唯其悖逆亂常之甚，將至於覆宗滅户，不得已而後置之法。苟有改化之機，父母之心又未嘗不欲生全之也。

前此官府免爾租税，蠲爾債負，除爾罪名，而遂謂爾可以安居復業，是終非所以生汝。吾今則不然。不免爾租賦，不蠲爾債負，不除爾罪名，爾能聽吾言，改惡從善，唯免爾一死。限爾一月之内，釋怨解仇，逃税者輸其賦，負債者償其直，有罪者伏其辜，吾則待爾如故。爾不聽吾言，任汝輩自爲之，吾心既無不盡，吾可以無憾矣。爾後無悔！

徵收秋糧稽遲待罪疏

據江西布政司呈：「准布政使陳策等咨，照得正德十四年稅糧，先准參議周文光奉户部勘合派屬徵解，隨因聖駕南巡，各府州縣官俱集省城聽用，前項錢糧不暇追徵。正德十五年正月初二日，蒙巡按江西監察御史唐龍案驗，爲乞救兵燹窮民以固邦本事，該巡撫蘇松都御史李充嗣題稱：江西變亂，南昌、南康、九江等府首被燒劫，其餘府縣，大軍臨省供應浩繁，要將該年稅糧盡行停免等因，備行分守南昌五道，勘議得：南昌府南、新二縣被害深重，應免糧差三年。其餘州縣，并瑞州一十二府屬縣，俱應免糧差二年。回報到司，即轉呈本院具題外。本年二月内，續蒙欽差户部員外郎龍誥案驗，爲儹運糧儲事，備行本司督催該年兑准錢糧交兑，遵依節行催徵間。本年三月初五日，隨准漕運衙門照劄坐到兑軍本色米八萬石，折色米三十二萬石，改兑米一十七萬石，每石連耗折銀七錢，備行作急徵完起運。本月二十八日，又蒙撫按衙門案驗，爲地方極疲，速賜恩恤以安邦本事，該南京工科給事中王紀等奏奉欽依：「自正德十四年以前一應錢糧，果繫小民拖欠未完的，俱准暫且停徵。還着各該官司設法賑濟，毋視虚文。欽遵通行外，又蒙員外郎龍誥案牌，將糧里嚴加杖併，急如星火。小民紛紛援例，赴司告豁。呈蒙撫按衙門批行本司，給示曉諭，納糧人户先將兑軍徵解，小民方肯完納。轉行參議魏彦昭督運。續因本官去任，又經呈批參政邢珣暫管督兑。本官於五月二十日偏歷催儹，通將徵完本色米八萬石，兑完起運訖。其折色銀兩，催據廣信等府屬縣陸續徵解。近於十二月十三等日抄奉漕運衙門照劄備行本司，將兑運折色銀三十四萬三千兩務要徵完足數，差官協同運官解部，等因。依奉通行外。今照該年税糧，委因事變兵荒經理不前，及專管提督官員更代不常，况奉部院明文，徵免不一，小民不服輸納，官府制肘難行，因而稽延。若不預將前情轉達，誠恐查究，罪及未便」等因。備呈到臣。

竊照江西錢糧，小民所以不肯輸納，與有司所以難於追徵者，其故各有三。而究其罪歸，則責實在臣。何者？宸濠之叛，首以僞檄除租要結人心。臣時起兵旁郡，恐其扇惑，即時移文遠近，宣布朝廷恩德，蠲其租賦，許以奏免。諭以君臣之分，激其忠義之心，百姓丁壯出戰，老弱居守。既而旱災益熾，民困益迫，然而小民不即離散者，以臣既爲奏請，雖明旨未下，皆謂朝廷必能免其租税，尚可忍死以待也。夫危急之際，則啗之免租以竭其死力；事平之後，又罔民而刻取之，人懷怨忿不平。此其不肯輸納之故一也。

及宸濠之亂稍定，而大軍隨至，供饋愈煩，誅求愈急，其顛連困踣之狀，臣於前奏已略言之。百姓不任其苦，强者竄而爲寇，弱者匿而爲奸。繼而水災助禍，千里之民皆爲魚鼈，號哭載途，喧騰求賑。其時臣等既無帑藏之儲，又無倉廩可發，所以綏勞撫定之者，更無别計，唯以奏免租税爲言。百姓睊睊胥讒，謂命在旦夕，不能救我而徒曰免税免税，豈可待邪？蓋其心以爲免税已不待言，尚恨其無以賑之也。已而既不能賑，又從而追納之，人怨益深，不平愈甚，此其不肯輸納之故二也。

當大軍之駐省，臣等趨走奔命，日不暇給，亦以爲既有前奏，則賦税必在所免，不復申請。其時巡撫蘇松等處都御史李充嗣，奏稱江西首被宸濠之害，乞將該年税糧軍需等項俱行停免。該户部覆題，「奉聖旨：『是。各被害地方，着撫按官嚴督所屬用心設法賑濟，欽此。』」又該給事中王紀奏，本部覆題，奉聖旨：「是。這地方委的疲困已極。自正德十四年以前，一應錢糧，果係小民拖欠未完的，俱准暫且停徵。還着各該官司設法賑濟，毋視虛文。欽此。」俱欽遵。該部備咨前來，臣等正苦百姓嗷嗷，咨文一至，如解倒懸，即時宣布。百姓聞之，歡聲雷動，遞相傳告，旦夕之間，深山窮谷，無不畢達。自是而後，堅守蠲免之説，雖部使督臨，或遣人下鄉催促，小民悉以爲詐妄，羣起而驅縛之。催徵之令不復可行。此其不肯輸納之故三也。

郡縣之官，親見百姓之困苦，又當震蕩顛危之日，懼其爲變。其始唯恐百姓不信免租之説，指天畫地，誓以必不食言。既而時事稍平，則盡反其説而徵之，固已不能出諸其口矣。況從而鞭笞箠撻之，其遽忍乎？此其難於追徵之故一也。三司各官，舊者既被驅脅，新者陸續而至，至則正當擾攘，分投供應，四出送迎。官離其職，吏失其守，糾結紛拏，事無專責。如羣手雜繰於亂絲之中，東牽西絆，莫知端緒。既而部使驟臨，欲於旬月之間督併完集，神輸鬼運有不能矣。此其難於追徵之故二也。夫背信而行，勢已不順，若使民間尚有可徵之粟，必不得已，剜剥而取之，忍心者尚或能辦也。而民之瘡痍已極矣，實無可輸之物矣。别夫離婦，棄子鬻女，有耳者不忍聞，有目者不忍覩也。如是而必欲驅之死地，其將可行乎？此其難於追徵之故三也。

夫小民之不肯輸納既如彼，而有司之難於追徵又如此，後值部使身臨坐併，急於風火；百姓怨謗紛騰，洶洶思亂，復如將潰之隄。臣於其時慮恐變生不測，謂各官與其激成地方之禍，無益國事，身膏草野，以貽朝廷之憂，孰若姑靖地方，寧以一身當遲慢之戮乎？因諭各官追徵毋急，以紓民怨。各官内迫於部使，外窘於窮民，上調下輯。如居顛屋之下，東撑則西頽，前支則後圮。强顔陵詬之辱，掩耳怨懟之語；身營閭閻之下，口説田野之間；曉以京儲之不可缺，諭以國計之不得已；或轉爲借貸，或教之典拆；忍心於捶骨剥脂之痛而浚其血，閉目於析骸食子之慘而責其逋。共計江西十四年分兑軍本色米八萬石，折色米三十二萬石，改兑米一十七萬石。臣始度其勢，以爲決無可完之理，其後數月之間，亦復陸續起解完納，是皆出於意料之外。在各官誠窘局艱苦，疲瘁已極，亦可謂之勞而有功矣。今聞部使參奏，且將不免於罪，臣竊冤之。

昔之人固有催科政拙而自署下考者，亦有矯制發廩而願受其辜者。各官之以此獲罪，固亦其所甘心。但始之因叛亂旱荒而爲之奏免者，臣也；繼之因水災兵困而復爲申奏者，臣也；又繼之因朝廷兩有停徵賑貸之旨，而爲之宣佈於衆者，亦臣也；又繼之慮恐激成禍變，而諭令各官從權緩徵者，又臣也。是各官之罪，皆臣之罪也。今使各官當遲慢之責，而臣獨幸免，臣竊恥之。

夫司國計者，慮京儲之空匱，欲重徵收後期者之罪，而有罰俸降級之議。此蓋切於謀國，忠於事君者之不得已也。亦豈不念江西小民之困苦，與各官之難爲哉？顧欲警衆集事，創前而戒後，固有不得不然者。正所謂救焚身之患，不遑恤毛髮之焦；攻心腹之疾，不得避針灼之苦耳。

伏望皇上憫各官之罪出於事勢之無已，特從眚災肆赦之典，寬而宥之，則法雖若屈，而理亦未枉。必謂行令之始不欲苟撓，則各官之罪實由於臣，即請貶削臣之祿秩，放還田里，以伸國議。如此，則不唯情法兩得，而臣亦可以藉口江西之民，免於欺上罔下之恥矣。臣不勝惶懼待罪之至！

緣繫徵收秋糧稽遲待罪事理，爲此具本請旨。

行吉安府禁止鎮守貢獻牌

據吉安府守禦千户所旗甲馬思稟稱「蒙所批差，領解鎮守江西太監王，發買葛布銀三封，及本所出備葛布折銀并貢禮銀共三千兩，前赴本鎮。今因途阻，不敢前去」等情，參照該所掌印官，既該鎮守衙門發銀買布，若勢不容已，只合照價兩平收買爲當。乃敢不動原封，分外備辦禮銀饋送，若非設計巧取，必是科剋旗軍，事屬違法，本當參拿究問。但今江西變亂，姑行從輕查理。爲此牌仰吉安府，即查前項布價并貢獻禮銀，務見的確。如稱各軍名下糧銀，就仰會同該所，唱名給散，取領備照。若是各官自行出備，合仰收入官庫，聽候軍餉支用，毋得縱容侵收入己。及查報不實，未便。

四乞省葬疏

照得先准吏部咨：「該臣奏稱：『以父老祖喪，屢疏乞休，未蒙憐准。近者奉命扶疾赴閩，意圖了事，即從彼地冒罪逃歸。旬月之前，亦已具奏。不意行至中途，遭值寧府反叛。此繫國家大變，臣子之義，不容舍之而去。又闔省巡撫方面等官，無一人見在者。天下事機，間不容髮，故復忍死，暫留於此，爲牽制攻討之圖，俟命帥之至，即從初心，死無所避。臣思祖母自幼鞠育之恩，不及一面爲訣，每一號痛，割裂昏殞。日加尪瘠，僅存殘喘。母喪權厝祖母之側，今葬祖母，亦欲因此改葬。臣父衰老日甚，近因祖喪，哭泣過節，見亦病卧苫廬。臣今扶病，驅馳兵革，往來於廣信、南昌之間。廣信去家不數日，欲從其地不時乘間抵家一哭，畧爲經畫葬事，一省父病。臣區區報國血誠，上通於天，不辭滅宗之禍，不避形迹之嫌，冒非其任，以勤國難，亦望朝廷鑒臣此心，不以法例繩縛，使臣得少伸烏鳥之痛，臣之感恩，死且圖報。搶攘哀控，不知所云。』等因。具本奏奉聖旨：『王守仁奉命巡視福建，行至豐城，一聞宸濠反叛，忠憤激烈，即便倡率所在官司起集義兵，合謀勦殺，氣節可嘉。已有旨，著督兵討賊兼巡撫江西地方。所奏省親事情，待賊平之日來説。該部知道。欽此。』

備咨到臣，除欽遵外。近照寧王逆黨，皆已仰賴皇上神武、廟堂成筭，悉就擒獲。地方亦已平靖，百姓室家相慶，得免徵調之苦。復有更生之樂，莫不感激洪恩，沾被德澤。獨臣以父病日深、母喪未葬之故，日夜哀苦，憂疾轉劇。犬馬驅馳之勞，不足齒録，而烏鳥迫切之情，實可矜憫。已蒙前旨，許「待賊平之日來説」，故敢不避斧鉞，復申前請，伏望皇上仁覆曲成，容臣等暫歸田里，一省父病，經紀葬事。臣不勝苦切祈望之至！等因。又經具本，於正德十四年八月二十五日，差舍人來儀齎奏去後，迄今已踰八月，未奉明旨。

臣旦暮惶惶，延頸以待，内積悲病之鬱，外遭窘局之苦。新患交乘，舊病彌篤，方寸既亂，神氣益昏，目眩耳聵，一切世事皆如夢寐。今雖抑情強處，不過閉門伏枕，呻吟喘息而已，豈能供職盡分，爲陛下巡撫一方乎？夫人臣竭忠委命以赴國事，及事之定，乃故使之不得一省其親之疾，是沮義士之志，而傷孝子心也。且陛下既以許之，又復拘之，亦何以信於後？臣素貪戀官爵，志在進取，亦非高潔獨行，甘心寂寞者。徒以疾患纏體，哀苦切心，不得已而爲此。今亦未敢便求休退，唯乞暫回田里，一省父疾，經營母葬。臣亦因得就醫調理，少延喘息。苟情事稍伸，病不至甚，即當奔走赴闕，終效犬馬。昔人所謂「報劉之日短，盡忠於陛下之日長」也。臣不勝哀痛號呼，懇切控籲之至！具本又於正德十五年二月二十五日差舍人王鼒齎奏去後，迄今復六月，未奉明旨。

臣之痛苦，刻骨剜心，憂病纏結，與死爲鄰，已無足論。而臣父衰疾日亟，呻吟牀蓐，思臣一見，晝夜涕洟；每得家書，號慟顛殞，蘇而復絶。夫虎狼惡獸，尚知父子；烏鳥微禽，猶懷反哺。今臣父病狼狽至此，唯欲望臣一歸，而臣乃依依貪戀官爵，未能決然逃去，是禽獸之不若，何以立身於天地乎？夫人之大倫，内則父子，外則君臣。事君以忠，事父以孝。不忠不孝，爲天下之大戮。縱復幸免國憲，然既辱於禽獸，則生不如死。臣之歸省父疾，在朝廷視之，則一人之私情；自臣身言之，則一生之大節。往者寧藩之變，臣時欲歸省父疾。然宗社危急，呼吸之間，存亡攸繫，故臣捐九族之誅，委身以死國難。時則君臣之義爲重。今國難已平，兵戈已息，臣待罪巡撫，不過素餐尸位，以苟歲月。而臣父又衰老病篤若此，尚爾貪戀禄位而不去，此尚可以爲子乎？不可以爲子者，尚可以爲臣乎？臣今待罪巡撫，若不請而逃，竊恐傳聞遠邇，驚駭視聽。夫人臣死君之難，則捐其九族之誅而不恤；至其急父之危，則亦捐其一身之戮而不顧。上兩句評：絶妙。今復候命不至，臣必冒死逃歸。若朝廷憫其前後懇迫之請，赦而不戮，臣死且圖銜結；若遂正以國典，臣獲一見老父而死，亦瞑目於地下矣。

臣不勝痛隕苦切，號控哀祈之至！除冒死一面，移疾舟次，沿途問醫，待罪候命外。緣繫四乞天恩，歸省父疾，回籍待罪事理，爲此具本奏聞。

批江西布政司設縣呈

據江西布政司呈將新淦縣知縣田邦傑建言設縣緣由。看得近來各處設縣，皆因窮山絶谷，盜賊盤據，人迹罕通，聲教不及，不得已而爲權宜之計。若腹裡平衍，四通五達之區，止宜減并，不貴增添。蓋增一縣，即增一縣之事。官吏供給，學校倉庫，囹獄差徭，一應煩費，未易悉舉。且又有彼此推避之奸，互相牽制之患。計其爲利，不償所害。古人謂，省吏不如省官，省官不如省事。凡今作事，貴在謀始。仰布政司再行會同二司各官，從長計議，設縣之外，果無別策可以致理？具議呈奪。繳。

再辭封爵普恩賞以彰國典疏

臣於正德十六年十二月節准兵部、吏部咨，節該題奉聖旨：「江西反賊勦平，地方安靜，各該官員功績顯著。你部裏既會官集議，分別等第明白。王守仁封伯爵，給與誥券，子孫世世承襲。照舊參贊機務。欽此。」「王守仁封新建伯，奉天翊運推誠宣力守正文臣，特進、光禄大夫、柱國，還兼南京兵部尚書，照舊參贊機務，歲支禄米一千石，三代并妻一體追封。欽此。」臣聞命驚惶，竊懼功微賞重，禍敗將及，已經具本辭免去後。隨於嘉靖元年七月十九日准吏部咨，該臣奏前事，節奉聖旨：「論功行賞，古今令典，詩書所載，具可考見。卿倡義督兵，勦除大患，盡忠報國，勞績可嘉。特加封爵，以昭公義。宜勉承恩命，所辭不允。該部知道。欽此。」欽遵。

臣以積惡深重，禍延先人。臣方煢然瘠疚，僅未殞絶。聞命悚慄，魂魄散亂。已而伏塊沉思，臣以微勞，冒膺重賞，所謂叨天之功，掩人之善，襲下之能，忘己之恥者，臣於前奏已具陳之矣。然而聖旨殷優，獨加於臣，餘皆未蒙採録者，豈以江西之功，果臣一人之所能獨辦乎？朝廷爵賞，本以公於天下，而臣以一身掠衆美而獨承之，是臣壅閼朝廷之大澤，而使天下有不均之望也。罪不滋重已乎？夫廟堂之賞，朝廷之議也，臣不敢僭及。至於臣所相與協力同事之人，則有不得不爲一申白者。古者賞不踰時，欲人速得爲善報也。今效忠赴義之士，延頸而待已三年矣。此而更不一言，事日已遠，而意日已衰，誰復有爲之論列者？故臣輒敢割痛忍哀，冒斧鉞而控籲。氣息奄奄之中，忽不自覺其言之躁妄，亦其事有所感於昔，而情有所激於其中也。

竊惟宸濠之變，實起倉卒，其氣勢張皇，積威淩劫，雖在數千里外，無不震駭失措，而況江西諸郡縣，近切剥牀。觸目皆賊兵，隨處有賊黨。當此之時，臣以逆旅孤身舉事其間，雖仰仗威靈以號召遠近，然而未受巡撫之命，則各官非統屬也；未奉討賊之旨，其事乃義倡也。若使其時郡縣各官果懷畏死偷生之心，但以未有成命、各保土地爲辭，則臣亦可如何哉？然而聞臣之調即皆感激奮勵，或提兵而至，或挺身而來，是非真有捐軀赴難之義，戮力報主之忠，孰肯甘粉虀之禍，從赤族之誅，蹈必死之地，以希萬一難冀之功乎？然則凡在與臣共事者，皆有忠義之誠者也。夫均秉忠義之誠以同赴國難，而功成行賞，臣獨當之，人將不食其餘矣。此臣所爲不敢受也。且宸濠之變，天實陰奪其魄而摧敗之速，是以功成之後，不復以此同事諸人者爲庸。使其時不幸而一蹶塗地，則粉身滅族之慘，亦同事諸人者自當之乎？將猶可以藉衆議之解救而除免之乎？夫下之人犯必死之難以赴義，則上之人有必行之賞以報功。今臣獨崇爵，而此同事諸人者乃或賞或否，或不行其賞而并削其績，或賞未及播而罰已先行，或虛受陞職之名而因使退閒，或冒蒙不忠之號而隨以廢斥。由此言之，亦何苦捐身赴義，以來此呶呶之口，而自求無實之殃乎？乃不若退縮引避，反可以全身遠害，安處富貴，而逭於衆口之誹也。夫披堅執鋭，身親行伍，以及期赴難，而猶不免於不忠之罰，則容有托故推奸，坐而觀望者，又將何以加之？今不彼之議，而獨此之察，則已過矣。

昔人有蹊田而奪牛者，君子以爲蹊田固有責，而奪牛則已甚。今人驅牛以耕我之田，既種且獲矣，而追究其耕之未盡善也，復從而奪之牛，無乃太遠於人情乎？方今議者，或以某也素貪而鄙，某也素躁而狂，故雖有功而當抑其賞，雖有勞而不贖其罪。噫！是亦過矣。

當宸濠之變，撫按三司等官咸被驅縛，或死或從。其餘大小之職，近者就縻，遠者逃潰矣。當此之時，苟知有從我者，皆可以爲忠義之士，尚得追論其平時邪！况所謂若貪與鄙者，或出於讒嫉之口而未皆真邪？若居常處易，選擇而使，猶不免於失人，况一時烏合之衆？而顧以此概之，其責於人終無已乎？夫考素行，別賢否，以激揚士風者，考課之常典；較功力，信賞罰，以振作士氣者，軍旅之大權。故鄙猥之行，平時不齒於士列，而使貪使詐，軍事有所不廢也。急難呼吸之際，要在摧鋒克敵而已，而暇逆計其他乎？當此之時，雖有禦人國門之寇，苟能效其智力以協濟吾事，亦將用之；用之而事果有成，亦必賞之。况乎均在士人之列，同有勤事之忠者乎？人於平居無事，扼腕抵掌而談，孰不曰我能臨大節，死大難？及當小小利害，未必至於死也，而或有倉皇失措者矣。又況矢石之下，劍刃之間，前有必死之形，而後有夷滅之禍，人亦何不設以身處其地，而少亮之乎？

夫考課之典，軍旅之政，固並行而不相悖，然亦不可以混而施之。今人方有可録之功，吾且遂行其賞。縱有既往之愆，亦得以今而贖。但據其顯然可見者，毋深求其隱然不可見者，賞行矣。而其人之過猶未改也，則從而行其黜謫。人將曰：昔以功而賞，今以罪而黜，功罪顯而勸懲彰矣。今也將明軍旅之賞，而陰以考課之意行於其間，人但見其賞未施而罰已及，功不録而罪有加。不能創奸警惡，而徒以阻忠義之氣，快饞嫉之心。譬之投杯醪於河水，而曰是有醪焉，亦可飲而醉也。非易牙之口將不能辨之矣，而求飲者之醉可得乎？

人臣於國家之難，凡其心之可望，力之可爲，塗肝腦而膏髓骨，皆其職分所當。然則此同事諸臣者，遂敢以此自爲之功而邀賞於其上乎？顧臣與之同事同功，今賞積於臣，而彼有未逮，臣復抗顔直受而不以一言，是使朝廷之上果以其功獨歸於臣，而此諸人者之績因臣之爲蔽而卒無以自顯於世也。且自平難以來，此同事諸人者，非獨爲已斥諸權奸之所誣搆挫辱而已也。羣憎衆嫉，唯事指摘搜羅以爲快，曾未見有鳴其不平而伸其屈抑者。幸而陛下龍飛，赫然開日月之光；英賢輔翼，廓清風而鼓震雷，於是陰氣始散，而魍魎潛消。然而覆盆之下，尚或有未能自露者也。故臣敢不避矜誇僭妄之戮，而輒爲諸臣者一訴其艱難抑鬱之情。

昔漢臣趙充國破羌而歸，人有諷之謙讓功能者。充國曰：「吾老矣，爵位已極，豈嫌伐一時事以欺明主哉？兵政，國之大事，當爲後法。老臣不以餘命一爲主上明言其利害，卒死，誰當復言之者？」卒以實對。夫人之忠於國也，殺身夷族有不避，而乃避其自矜功伐之嫌乎？臣始遇變於豐城也，蓋舉事於倉卒茫昧之中，其時豈能逆覩其功之必就，謂有今日爵賞之榮而爲哉？徒以事關宗社，是以不計成敗利鈍，捐身家，棄九族，但以輸忠憤而死節，是臣之初心也。至於號告三軍，則雖激之以忠義，而實歆之以爵禄延世之榮；勵之以名節，而復動之以恩賞絢耀之美。是非敢以虛言誘之也，以爲功而克成，則此爵禄恩賞亦有國之常典，理所必有也。今臣受殊賞而衆有未逮，是臣以虛言罔誘其下，竭衆人之死而共成之，掩衆人之美而獨取之，見利忘信。始之以忠信，終之以貪鄙，外以欺其下，而内失其初心，亦何顔面以視其人乎？故臣之不敢獨當殊賞者，非不知封爵之爲榮也，所謂有重於封爵者，故不爲苟得耳。

伏願陛下鑒臣之言，不以爲誇也，而因以察諸臣之隱；允臣之辭，不以爲僞也，而因以普諸臣之施。果以其賞在所薄與，則臣亦不得而獨厚；果以其賞或可厚與，則諸臣亦不得而遂薄也。江西同事諸臣，臣於前奏亦已畧舉，且該部具有成册可查，不敢復有所塵瀆。臣在衰絰憂苦之中，非有可言之日。事不容已而有是舉，不勝受恩感激，含哀冒死，戰慄惶懼，懇切祈禱之至！

乞恩表揚先德疏

竊照臣父致仕南京吏部尚書王華，以今年二月十二日病故。臣時初喪荼苦，氣息奄奄，不省人事。有司以臣父忝在大臣之列，特爲奏聞，兼乞葬祭贈謚。事下，該部以臣父爲禮部侍郎時，嘗爲言官所論，謂臣父於莫夜受金而自首，清議難明，承朝廷遣告而乞歸，誠意安在？又爲南京吏部尚書時，因禮部尚書李傑乞恩認罪回話事，奉欽依：「李傑、王華彼時共同商議，如何獨言張昇，顯是飾詞。本當重治，姑從輕，都着致仕。」伏遇聖慈，覆載寬容，不輕絶物，然猶賜之葬祭，感激浩蕩之恩，阖門粉骨，無以爲報。竊念臣父始得暗投之金，若使其時秘而不宣，人誰知者？而必自首，其於心迹，可謂清矣。乞便道省母於既行祭告之後，其於遺祀之誠，自無妨矣。當時論者不察其詳，而輒以爲言。臣父蓋嘗具本六乞退休，請究其事。當時朝廷特爲暴白，屢賜溫旨，慰諭勉留，其事固已明白久矣。乃不意身没之後，而尚以此爲罪也。臣切痛之。

正德初年，逆瑾肇亂，威行中外。其時臣爲兵部主事，因瑾綁拿科道官員，臣不勝義憤，斥瑾罪惡。瑾怒臣，因而怒及臣父。既而使人諷臣父，令出其門。臣父不往，瑾益怒。然臣父乃無可加之罪，後遂推尋禮部舊事，與臣父無干者，因傳旨并令臣父致仕，以泄其怒。此則臣父以守正不阿，觸忤權奸，而爲所擯抑，人皆知之，人皆冤之。乃不知身没之後，而反以此爲咎也。臣尤痛之。

臣父以一甲進士，授官翰林院修撰，歷陞春坊諭德、翰林院學士、詹事府少詹事、禮部侍郎、南京吏部尚書。其間充經筵官、經筵講官、日講官，又選充東宮輔導官、東宮講讀官，與修憲廟實録及大明會典、通監纂要等書。積勞久而被遇深矣。故事：侍從、日講、輔導等官，身没之後，類得優以殊恩，榮以美謚。而臣父獨以無實之謗，不附權奸之義，生被誣抑，而没有餘恥。此臣之所以割心痛骨，不得不從陛下而求一表暴者也。

夫人子之孝莫大於顯親，其不孝，亦莫大於辱親。臣以犬馬微勞，躐致卿位。故事：在卿佐之列者，親没之後，皆得爲之乞請恩典。臣今未敢有所陳乞以求顯其親，而反以無實之訴辱其親於身没之後，不孝之罪，復何以自立於天地間乎！此臣之所尤割心痛骨，不得不從陛下而求一表暴者也。

臣自去歲乞恩便道歸省，陛下垂憫烏烏，且念臣父繫侍從舊臣，特推非常之恩，賜之存問。臣父先於正德九年嘗蒙朝廷推恩進階，臣伏覩制詞有云：「直道見沮於權奸，晚節遂安於靜退。」則當時先帝固已洞知臣父之枉矣。臣又伏覩陛下即位詔書，内開：「自弘治十八年五月十八日以後，大小官員有因忠直諫諍及守正被害去任等項，各該衙門備查奏請，大臣量進階級，并與應得恩廕。」臣父以守正觸怒逆瑾，無故被害去任，此固恩詔之所憫録，正在量進階級之列。臣父既恥於自陳，而有司又未爲奏請，乃今身没之後，而反猶以爲詬。臣竊自傷痛其無以自明也。臣父中遭屈抑，晚遇聖明，庶幾沐浴恩澤，以一雪其拂鬱，而忽復逝矣，豈不痛哉！今又反以爲辱，豈不冤哉！

臣又查得先年吏部尚書馬文昇、屠滽等，皆嘗屢被論劾，其後朝廷推原其事，卒賜之以贈謚。臣父才猷雖或不逮於二臣，而無故被誣，實有深於二臣者，唯陛下矜而察之。臣以功微賞重，深憂覆敗。方爾冒死辭免封爵，前後恩典，已懼不克勝荷。故於臣父之没，斷已不敢更有乞請。乃不意蒙此誣辱，臣又安能含羞飲泣，不爲臣父一致其辯乎？夫人臣之於國也，主辱則臣死；子之於父也亦然。今臣父辱矣，臣何以生爲哉！

夫朝廷恩典，所以報有功而彰有德，豈下臣所敢倖乞？顧臣父被無實之恥於身後，陛下不爲一明其事，自此播之天下，傳之後代，孝子慈孫將有所不能改，而臣父之目不瞑於地下矣。豈不冤哉！

夫飾非以欺其上者不忠，矯辭以誣於世者無恥，不忠無恥，亦所以爲不孝。若使臣父果有纖毫可愧于心，而臣乃爲之文飾矯誣以欺陛下，以罔天下後世，縱幸逃於國憲，天地鬼神實臨殛之！臣雖庸劣之甚，不忠無恥之事，義不忍爲也。唯陛下哀而察之。臣不勝含哀抱痛，戰慄惶懼，激切控籲之至！

卷之七　思田書

共十五篇

赴任謝恩遂陳膚見疏

臣於病廢之餘，特蒙恩旨起用，授以兩廣軍旅重寄。臣自惟朽才病質，深懼不任驅使，以誤國事，具本辭免。過蒙聖旨：「卿識敏才高，忠誠體國，今兩廣多事，方藉卿威望撫定地方，用紓朕南顧之懷。姚鏌已致仕了，卿宜星夜前去，節制諸司，調度軍馬，撫勦賊寇，安戢兵民，勿再遲疑推諉，以負朕望。還差官鋪馬裏賫文前去趣敦，赴任行事。該部知道。欽此。」欽遵。兵部移咨到臣，奉讀感泣，莫知攸措。伏念世受國恩，粉骨虀骸，亦無能報。又況遭逢明聖溫旨，勤拳若是，何能復顧其他！已於九月初八日扶病起程，沿途就醫，服藥調理，晝夜前進。奈秋暑旱澀，舟行甚難。至十一月二十日，始抵梧州。思恩、田州之事，尚未及會同各官查審區處，然臣沿途涉歷，訪諸士夫之論，詢諸行旅之口，頗有所聞，不敢不爲陛下一言其畧。

臣惟岑猛父子固有可誅之罪，然所以致彼若是者，則前此當事諸人亦宜分受其責。蓋兩廣軍門專爲諸猺、獞及諸流賊而設，朝廷付之軍馬錢糧事權，亦已不爲不專且重，若使震其軍威，自足以制服諸蠻。然而因循怠弛，軍政日壞。上無可任之將，下無可用之兵，一有驚急，必須倚調土官狼兵若猛之屬者，而後行事。旁批：真可恨。故此輩得以憑恃兵力，日增其桀驁。今夫父兄之於子弟，苟役使頻勞，亦且不能無倦。况於此輩夷獷之性，歲歲調發，奔走道途，不得顧其家室，其能以無倦且怨乎？及事之平，則又功歸於上，而彼無所與。兼有不才有司，旁批：真。因而需索引誘，旁批：真。與之爲姦，其能以無怒且慢乎？既倦且怨，又怒以慢，始而徵發愆期，既而調遣不至。上嫉下憤，日深月積，劫之以勢而威益褻，籠之以詐而術愈窮。由是諭之而益梗，撫之而益疑，遂至於有今日，加以叛逆之罪而欲征之。夫即其已暴之惡征之，誠亦非過，然所以致彼若是，已非一朝一夕之故。且當反思其咎，姑務自責自勵，修我軍政，布我威德，撫我人民，使內治外攘而我有餘力，則近悅遠懷而彼將自服。

顧不復自反，而一意憤怒之。夫所可憤怒者，不過岑猛父子及其黨惡數人而已。其下萬餘之衆，固無罪之人也。今岑猛父子及其黨惡數人既云誅戮，已足暴揚。所遺二酋，原非有名惡目，自可寬宥者也。又不勝二酋之憤，遂不顧萬餘之命，竭兩省之財，動三省之兵，使民男不得耕，女不得織，數千里內騷然塗炭者，兩年於茲。然而二酋之憤至今尚未能雪也。徒爾兵連禍結，徵發益多，財饋益殫，民困益深，無罪之民死者十已六七。山傜海賊乘釁搖動，窮迫必死之寇既從而煽誘之，貧苦流亡之民又從而逃歸之，其可憂危，何啻十百於二酋者之爲患！其事已兆而變已形，顧猶不此之慮，而汲汲於二酋，則當事者之過計矣。

今當事者之於是役，其悴心憔思亦可謂勤且至矣。特發於憤激而狃爲其難，是以勞而未效。夫二酋者之阻兵拒險，亦不過畏罪逃死，苟爲自全之計。非如四方流劫之賊攻城堡，掠鄉村，虜財物，殺良民，日爲百姓之患，人人欲得而誅之者。今驅困憊之民，使裹糧荷戈，以征不爲民患、素無仇怨之虜，此人心之所以不奮，而事之所以難濟也。

又今狼達土漢官兵亦不下數萬，與萬餘畏罪逋誅之虜，相持已三月有餘，而未能一決者，蓋以我兵發機太早，而四面防守太密，是乃投之無所往，而示之以必不活，益使彼先慮預備，并心協力，堅其必死之志以抗我師。就使我師將勇卒奮，決能取勝，亦必多殺士衆，非全軍之道。又况人無戰志，而徒欲合圍待斃，坐收成功！此我兵之所以雖衆而勢日以懈，賊雖寡而志日以合、備日密而氣日以鋭者也。夫當事者之意，固無非欲計出萬全，然以用兵而言，亦已失之巧遲。所謂強弩之末不能穿魯縞矣。

臣愚以爲，且宜釋此二酋者之罪，開其自新之路。而彼猶頑梗自如，然後從而殺之，我亦可以無憾。苟可曲全，則且姑務息兵罷餉，以休養瘡痍之民，以絶覬覦之姦，以弭不測之變。迨於區處既定，德威既洽，蠻夷悦服之後，此二酋者遂能改惡自新，則我亦豈必固求其罪？若其尚不知悛，執而殺之，不過一獄吏之事，何至兵甲之煩哉？

或者以爲征之不克，而遽釋之，則紀綱疑於不振。臣竊以爲不然。夫天子於天下之民物，如天覆地載，無不欲愛養而生全之。寧有蕞爾小醜，乃與之爭憤求勝，而謂之振紀綱者？唯後世貪暴諸侯，強凌弱，衆吞寡，則必務於求勝而後已。斯固五霸之罪人也。昔苗頑不即工，舜使禹、益徂征三旬，苗民逆命，禹乃班師振旅。夫以三聖人者爲之君師以征一頑苗，謂宜終朝而克捷。顧歷三旬之久，而復至於班師以歸，自今言之，其不振甚矣。然終致有苗之格，而萬世稱聖，古之所謂振紀綱者固若是耳。

臣以匪才，繆膺重命，得總制四省軍務，以從事於偏隅之小醜，非不知乘此機會，可以僥倖成功，苟免於怯懦退避。然此必多調軍兵，多傷士卒，多殺無罪，多費糧餉，又不足以振揚威武，信服諸夷，僅能取快於二酋之憤，而忘其遺患於兩省之民；但知徼功於目前，而不知投艱於日後。此人臣喜事者之利，非國家之福、生民之庇。臣所不忍也。

臣又聞兩廣主計之吏，謂自用兵以來，所費銀兩已不下數十萬，梧州庫藏所遺，不滿五萬之數矣。所食糧米已不下數十萬，梧州倉廩所存，不滿一萬之數矣。由是言之，尚可用兵不息，而不思所以善後之圖乎？

臣又聞諸兩省士民之言，皆謂流官之設，亦徒有虛名而反受實禍。詰其所以，皆云思恩未設流官之前，土人歲出土兵三千以聽官府之調遣。既設流官之後，官府歲發民兵數千以防土人之反覆。即此一事，利害可知。且思恩自設流官以來，十八九年之間，反者五六起。前後征勦，曾無休息，不知調集軍兵若干，費用糧餉若干，殺傷良民若干。朝廷曾不能得其分寸之益，而反爲之憂勞徵發。浚良民之膏血，而塗諸無用之地。此流官之無益，亦斷然可睹矣。但論者皆以爲既設流官而復去之，則有更改之嫌，恐啓人言而招物議，是以寧使一方之民久罹塗炭，而不敢明爲朝廷一言，寧負朝廷而不敢犯衆議。甚哉！人臣之不忠也。苟利於國而庇於民，死且爲之矣，而何人言物議之足計乎！

臣始至地方，雖未能周知備歷，然形勢大畧亦可概見。田州切鄰交趾，其間深山絶谷，皆猺、獞之所盤據，動以千百。必須仍存土官，則可藉其兵力，以爲中土屏蔽。若盡殺其人，改土爲流，則邊鄙之患，我自當之。自撤藩籬，非久安之計，後必有悔。

思恩、田州處置事宜，俟事平之日，遵照敕旨，公同各官，另行議奏。但臣既有所聞見，不敢不先爲陛下一言，使朝廷之上早有定處，臣等得一意奉行，不致往復查議，失誤事機。可以速安反側，實地方之幸，臣等之幸。臣不勝受恩感激，竭忠願效之至！

奏報田州思恩平復疏

嘉靖七年正月二十七日，據廣西田州府目民盧蘇、陸豹、黄笋、胡喜、邢相、盧保、羅黄、王陳、羅寬、戴慶等連名具狀，爲悔罪投降陳情乞恩事。投稱：「先因本府土官岑猛與泗城州屢年互相讐殺，獲罪上司，於嘉靖五年六月内，致蒙奏請官兵征勦臨境。岑猛自思原無反叛情由，意得招撫，先自同道士錢一真及親信家人逃躲歸順州界。蘇等俱各畏避，四散逃入山林。止有各處寄住客户千餘，躲避不及，冒犯官軍，俱蒙殺勦。目民人等俱不敢抵抗官軍，唯有陸綬不曾遠遯，當被擒斬。其餘韋好、羅河等，俱蒙官軍陸續搜山殺死。蓦於當年九月内，歸順土官岑璋書報岑猛見在該州，前月已將道士錢一真功次假作猛解報軍門，爾可作急平定地方，來迎爾主。蘇等聽信，遣人節送衣服、檳榔等件。岑璋一一收受，言説岑猛不可輕易見人，官府得知累我。續於十月内，岑猛又差人促令邀同王受招復鄉村，因見府治空虚，乘便入城休息。又遣迎岑猛。岑璋回説，爾今地方未定，姑候來春，我當發兵三十餘營送爾主來，且替爾防守。蘇等因此逃命屯聚，以候岑猛，並無叛心。嘉靖六年正月，有人傳説岑猛於天泉嵓内急病身死，屍骨被岑璋燒毀，金銀盡被收獲。隨遣人去歸順探問，又被岑璋殺死。蘇等痛悔無由，竊思官男岑邦彦先已齊村病故，今聞岑猛又死，無主可靠，欲出投訴。切見四方軍馬充斥，聲言務要盡勦，又恐飛蟲附火，必損其身。又蒙上司陰使王受圖殺盧蘇，又使盧蘇圖殺王受，反覆難信，投降無路，日切苦痛。今幸朝廷寬赦，欽命總制天星體天行道，按臨在此，神鬼信服，蘇等方敢捨命求生，率領闔府目民男子大小人等，共計四萬餘名口，盡數投降。伏乞憫念生靈草命，赦死立功，以贖前罪。哀乞憐憫岑猛原無反叛情罪，存其一脉，俯順夷情，辦納糧差，實爲萬幸。」等情。

并據思恩府頭目王受、盧蘇、黄容、盧平、韋文明、侶馬、黄留、黄石、陸宗、覃鑑、潘成等，亦連名具狀，告同前事。投稱：「本府原繫土官，自改立流官，開圖立里，土俗不便。奈緣小人冥頑，不諳漢法，屢次擾亂不定。受等同辭懇乞上司仍立目甲，不意反致官府嗔怪。近又蒙官兵征勦田州，要將受等一概誅滅，必要窮追逐捕，只得逃遯山林。兼以八寨蠻子原以剽掠爲生，乘機假受姓名，每每攻圖城邑，劫虜鄉村。虛名受禍，受等即欲挺身投訴，見得四方軍馬把截，兼聞陰使盧蘇圖殺王受，又使王受圖殺盧蘇，反覆難信，以此連年抱苦，控訴無由。且受等頗知利害，豈敢自速滅亡。今幸朝廷寬恩，命總制天星按臨在此，神鬼信服，受等方敢率領所部目民，男女大小人等，共計三萬餘名口，捨命投降。伏乞詳情赦死，以全草命。更望俯順夷情，仍復目甲，使得辦納糧差，實爲萬幸。」等因，各投訴到臣。

據此，照得先於嘉靖六年七月初七日，爲地方事，節奉敕諭：「先該廣西田州地方逆賊岑猛爲亂，已令提督兩廣等官都御史姚鏌等督兵進勦。隨該各官奏稱，岑猛父子悉已擒斬，巢穴蕩平，捷音上聞，已經降敕獎勵，論功行賞。續該各官復奏惡目盧蘇倡亂復叛，王受攻陷思恩。及節據石金所奏，前項地方盧蘇、王受結爲死黨，互相依倚，禍孽日深，將來不可收拾。又參稱先後撫臣舉措失當，姚鏌等攘夷無策，輕信寡謀，圖田州已不可得，並思恩胥復失之，要得通行查究追奪。兵部議奏，以各官先後所論事宜，意見不同，且兵連兩廣調遣，事干鄰境地方，必得重臣前去總制，督同議處，方得停當。今特命爾提督兩廣及江西、湖廣等處地方軍務，星馳前去彼處，即查前項夷情，田州因何復叛，思恩因何失守。督同姚鏌等斟酌事勢，將各夷叛亂未形者可撫則撫，反形已露者當勦即勦，一應主客官軍，從宜調遣，主輔將官及三司等官，悉聽節制。公同計議應設土官、流官，何者經久利便；并先今撫鎮等官，有功有過，分別大小輕重，明白奏聞區處。事體十分重大者，具奏定奪。朕以爾勳績久著，才望素隆，特兹簡任。爾務以體國爲心，聞命就道，竭忠盡力，大展謀猷，俾夷患殄除，地方安靖，以紓朕西南之憂。仍須深顧却慮，事出萬全，一勞永逸，以爲廣人久遠之休。毋得循例辭避，以孤衆望。欽此。」欽遵。隨於九月内節該兵部咨，爲辭免重任乞恩養病事，臣奏奉聖旨：「卿識敏才高，忠誠體國，今兩廣多事，方藉卿威望撫定地方，用紓朕南顧之懷。姚鏌已致仕了，卿宜星夜前去，節制諸司，調度軍馬，撫勦賊寇，安戢兵民，勿再遲疑推諉，以負朕望。還差官鋪馬裏賫文前去敦趣赴任行事。該部知道。欽此。」欽遵。當即啓行，至十一月二十一日抵梧州蒞任。十二月内，續准兵部咨，爲地方大計緊急用人事，該禮部右侍郎方獻夫奏，節奉聖旨：「方獻夫所奏關係地方大計，鄭潤、朱麟與姚鏌事同一體。姚鏌已着致仕，鄭潤等因賊情未寧，暫且留用。今既這等説，鄭潤取回，代替的朕自簡用朱麟。應否去留，着兵部會議，并堪任更代的，推舉相應官兩員來看。田州應否設都御史在彼住劄，還着王守仁議處具奏定奪。欽此。」備咨前來知會，俱經欽遵外，本月初五日進至平南縣地方，與都御史姚鏌交代。二十二等日，太監鄭潤、總兵官朱麟，陸續各回梧州、廣州等處，聽候新任。

總兵、太監交代去訖，當臣公同巡按紀功御史石金、右布政林富、參政汪必東、鄒輗，副使祝品、林大輅，僉事汪溱、張邦信、申惠、吴天挺，參將李璋、沈希儀、張經及舊任副總兵今閑住都指揮同知張祐，并各見在軍前用事等官，會議得：思恩、田州之役，兵連禍結，兩省荼毒已踰二年，兵力盡於哨守，民脂竭於轉輸，官吏罷於奔走。即今地方已如破壞之舟，漂泊於顛風巨浪中，覆溺之患，洶洶在目，不待智者而知之矣。今若必欲窮兵雪憤，以收前功，未論其不克，縱復克之，亦有十患。何者？

今皇上方推至孝以治天下，惻怛之仁，覆被海宇，唯恐一物不得其所。雖一夫之獄，猶慮有所虧枉，親臨斷決，况兹數萬無辜之赤子，而必欲窮搜極捕，使之噍類不遺？傷伐天地之和，虧損好生之德，其患一也。

屯兵十萬，日費千金，自始事以來，所費銀米各已數十餘萬。前歲之冬，二酋復亂，至今且餘二年。未嘗與賊交一矢，接一戰，而其費已若此。今若復欲進兵，以近計之，亦須數月，省約其費，亦須銀、米各十餘萬，計今梧州倉庫所餘銀不滿五萬，米不滿一萬矣。兵連不息，而財匱糧絶，其患二也。

調集之兵，遠近數萬，屯戍日久，人懷歸思。兼之水土不服，而前歲之疫死者一二萬人，衆情憂惑。自頃以來，疾病死者不可以數，無日無之。潰散逃亡，追捕斬殺而不能禁。其未見敵而已若此，今復驅之鋒鏑之下，必有土崩瓦解之勢，其患三也。

用兵以來，兩省之民，男不得耕，女不得織，已餘二年。衣食之道日窮，老稚轉乎溝壑。今春若復進兵，又將廢一年之耕。百姓饑寒切身，羣起而爲盗，不逞之徒，因而號召之，其禍殆有甚於思、田之亂者，其患四也。

論者皆以不誅二酋則無以威服土官，是殆不然。今所賴以誅二酋者，乃皆土官之兵，而在我曾無一旅可恃之卒。又不能宣布主上威德，明示賞罰，而徒以市井狙獪之謀相欺相誘，計窮詐見，益爲彼所輕侮。每一調發旗牌之官，十餘往反，而彼猶驁然不出，反挾此以肆其貪求，縱其吞噬。我方有賴於彼，縱之而不敢問。彼亦知我之不能彼禁也，益狂誕而無所忌。岑猛之僭妄，亦由此等積漸成之。是欲誅一二逃死之遺孽，而養成十數岑猛，其患五也。

兩廣盜賊，猺、獞之巢穴動以數千百計，軍衛有司、營堡關隘之兵，時嘗召募增補，然且不敷。今復盡取而聚之思、田之一隅，山猺海寇，乘間竊發，遂至無可捍禦。近益窺我空虛，出掠愈頻，爲患愈肆。今若復聞進兵，彼知事未易息，遠近相煽蠭起，我兵勢難中輟。救之不能，棄之不可，其爲慘毒可憂，尤有甚於饑寒之民，其患六也。

軍旅一動，饋運之夫，騎征之馬，各以千計。每夫一名，顧直一兩；馬一匹，四兩，馬之死者，則又追償其主之直。是皆取辦於南寧諸屬縣。百姓連年兵疲，困苦已極，而復重之以此，其不亡而爲盜者，則亦溝中之瘠矣，其患七也。

兩省土官，於岑猛之滅已各懷唇齒之疑，其各州土目於蘇、受之討，又皆有狐兔之憾，是以遲疑觀望，莫肯效力。所憑恃者，獨湖兵耳。然前歲之疫，湖兵死者過半，其間固多借倩而來，兵回之日，死者之家例有償命銀兩，總其所費，亦以萬數。今茲復調，賠頓道途。不得顧其家室，亦已三年，勞苦怨鬱，潛逃而歸者，相望於道，誅之不能止。因一隅之小憤，而重失三省土人之心，其間伏憂隱禍，殆難盡言，其患八也。田州外捍交趾，内屏各郡，其間深山絶谷，又皆猺、獞之所盤據。若必盡誅其人，異時雖欲改土設流，亦已無民可守。非獨自撤藩籬，勢有不可，抑亦藉膏腴之田以資猺、獞，而爲邊夷拓土開疆，其患九也。

既以兵克，必以兵守，歲歲調發，勞費無已。秦時勝、廣之亂，實興於閭左之戍。且一失制馭，變亂隨生，反覆相尋，禍將焉極，其患十也。

故爲今日之舉，莫善於罷兵而行撫。撫之有十善：活數萬無辜之死命，以明昭皇上好生之仁，同符虞舜有苗之征，使遠夷荒服無不感恩懷德，培國家元氣以貽燕翼之謀，其善一也。息財省費，得節縮贏餘以備他虞，百姓無椎脂刻髓之苦，其善二也。久戍之兵得遂其思歸之願，而免於疾病、死亡、鋒鏑之慘，無土崩瓦解之患，其善三也。又得及時耕種，不費農作，雖在困窮之際，然皆獲顧其家室，亦各漸有回生之望，不致轉徙自棄而爲盜，其善四也。罷散土官之兵，各歸守其境土，使知朝廷自有神武不殺之威而無所恃賴於彼，陰消其桀驁之氣，而沮懾其僭妄之心，反側之姦自息，其善五也。遠近之兵，各歸舊守，窮邊沿海，咸得修復其備禦，盜賊有所憚而不敢肆，城郭鄉村免於驚擾劫掠，無虛内事外，顧此失彼之患，其善六也。息饋運之勞，省夫馬之役，貧民解於倒懸，得以稍稍甦復，起呻吟於溝壑之中，其善七也。土民釋兔死狐悲之憾，土官無唇亡齒寒之危，湖兵遂全師早歸之願，莫不安心定志，涵育深仁而感慕德化，其善八也。思、田遺民得還舊土，招集散亡，復其家室，因其土俗，仍置酋長，彼將各保其境土而人自爲守，内制猺、獞，外防邊夷，中土得以安枕無事，其善九也。土民既皆誠心悦服，不須復以兵守，省調發之費，歲以數千官軍免踣頓道途之苦，居民無往來騷屑之患，商旅能通行，農安其業，近悦遠來，德威覃被，其善十也。

夫進兵行勦之患既如彼，罷兵行撫之善復如此，然而當事之人乃猶往往利於進兵者，其間又有二幸四毀焉。下之人幸有數級之獲，以要將來之賞；上之人幸成一時之捷，以蓋前日之愆。是謂二幸。始謀請兵而終鮮成效，則有輕舉妄動之毀；頓兵竭餉而得不償失，則有浪費財力之毀；聚數萬之衆，而竟無一戰之克，則有退縮畏避之毀；循土夷之情，而拂士夫之議，則有形迹嫌疑之毀。是謂四毀。二幸蔽於其中，而四毀惕於其外，是以寧犯十患而不顧，棄十善而不爲。夫人臣之事君也，殺其身而苟利於國，滅其族而有裨於上，皆甘心焉。豈以僥倖之私、毀譽之末，而足以撓亂其志者？今日之撫，利害較然，事在必行，斷無可疑者矣。於是衆皆以爲然。

二十六日，臣至南寧府，乃下令盡撤調集防守之兵。數日之内，解散而歸者數萬有餘。湖兵數千，道阻且遠，不易即歸，仍使分留南寧、賓州，解甲休養，待間而發。旁批：有巧。

初，盧蘇、王受等聞臣奉命前來查勘，始知朝廷亦無必殺之意，皆有投生之念，日夜懸望，唯恐臣至之不速。已而聞太監、總兵等官復皆相繼召還，至是又見防守之兵盡撤，其投生之念益堅，乃遣其頭目黄富等十餘人於正月初七日先赴軍門訴告，願得掃境投生，唯乞宥免一死。臣等諭以朝廷之意正恐爾等有所虧枉，故特遣大臣前來查勘，開爾等更生之路。爾等果能誠心投順，決當貸爾之死。因復開陳朝廷威德，備寫紙牌，使各持歸省諭盧蘇、王受等。大意以爲：

岑猛父子縱無叛逆之謀，即其兇殘酷暴，慢上虐下，自有可誅之罪。今其父子黨與俱已伏其辜，爾等原非有名惡目，本無大罪，至於部下數萬之衆，尤爲無辜。今因爾等阻兵負險，致令數萬無辜之民破家失業，父母死亡，妻子離散，奔逃困苦，已將兩年；又上煩朝廷興師命將，勞擾三省之民，爾等之罪固已日深。但念爾等所以阻兵負險者亦無他意，不過畏罪逃死，苟爲自全之計，其情亦有可憫。方今聖上推至孝之仁，以子愛黎元，唯恐一物不得其所，雖一夫之獄，尚恐或有欺枉，親臨斷決，何况爾等數萬之命，豈肯輕意勦殺？故今特遣大臣前來查勘，開爾更生之路，非獨救此數萬無辜之民，亦使爾等得以改惡從善，捨死投生。牌至，爾等部下兵夫即可解散，各歸復業安生。爾等即時出來投到，決當宥爾之死，全爾身家。若遲疑觀望，則天討遂行，後悔無及。限爾二十日内，爾若不至，是朝廷必欲開爾生路，而爾必欲自求死路，進兵殺爾，亦可以無憾矣。

蘇、受等得牌，皆羅拜踴躍，歡聲雷動。當即撤守備，具衣糧，盡率其衆，掃境來歸。本月二十六日，俱至南寧府城下，分屯爲四營。明日，蘇、受等皆囚首自縛，各與其頭目數百人赴軍門投見。號哀控訴，各具投狀，告稱前情，乞免一死，願得竭力報效。

臣等看得蘇、受等所訴情節，亦與臣等前後所聞所訪大略相同。其間雖有飾説，亦多真情，良可哀憫。因復照前牌諭所稱，諭以朝廷恩德。以爲朝廷既已赦爾等之死，許爾投降，寧肯誘爾至此，又復殺爾，虧失信義？爾之一死，決當宥爾矣，爾可勿復憂疑。但爾蘇、受二人擁衆負險，雖由畏死，然此一方爲爾之故，騷擾二年有餘，至上煩九重之慮，下疲三省之民，若不略示責罰，亦何以舒泄軍民之憤？於是下盧蘇、王受於軍門，各杖之一百。衆皆合辭扣首，爲之請命，乃解其縛，諭以：「今日宥爾一死者，是朝廷天地好生之仁；杖爾一百者，乃我等人臣執法之義。」於是衆皆扣首悦服。臣亦隨至其營，撫定餘衆。上段旁批：妙。皆莫不感泣歡呼，皆謂朝廷如此再生之恩，我等誓以死報。

及據狀末「告乞憐憫岑猛原無反叛情罪，存其一脉，俯順夷情，辦納糧差」一節。自臣奉命而來，沿途詢諸商賈行旅，訪諸士夫軍民，莫不以爲宜從夷俗，仍立土官，庶可永久無變；不然，反覆之患終恐不免。及臣至此，又公同大小各官審度事勢，屢經酌量議處，亦皆以爲治夷之道，宜順其情。臣於先次謝恩本内，已經略具奏聞，至是因其控告哀切，當即遵照敕諭便宜事理，許以其情奏請。且諭以朝廷之意無非欲生全爾等，爾等但要誠心向化，改惡從善，竭忠報國，勿慮朝廷不能順爾之情。於是又皆感泣歡呼，皆謂朝廷如此再生之恩，我等誓以死報，且乞即願殺賊立功，以贖前罪。臣因諭以朝廷之意惟願生全爾等，今爾等方來投生，豈忍又驅之兵刃之下？旁批：好説。爾等逃竄日久，家業破蕩，且宜速歸，完爾家室，及時耕種，修復生理。至於各處賊盜，軍門自有區處，不須爾等勦除。旁批：第一好説。待爾家事稍定，徐當調發爾等。於是又皆感泣歡呼，皆謂朝廷如此再生之恩，我等誓以死報。臣於是遂委右布政林富、舊任總兵官張祐分投省諭，安插其衆，俱於二月初八日督令各歸復業去訖。

地方之事幸遂平定，皆皇上至孝達順之德感格上下，神武不殺之威震懾鬼神，風行於廟堂之上，而草偃於百蠻之表，是以班師不待七旬，而頑夷即爾來格。不折一矢，不戮一卒，而全活數萬生靈，是所謂「綏之斯來，動之斯和」者也。臣以蹇劣，繆當任使，仰賴鴻休，得免罪責，快覩盛明，豈勝慶幸！

除將設立土官及地方一應經久事宜，遵照敕旨，公同各官再行議處，另行具奏外。緣繫奏報平復地方事理，爲此具本，專差冠帶舍人王洪親齎，謹具題知。

處置平復地方以圖久安疏

題評：仁人君子千載生氣！

臣聞傅説之告高宗曰：「明王奉若天道，建邦設都，樹后王君公，承以大夫師長，不惟逸豫，惟以亂民。」今天下郡縣之設，乃有大小繁簡之別，中土邊方之殊，流官土襲之不同者，豈故爲是多端哉？蓋亦因其廣谷大川風土之異氣，人生其間，剛柔緩急之異稟，服食器用、好惡習尚之異類，是以順其情，不違其俗；循其故，不異其宜，要在使人各得其所，固亦惟以亂民而已矣。

臣以迂庸，繆膺重命，勘處兵事於兹土，節該欽奉敕諭，謂「可撫則撫，當勦即勦」。是陛下之心，唯在於除患安民，未嘗有所意必也。又節該欽奉敕諭，謂「賊平之後，公同議處，應設土官、流官，何者經久利便」。是陛下之心，唯在於安民息亂，未嘗有所意必也。始者思、田梗化，既舉兵而加誅矣；因其悔罪來投，遂復宥而釋之，固亦莫非仰體陛下不嗜殺人之心，惓惓憂憫赤子之無辜也。然而今之議者，或以爲流官之設，中土之制也；已設流官而復去之，則嫌於失中土之制。土官之設，蠻夷之俗也；已去土官而復設之，則嫌於從蠻夷之俗。二者將不能逃於物議，其何以能建事而底績乎！

是皆不然。夫流官設而夷民服，何苦而不設流官乎？夫唯流官一設，而夷民因以騷亂，仁人君子亦安忍寧使斯民之騷亂，而必於流官之設者？土官去而夷民服，何苦而必土官乎？夫唯土官一去而夷民因以背叛，仁人君子亦安忍寧使斯民之背叛，而必於土官之去者？是皆虞目前之毀譽，避日後之形迹；苟爲周身之慮，而不爲國家思久長之圖者也。其亦安能仰窺陛下如天之仁，固平平蕩蕩，無偏無黨，惟以亂民爲心乎！

臣於思恩、田州平復之後，即已仰遵聖諭，公同總鎮、鎮巡、副參、三司等官、太監張賜、御史石金等，議應設流官、土官，何者經久利便，不得苟有嫌疑避忌而心有不盡，謀有不忠。乃皆以爲宜仍土官以順其情，分土目以散其黨，設流官以制其勢。蓋蠻夷之性，譬猶禽獸麋鹿，必欲制以中土之郡縣，而繩之以流官之法，是羣麋鹿於堂室之中，而欲其馴擾帖服，終必觸樽俎，翻几席，狂跳而駭擲矣。故必放之閒曠之區，以順適其獷野之性。今所以仍土官之舊者，是順適其獷野之性也。然一唯土官之爲，而不思有以散其黨與，制其猖獗，是縱麋鹿於田野之中，而無有乎牆墉之限、豶牙童梏之道，終必長奔直竄而無以維縶之矣。今所以分立土目者，是牆墉之限、豶牙童梏之道也。旁批：好。然分立土目而終無連屬綱維於其間，是畜麋鹿於苑囿，而無守視之人以時修其牆墉，禁其羣觸，終將踰垣遠逝而不知，踐禾稼，決藩籬，而莫之省矣。今所以特設流官者，是守視苑囿之人也。

議既僉同，臣猶以爲土夷之心未必盡得，而窮山僻壤或有隱情也，則亦安能保其必行乎？則又備歷田州、思恩之境，按行其村落而經理其城堡，因而以其所以處之之道詢諸其目長，率皆以爲善；又以詢諸其父老子弟，又皆以爲善；又以詢諸其頑鈍無恥，廝役下賤之徒，則又亦皆以爲善。上段旁批：先生之壽宜以此地終矣。然後信其可以久行，而庶或幸免於他日之戮也矣。夫然後敢具本以請，亦恃聖明在上，洞見萬里，而無微不燭。故臣得以信其愚忠，不復有所顧忌。然猶反覆其辭而更互其說者，非敢有虞於陛下不能亮臣之愚，良以今之士人，率多執己見而倡臆説，亦足以摇衆心而僨成事，故臣不避頰舌之騰者，亦欲因是以曉之也。上段旁批：切骨之談。煩瀆聖聽，臣不勝戰栗惶懼之至！

緣繫處置平復地方以圖久安長治事理，未敢擅便，爲此開坐具本請旨。計開：

一、特設流官知府以制土官之勢。

臣等議得：思、田初服，朝廷威德方新，今雖仍設土官，數年之間，決知可無反側之慮。但十餘年後，其衆日聚，其力日强，則其志日廣，亦將漸有縱肆并兼之患，故必特設流官知府以節制之。其御之之道，則雖不治以中土之經界，而納其歲辦租税之人，使之知有所歸效；雖不蒞以中土之等威，而操其襲授調發之權，使之知有所統攝；雖不繩以中土之禮教，而制其朝會貢獻之期，使之知有所尊奉；雖不嚴以中土之法禁，而申其冤抑不平之鳴，使之知有所赴訴。因其歲時伏臘之請，慶賀參謁之來，而宣其間隔之情，通其上下之義。矜其不能，教其不逮，寓警戒於溫恤之中，消倔强於涵濡之内，使之日馴月習，忽不自知其爲善良之歸。蓋含洪坦易以順其俗，而委曲調停以制其亂，此今日知府之設，所以異於昔日之流官，而爲久安長治之策也。

臣等看得田州故地寬衍平曠，堪以建設流官衙門。但其衝射兇惡，居民弗寧。今擬因其城垣，略加改創修理，備立應設衙門。地僻事簡，官不必備。環府之田二甲，皆以屬之府官。府官既無民事案牘之擾，終歲可以專力於農，爲之辟其荒蕪，備其旱潦，通其溝洫。丁力不足，則聽其募人耕種，官給牛具種子。歲收其入，三分之一以廪官吏，而其餘以食佃人。城之内外，漸置佃人廬舍，而歲益增募招徠以充實之。田州舊有商課，仍許設於河下，薄取其税，以資祭祀、賓旅、柴薪、馬夫之給。凡流官之所須者，一不以及於土夷。如此，則雖草創之地，而三四年後，亦可以漸爲富庶之鄉。若其經營之始，則且須仰給於南寧府庫。逮其城郭府治完備，事體大定，然後總會其土夷之所輸，公田之所入，商税之所積，每歲若干，而官吏之所需者每歲若干，斟酌通融，立爲經久之計。又必上司之制用者務從寛假，無太苛削，官吏其土者得以優裕展布，無局促牽制之繁，此又體悉遠臣綏柔荒服之道也。至於思、恩舊已設有流官，但因開圖立里，繩以郡縣之法，是以其民遂亂。今宜照舊仍設流官知府，聽其土目各以土俗自治。而其連屬制御之道，悉如臣等前之所議，庶可經久無患，均乞聖明裁處。

一、仍立土官知州以順土夷之情。

臣等議得：岑氏世有田州，其繫戀之私恩，久結於人心。今岑猛雖誅，各夷無賢愚老少，莫不悲愴懷思，願得復立其後。故蘇、受之變，翕然蠭起，不約而同。自官府論之，則皆以爲苗頑逆命之徒；在各夷言之，則皆自以爲嬰臼存孤之義。故自兵興以來，遠近軍民往往亦有哀憐其志，而反不直官府之爲者。況各夷告稱，其先世岑伯顏者，嘗欽奉太祖高皇帝敕旨：「岑、黄二姓，五百年忠孝之家，禮部好生看他。着江夏侯護送岑伯顏爲田州府土官知府，職事傳授子孫，代代相繼承襲。欽此。」欽遵。其後如岑永通、岑祥、岑紹、岑鑑、岑鏞、岑溥，皆嘗著征討之績，有保障之功。猛之暴虐騷縱，罪雖可戮，而往歲姚源之役，近年劉召之勦，亦皆間關奔走，勤勞在人。各夷告稱官兵未進之先，猛尚遣人奉表朝賀貢獻，又遣人賫本赴京控訴。官兵將進之時，猛遂率衆遠遯，未嘗敢有抗拒。以此言之，其無反叛之謀，踪迹頗明。今欲仍設土官以順各夷之情，而若非岑氏之後，彼亦終有未服。故今日土官之立，必須岑氏子孫而後可。

臣等看得田州府城之外，西北一隅，地形平坦，堪以居民。議以其地降爲田州，而於舊屬四十八甲之内，割其八甲以屬之，聽以其土俗自治。立岑猛之子一人，始授以署州事吏目；三年之後，地方寧靖，效有勤勞，則授以判官；六年之後，地方寧靖，效有勤勞，則授以爲同知；九年之後，地方寧靖，效有勤勞，則授以爲知州，使承岑氏之祀而隸之流官知府。其制御之道，則悉如臣等前之所議。如此，則朝廷於討猛之罪，記猛之勞，追録其先世之忠，俯順其下民之望者，兼得之矣。昔文武之政，罪人不孥，興滅繼絶，而天下之民歸心。遠近蠻夷見朝廷之所以處岑氏者若此，莫不曰猛肆其惡而舉兵加誅，法之正也；明其非叛而不及其孥，仁之至也；録其先忠而不絶其祀，德之厚也；不利其土而復與其民，義之盡也；矜其冥頑而曲加生全，恩之極也。即此一舉，而四方之土官莫不畏威懷德，心悦誠服，信義昭布，而蠻夷自此大定矣。此今日知州之設，所以異於昔日之土官，而爲久安長治之策也。

臣等又看得岑猛之子，存者二人，其長者爲岑邦佐，其幼者爲岑邦相。邦佐自幼出繼武靖州爲知州，前者徒以誅猛之故，有司奏請安置於漳州。然彼實無可革之罪，今日田州之立，無有宜於邦佐者。但武靖當猺賊之衝，而邦佐素得其民心，其才足能制御。邇者武靖之民以盜賊昌熾，州民無主之故，往往來告，願得復還邦佐爲知州，以保障地方。臣等方欲爲之上請，如欲更一人，諸夷未必肯服，莫若仍以邦佐歸之武靖，而立邦相於田州。用其強立有能者於折衝捍禦之所，而存其幼弱未立者於安守宗祀之區，庶爲兩得其宜。至於思恩，則岑濬之後已絶，自不必復有土官之設矣。均乞聖明裁處。

一、分設土官巡檢以散各夷之黨。

臣等議得：土官知州既立，若仍以各土目之兵盡屬於知州，則其勢并力衆，驕恣易生，數年之後，必有報讐復怨、吞弱暴寡之事，則土官之患猶如故也。且土目既屬於土官，而操其生殺予奪之權，則彼但唯土官之是從，寧復知有流官知府者？則流官知府雖欲行其控御節制之道，施其綏懷撫恤之仁，亦無因而與各土目者相接矣。

故臣等議以舊屬八甲割以立州之外，其餘四十甲者，每三甲或二甲立以爲一巡檢司，而屬之流官知府；每司立土巡檢一員，以土目之素爲衆所信服者爲之，而聽其各以土俗自治。其始授以署巡檢司事土目，三年之後，而地方寧靖，效有勤勞，則授以冠帶；六年之後，而地方寧靖，效有勤勞，則授以爲土巡檢。其糧税之入，則徑納於流官知府，而不必轉輸於州之土官，以省其費；旁批：好。其軍馬之出，亦徑調於流官知府，而不必轉發於州之土官，以重其勞。旁批：妙。其官職土地，各得以傳諸子孫，則人人知自愛惜，而不敢輕犯法；其襲授予奪，皆必經由於知府，則人人知所依附，而不敢輒携貳。勢分難合，息朋奸濟虐之謀；地小易制，絶恃衆跋扈之患。如此，則土官既無羽翼爪牙之助，而不敢縱肆於爲惡；土目各有土地人民之保，而不敢黨比以爲亂。此今日巡檢之設，所以異於昔日之土目，而爲久安長治之策也。

至於思恩事體，悉與田州無異，亦宜割其目甲，分立以爲土巡檢司，聽其以土俗自治，而屬之流官知府。則流官之設，既不失朝廷之舊，巡司之立，又足以散土夷之黨，而土俗之治，復可以順遠人之情，一舉而兩得矣。

一、田州既改流官，亦宜更其府名。

初，岑猛之將變，忽有石自田州江心浮出，傾卧岍側。其時民間有「田石傾，田州兵。田石平，田州寧」之謡。猛甚惡之，禁人勿言，密起百餘人，夜平其石。旦即復傾。如是者屢屢，已而果有兵變。今年二月，盧蘇等既來投順，歸視其石，則已平矣。皆共喜異，傳以爲祥。臣至田州，親視其石，聞土人之言如此。民間多取「田寧」二字私擬其名，臣等欲乞朝廷遂以此意命之。雖非大義所關，亦足以新耳目而定人心之一端也。

其該府所設官員，臣等擬於知府之外，佐貳則同知或通判一員，首領則經歷、知事各一員，吏胥署具而已。今見在者，已有通判張華、知事林光甫、照磨李世亨。其知府亦已選有一員陳能，然至今尚未到任。臣嘗訪詢其故，咸謂陳能原奉朝旨，陞廣西布政司右參政，管田州府事，又賜之敕旨，以重其權。吏部奏有欽依令其先赴該司到任，然後往蒞田州。該司左布政嚴紘謂其既掌府事，即繫屬官，不得於該司到任。陳能遂竟還原籍，至今亦不復來。參照嚴紘妄自尊大，但知立上司之體勢，而輒敢慢視敕旨，蔑廢部移，固已深爲可罪。陳能則褊狹使氣，徒欲申一己之小憤，而遂爾委朝命於草萊，棄職任如敝屣。旁批：巧。使爲人臣者而皆若此，則地方之責焉所寄託，而朝廷威令何以復行乎！臣等所訪如此，但未委虛的。乞將二人通行提究，重加懲戒，以警將來。臣觀陳能氣性悻悻若此，亦非可使以綏柔新附之民者。旁批：真，真。看得廣東化州知州林寬，舊任南康通判，剪緝安義諸賊，甚得調理；且其才識通敏，幹辦勤勵，臣時巡撫江西，深知其有可用。近因田州改建府治，修復城垣，地方無官可任，已經行文，委令經理其事。即若陞以該府同知，而使之久於其職，其所建立，必有可觀。迨其累有成績，遂擢以爲知府，使終身其地。彼亦欣然過望，必且樂爲不倦，爲益地方，決知不少矣。

大抵田州之亂起於搜剔太甚，今其歸附，皆出誠心，原非以兵力強取而得者。故不必過爲振厲鷙抑，急其譏防，反足生變。但與之休養生息，略施控御其間可矣。夫走狗逐兔，而捕鼠以狸，人之才器，各有所宜也。旁批：切，切。

一、思恩府設立流官，亦宜如田州之數。其知府一員吴期英見在，但已屢有奔逃之辱，難以復臨其下，然未有可去之罪，且宜改任於他所，姑使之自效可矣。看得柳州府同知桂鏊，督餉賓州，思恩之人聞其行事，頗知信向。近以修復思恩府治，委之經理，其所謀猷，雖未見有大過於人，然皆平實詳審，不爲浮飾，似於思恩之人爲宜。苟未能灼知超然卓異之才，舉而用之，以一新政化，則得如鏊者器而使之，姑且修弊補罅，休勞息困，以與久疲之民相安於無事，當亦能有所濟也。乞敕吏部再加裁酌而改用之。

一、田州各甲，今擬分設爲九土巡檢司；其思恩各城頭，今擬分設爲九土巡檢司，各立土目之素爲衆所信服者管之。其連屬之制，陞授之差，俱已備有前議。但各甲城頭既已分析，若無人管理，復恐或生弊端。臣等遵照敕諭便宜事理，已曾行牌，仰各頭目暫且各照分掌管，辦納兵糧，候奏請命下，然後欽遵施行。

一、田州淩時甲、完冠砦陶甲、腮水源坤官位甲、舊朔勤甲兼州子半甲共四甲半，擬立爲淩時土巡檢司，擬以土目龍寄管之。緣龍寄先來投順，故分甲比衆獨多。

一、田州砦馬甲、略羅、博湓甲共三甲，擬立爲砦馬土巡檢司，擬以土目盧蘇管之。

一、田州大田子甲、那帶甲、錦養甲共三甲，擬立爲大田土巡檢司，擬以土目黃富管之。

一、田州萬洞甲、周甲共二甲，擬立爲萬洞土巡檢司，擬以土目陸豹管之。

一、田州陽院右鄧甲、控講水册槐並畔甲共二甲，擬立爲陽院土巡檢司，擬以土目林盛管之。

一、田州思郎那召甲、舍甲共二甲，擬立爲思郎土巡檢司，擬以土目胡喜管之。

一、田州累彩甲、子軒憂甲、篤忭下甲共三甲，擬立爲累彩土巡檢司，擬以土目盧鳳管之。

一、田州怕何甲、速甲共二甲，擬爲怕何土巡檢司，擬以土目羅玉管之。

一、田州武龍甲、里定甲共二甲，擬立爲武龍巡檢司，擬以土目黄笋管之。

一、田州栱甲、白石甲共二甲，擬立爲栱甲土巡檢司，擬以土目邢相管之。

一、田州床甲、砦例甲共二甲，擬立爲床甲土巡檢司，擬以土目盧保管之。

一、田州婪鳳甲、工堯降甲共二甲，擬立爲婪鳳土巡檢司，擬以土目黄陳管之。

一、田州下隆甲、周甲共二甲，擬立爲下隆土巡檢司，擬以土目黄對管之。

一、田州縣甲、環甫蛙可甲共二甲，擬立爲縣甲土巡檢司，擬以土目羅寬管之。

一、田州篆甲、煉甲共二甲，擬立爲篆甲土巡檢司，擬以土目王萊管之。

一、田州砦桑甲、義寧江那半甲共一甲半，擬立爲砦桑土巡檢司，擬以土目戴德管之。

一、田州思幼東平夫棒甲、盡甲子半甲共一甲半，擬立爲思幼土巡檢司，擬以土目楊趙管之。

一、田州侯周怕豐甲一甲，擬立爲侯周土巡檢司，擬以土目戴慶管之。

一、思恩興隆七城頭兼都陽十城頭，擬立爲土巡檢司，擬以土目韋貴管之。緣韋貴先來向官，故授地比衆獨多。

一、思恩白山七城頭兼丹良十城頭，擬立爲白山土巡檢司，擬以土目王受管之。

一、思恩定羅十二城頭，擬立爲定羅土巡檢司，擬以土目徐五管之。

一、思恩安定六城頭，擬立爲安定土巡檢司，擬以土目潘良管之。

一、思恩古零、通感、那學、下半四堡四城頭，擬立爲古零土巡檢司，擬以土目覃益管之。

一、思恩舊城十一城頭，擬立舊城土巡檢司，擬以土目黃石管之。

一、思恩那馬十六城頭，擬立爲那馬土巡檢司，擬以土目蘇關管之。

一、思恩下旺一城頭，擬立爲下旺土巡檢司，擬以土目韋文明管之。

一、思恩都陽中團一城頭，擬立爲都陽土巡檢司，擬以土目王留管之。

右各目之内，唯田州之龍寄，思恩之韋貴、徐五，事體於各目不同，而韋貴又與徐五、龍寄稍異。蓋韋於事變之始即來投順官府，又嘗效有勤勞，宜不待三年，而即與之以實授土巡檢以旌其功。徐五亦隨韋貴投順，而效勞不及。龍寄雖無功勞，而投順在一年之前，二人者宜次韋貴，不待三年而即與之冠帶，三年而即與之以實授土巡檢。如此，則功罪之大小，投順之先後，皆有差等，而勸懲之道著矣。或又以盧蘇、王受不當與各土目並立者，臣等又以爲不然。方其率衆爲亂，則蘇、受者固所謂罪之魁矣；及其率衆來降，則蘇、受者又所謂功之首也。況二府目民又皆素服二人，今若立各土目而二人不與，非但二人者未能帖然於衆目之下，衆目固亦未敢安然而處其上，非所以爲定亂息爭之道也。故臣等仍議以盧蘇、王受爲衆目之首，庶幾事體穩帖，而人心允服矣。

一、田州、思恩各官目人等見監家屬男婦，初擬解京，今各目人等既已投順，則其家屬男婦相應給還領養。

一、田州新服，用夏變夷，宜有學校。但瘡痍逃竄之餘，尚無受廛之民，焉有入學之士？況齋膳廪餼，俱無所出，即欲建學，亦爲徒勞。然風化之原，終不可緩。臣等議欲於附近府州縣學教官之内，令提學官選委一員，暫領田州學事，聽各學生徒之願改田州府學及各處儒生之願來田州附籍入學者，皆令寄名其間。所委教官，時至其地，相與講肄游息，或於民間興起孝弟，或倡遠近舉行鄉約，隨事開引，漸爲之兆。俟休養生息一二年後，流移盡歸，商旅湊集，民居已覺既庶，財力漸有可爲，則如學校及陰陽、醫學之類，典制之所宜備者，皆聽該府官以次舉行上請，然後爲之設官定制。如此，則施爲有漸而民不知擾，似亦招徠填實之道，鼓舞作新之機也。

一、思、田去梧州水陸一月之程，軍門隔遠，難於控馭調度；兼之府治雖立，而規制未成；流官雖設，而職守未定；且瘡痍未復，人心憂惶，須得重臣撫理。臣等已經具題，乞將右布政林富量陞憲職，存留舊任；副總兵張祐，使之更迭往來於二府地方，綏緝經理。仍乞賜以便宜敕書，將南寧、賓州等府衛州縣及東蘭、南丹、泗城、那地、都康、向武等土官衙門，俱聽林富等節制。臣等所議地方經久事宜，候奏請命下之日，悉以委之林富等，使之欽遵，以次施行。

田州石刻

田石平，田州寧。此民謡也。田水縈，田山迎。此府治新向也。千萬世，鞏皇明。戊子春，新建伯，王守仁，勒此石，告後人。

李卓吾曰：先生於此有深慶矣，自不覺屐齒之折也。

邊方缺官薦才贊理疏

邇者思恩、田州之變，諸夷感慕聖化，悔罪求生。已蒙浩蕩之仁，宥納而撫全之，地方亦即寧定矣。但凋弊之餘，必須得人以時綏緝。况兩府設立流官衙門及修築城池、營堡等項，百務並舉，若無專官夙夜經理催督，則事無統紀，功難責成。已經臣等具題，乞將右布政林富等陞職留撫。隨蒙將林富陞任去訖，又經臣等仍乞推選相應官員替任，俱未奉明旨。

臣看得今歲例當朝覲，各該掌印官員不久皆將赴京，而廣西布、按二司等官適多遷轉去任者，右布政林富陞鄖陽副都御史，參政黃芳陞江西布政副使，李如圭陞陝西按察使；參政龍誥、參議汪必東、僉事吴天挺等督押湖兵出境，往復之間，即須半年；參議鄒輗、僉事申惠皆齎捧表箋進京，其餘雖有一二新任官員，皆未到任，止存左布政嚴紘，按察使錢宏各掌司印，僉事張邦信分巡桂林，李傑分巡蒼梧，而臣在南寧、思、田等處輿疾往來調度，再無一官隨從贊理者。旁批：以死勤事，不亦愚哉！近日止有兵備副使翁素來管右江道事，緣其才性乃慈祥愷悌之人，用之中土，分理司事，足爲循良，而置之邊方瘴毒多事之鄉，則其稟質稍弱，不耐崎險，易生疾病，似於風土亦非所宜。旁批：先生見在瘴邪矣，何愛人而不自愛也？傷哉！臣看得爲民副使陳槐，平生奮志忠節，才既有爲，而又能不避艱險；致仕知府朱衮，年力壯健，才識通敏；去任副使施儒，學明氣充，忠信果斷；閑住副使楊必進，曉練軍務，識達事機。此四人者，皆堪右江兵備之任。施儒舊爲兵備於潮、惠，楊必進舊爲兵備於府江，皆嘗著有成績，兩地夷民至今思念不忘。旁批：何故□□去任也！

若於四人之中選用其一，其於地方之事必有所濟。

及照田州新附之地，知府陳能尚未到任。該臣看得化州知州林寬，舊在江西，知其才能足充任使，已經具奏行委，見在該府管事。但其禀質乃亦不禁炎瘴，於風土非宜。蒞事以來，終月卧病，呻吟牀席，軀命且不能保，又何能經理地方之事乎？臣又訪得潮州府推官李喬木者，才力足以有爲，而又熟知土俗夷情，服於水土，但繫梧州籍貫，稍有鄉里之嫌。臣看得廣西軍衛有司衙門所屬官員及各學教職，亦皆多用本省士人，今田州雖設流官知府，而其所屬乃皆土夷，自無鄉里之嫌可避，亦與各教職無異者。乞敕吏部改用林寬於别地，俯採臣議，將李喬木改陞田州同知，庶可使之久於其任，以責成功，則地方之幸，臣之幸也。

臣惟任賢圖治，得人實難，其在邊夷絶域反覆多事之地，則其難尤甚。何者？反覆邊夷之地，非得忠實勇果、通達坦易之才，固未易以定其亂；有其才矣，使不諳其土俗而悉其情性，或過剛使氣，率意徑行，則亦未易以得其心；得其心矣，使不耐其水土而多生疾病，亦不能以久居於其地，以收積累之效而成可底之績。故用人於邊方，必兼是三者而後可。即如右江一兵備，此臣之所最切心者，臣竊爲吏部私計其人，終夜不寢，而思之竟未見有快心如意者，蓋兼是三者而求之也。如前所舉四人者，固皆可用之才，今乃皆爲時例所拘，棄置不用，而更勞心遠索，則亦過矣。旁批：誰要先生勞？

臣近於南寧、思、田諸處，因無可用之才，調取其發身科第以遷謫而至者三四人，其志向才識果自不羣，足可任用。但到未旬日而輒以患病告歸，皆相繼狼狽扶擕而去矣。不得已，就其見在者而使之，則皆庸劣陋下，素不可齒於士類者。然無可奈何，則畧其全體之惡而用其一肢之能，既其終事，所就不能以尺寸，而破壞則尋丈矣。用是觀之，亦何怪乎斯土之民愈困，亂愈積，而禍日以深也哉！是固相沿積習之弊，不及今一洗而改革之，邊患未見其能有瘳也。

夫今之以朝覲考察而去，固多貪暴不才之人矣，其間乃有雖無過人之才，而亦無顯著之惡，尚在可用不可用之間者，皆未暇論。至其平生磊落自負，卓然思有所建立，而其學識才能果足以有爲者，乃爲一時愛憎毀譽之所亂，亦遂忞然就抑而去，斯固天下之所共爲不平，公論彌彰者，孰得而終掩之？陛下何不使在位大臣一時各舉十餘人之可用者，陛下合而考之。若一人舉之而九人不舉，未可也；三人舉之而七人不舉，已在所察矣；五人舉之而五人不舉，其察又宜詳矣；或七人八人舉之而一二人不舉，則其人之可用，亦斷在不疑者矣。若此者，亦在朝覲二次三次之後，或七年、或十年而後一舉。夫身退十年之後，旁批：死了。則是非已明，公論已定，雖有黨比，自不能容。今邊方絶域，無可用之人，至取其庸劣陋下者而使之，以滋益地方之苦弊。其豪傑可用之才，乃爲時例所拘，棄置而不用。夫所謂時例者，固朝廷爲之也，可拘而拘，不可拘而不拘，無不可者。陛下何忍一方之禍患日深月積，乃惜破例而用一人以救之乎？夫考察而去者，果皆貪惡庸陋之徒，則固營營苟苟，無時而不僥倖以求進。若其磊落自負，有過人之見者，則雖屈抑而退，自放於山水田野之間，亦足以自樂。今若用之於邊夷困弊之地，殆亦未必其所欲。但爲朝廷愛惜人才，則當此宵旰側席，遑遑求賢之日，而使有用之才廢棄終身，乃不得已，至取其庸劣陋下者而用之，以益民困，豈不大可惜乎？臣因地方缺人，心切其事，不覺其言之煩瀆。伏望陛下恕其愚妄，下臣議於吏部，採擇而去取之。臣不勝瀆冒恐懼之至！

議處官吏廪俸

照得近來所屬各州縣、衛所、倉場等衙門，大小官吏，以贓問革者相望，而冒犯接踵。究詢其由，皆云家口衆多，日給不足；俸資所限，本已涼薄，而近例減削，又復日甚；加有上下接應之費，出入供送之繁，窮窘困迫，計出無聊。中間亦有甘貧食苦、刻勵自守者，往往狼狽繿縷，至於任滿職革，債負纏結，不得去歸其鄉。夫貪墨不才，法律誠所難貸，而其情亦可矜憫！夫忠信重禄，所以勸士，在昔任人，既富方穀；庶民在官，禄足代耕，此古今之通義也。朝廷賦禄百司，厚薄既有等級，要皆使得裕其資養，免其内顧，然後可望以盡心職業，責以廉恥節義。今定制所限，既不可得而擅增，至於例所應得，又從而裁削之，使之仰事俯育且不能遂，是陷之於必貪之地，而責之以必廉之守，中人之資將有不能，而況其下者之衆乎？所據前項事理，非獨人情有所未堪，其於政體亦有所損。合行會議查處，參酌事理輕重，及查在外官員，自二品至九品，并雜職吏胥等俸米，除本色外，其折色原例，每石作銀若干，於何年月裁減作銀若干，應否復舊，或量行加增，務要議處停當，呈来定奪施行。

戒諭土目

案照先經行委副總兵張祐，督率官、土目、兵人等，進勦思恩八寨猺賊。今據頭目盧蘇、王受等禀報，皆已攻破各寨，斬獲賊級，雖未日久，苦亦無多，且又未見獲有真正首惡。中間恐有容隱脱放情弊，合行戒諭督促。爲此牌仰本官上緊親行，督諭各頭目及土兵人等，俱要協力齊心，竭忠報效，務圖勦滅，以絶禍根，庶可以表明各目盡忠圖報之真心。若是少有縱容，復留遺孽，亦是徒勞一場，不足爲功，適足爲罪。非惟不能仰報朝廷再生之恩，其於本院所以勤勤懇懇，不顧利害是非，務要委曲成就爾等之意，亦辜負矣。牌至，即以此意勉諭各目各兵，此舉非獨爲除地方之害，亦爲爾等建子孫久長之業，盡此一番辛苦，便可一勞永逸矣。發去良民旗榜，可給則給，可止則止，一應事機，俱仰相機而行。其號色等項，已付思、田報效人役逕自帶回分俵，亦宜知悉。

追捕逋賊

據同知桂鏊稟報：「領兵土目盧蘇、王受等，各已屯兵八寨，斬獲賊首賊從數多，巢穴悉已破蕩，即今方在分兵四路搜勦。」及稱「附近上林縣一十八村，俱搬移上山躲住。又訪得鐵坑、那埋二堡賊村，界連遷江、洛春、高徑、大潘、思盧、北三、向北夷獞村分，今皆逃往潛住。又訪得八寨賊徒，我兵未進之前，陸續出劫鄉村，今皆不敢回巢，散入賓州淥里，并貴縣涼傘、壘紙等夷獞村分藏躲，合行分兵搜捕」等因。

看得八寨猺賊，稔惡多年，攻劫鄉村，殺害人民，擄掠財畜，百姓怨恨，痛入骨髓。今惡貫滿盈，民怨神怒，巢穴破蕩，分崩離析，如失林之梟，投罝之兔，迷魄喪魂，正可蒐獵而盡。是乃上天欲亡此賊之秋，若不乘此機會，奉行天討，以雪百姓之冤，以舒人神之怒，以除地方之禍，存其遺孽，復爲他日根芽，此豈爲民父母之心乎？及訪得平日哨守八寨官兵人等，往往與賊交通者，據法俱應明正典刑。今且姑未拏究，容其殺賊報效，立功自贖。除各差官督勦外。爲此牌仰指揮程萬全，督率遷江所土官指揮黄禄、千户黄瑞、百户淩顯等，各起集管下土兵人等，前去北三、思盧等處，搜捕各賊。仍行曉諭各良善向化村寨，務將逃躲各賊，盡數擒斬，以泄軍民之憤。獲功解報，一體給賞。若是與賊通謀，容留隱蔽，訪究得出，國憲難逃。如是各賊果有誠心悔罪，願來投撫，立功報效者，亦准免其一死，帶來軍門撫諭安插。各官務要盡忠竭力，上報國恩，下除民患，副軍門之委託，立自己之功名。仍督平日與賊交通之人，令其向道追捕，痛加懲改，及此機會，立功自贖。果能奮不顧身，多獲真正惡賊，非但免其既往之罪，抑且同受維新之賞。若猶疑貳觀望，意圖苟免，定行斬首示衆，斷不虚言。本院數日之後，亦且親臨地方，躬行賞罰。仰各上緊立功，毋自取悔！

牌行委官林應聰督諭土目

看得田州、思恩領兵頭目盧蘇、王受等所領目兵，皆係驍勇慣戰之人。今又各爲身家子孫之計，自願出力報效，立功贖罪，既已攻破賊巢，分屯其地，則其搜捕潰散之賊，當如探囊取物，數日可盡。今已半月有餘，尚未見有成功，氣勢日見委靡，此必軍中收有賊巢婦女等項，貪戀女色、財物，不肯割捨脱離，奮勇殺賊，苟且偷安，遂致兵氣日衰，軍威不振。若諸賊聞此消息，乘此懈怠，掩襲不備，我軍必致撓敗。如此則是各目此舉本欲立功而反敗事，本欲贖罪而反增罪，非惟不能仰報朝廷之德，抑且有損軍門之威矣。正名定罪，後悔何及！

爲此牌仰原任户部郎中、今降徐聞縣縣丞林應驄，齎執令旗令牌，會同總兵、監軍等官，公同署田州府事知州林寬，身督頭目盧蘇等，閲視各營，但有收得賊巢婦女、財物者，通行搜出，俱各開紀名數，别立老營一所，選委老成頭目，另撥謹實小心兵夫，晝夜管守。將各貪戀女色財物、不肯奮勇殺賊頭目兵夫，姑且免其罰治，責令即出搜山。果能多有擒斬，旬日之内功成班師，仍將前項婦女財物照名給還，亦不追究前罪。旁批：誰不效死？若有貪戀女贓，違犯軍令，仍前不肯效力者，仰即遵照軍門號令，當時斬首示衆，斷毋姑息容忍，致敗三軍大事。

蓋前日之招撫，專以慈愛惻怛爲念者，乃是本院憐憫兩府之民無罪而就死地，乃是父母愛子之心，惟恐一民不遂其生也。至於今日用兵，却須號令嚴明，有功必賞，有罪必戮者，乃是本院欲安兩府之民，使之立功贖罪，以定其身家，旁批：誰不效死？而因以除去地方之患，是乃帥師行軍之道，不如此不足以取勝而成功也。差去旗牌官員務要星火催督，毋事姑息。若旬日之後再無成功，本院親臨分地，定先將監軍、督軍等官明正軍法，其推奸避事、不肯奮勇殺賊頭目，通行斬首，決不虛言。

牌委指揮趙璇留勦餘賊

牌仰指揮趙璇，前去督哨副總兵張祐處，查審各寨稔惡猺賊曾否勦絶，各兵見住何處。聞已出屯三里，仰就各營土兵目夫，凡有疾病老弱者俱令在營將息調理；其精壯驍勇目兵，仍仰本官，務要三四日，或五六日，督令入山巡勦一番，出意外之奇，以示不測之武。須候各山果無潛遁之奸，各巢已無復歸之賊，俟軍門牌至，方許回兵。仍諭土目盧蘇、王受等，以如此炎毒天氣，如此暑雨連綿，各兵久在山中，辛勤勞苦，本院非不惓惓憂念，但一則欲爲爾等立功，一則欲爲地方除害，心雖不忍久勞爾等，而勢有所不能已也。爾等其務體本院之意，再耐旬日之苦，以成百年之功。毋得欲速一時，致貽後悔。事完之日，通至賓州，本院親行犒賞。就領牌劄，仰各知悉。

八寨斷藤峽捷音疏

據湖廣按察司分巡上湖南道監軍僉事汪溱、廣西按察司分巡左江道監軍僉事吴天挺、分巡右江道監軍副使翁素等會呈，節據廣西領哨潯州衛指揮馬文瑞、王勳、唐宏、卞琚、張縉、千户劉宗本、永順統兵宣慰彭明輔、官男彭宗舜、保靖統兵宣慰彭九霄，及辰州等衛部押指揮彭飛、張恩等，各呈前事，職等遵奉統領各該軍兵，依期於本年四月初二日密到龍村埠登岸。當蒙統督參將張經、都指揮謝珮，督同宣慰彭明輔，分布官男彭宗舜、頭目彭明弼、彭杰，領土兵一千六百名；隨同領哨指揮馬文瑞、頭目向永壽、嚴謹，領土兵一千二百名；隨同領哨指揮王勳，又督同宣慰彭九霄等，分布官男彭藎臣下報效頭目彭志明，領土兵六百名；隨同領哨指揮唐宏、頭目彭九皋，領土兵六百名；隨同領哨指揮卞琚、頭目彭輔，領土兵六百名；隨同領哨指揮張縉，頭目賈英，領土兵六百名；隨同領哨千户劉宗本，并各哨官員，領潯州等衛所及武靖州漢土官兵鄉導人等，共一千餘名。永順進勦牛腸，保靖進勦六寺等賊巢，刻定初三日寅時一齊抵巢。

各賊先防湖兵經過，各將家屬生畜驅入巢後大山潛伏。賊首胡緣二等，各率徒黨團結防拒。然訪知本院住札南寧，寂無征勦消息，又不見調兵集糧，而湖兵之歸又皆偃旗息鼓，略無警備，遂皆怠弛，不以爲意。至是突遇官兵四面攻圍，各賊倉惶失措。然猶恃其驍悍，蜂擁來敵。當有彭明輔、彭九霄、彭宗舜并頭目田大有、彭輔等，督率目兵，奮不顧身，衝突矢石，敵殺數合，賊鋒摧敗。當陣生擒、斬獲首賊并次從賊徒、賊級六十九名顆，俘獲男婦及奪回被虜人口、牛隻、器械等項數多。餘賊退敗，復據仙女大山，憑險結寨。各兵追圍，攀木緣崖，設策仰攻。至初四日，復破賊寨，當陣生擒、斬獲首賊并次從賊徒、賊級六十二名顆。初五日，復攻破油碎、石壁、大陂等巢，生擒、斬獲首賊及次從賊徒、賊級七十九名顆，俘獲男婦、牛隻、器械等項數多。餘賊奔至斷藤峽橫石江邊，因追兵緊急，爭渡覆溺死者，約有六百餘徒。官兵復從後奮勇追殺，當陣生擒獲斬首賊及次從賊徒、賊級六十五名顆，俘獲男婦、牛畜、器械等項數多。各賊間有一二漏網，亦皆奔竄他境。官兵追殺，至於本月初十日，遍搜山峒無遺。

稟蒙收兵，回至潯州府住劄。間隨蒙本院密切牌諭，復令職等移兵進勦仙臺等賊。就於本月十一日夤夜，仍前分布各哨官兵，遵照牌内方略，永順於盤石、大黃江登岸，進勦仙臺、花相等處。保靖於烏江口、丹竹埠登岸，進勦白竹、古陶、羅鳳等處。刻定於十三日寅時一齊抵巢。各賊聞知牛腸等巢破滅，方懷疑懼，謀欲據險自固。賊首黃公豹、廖八田等各率徒黨，沿途設伏埋簽，合勢出拒。官兵驟進，翕如風雨。各賊雖已奪氣，然猶舍死衝敵，比之牛腸等賊，兇惡尤甚。各該官兵奮勇夾擊，爭先陷陣，生擒、斬獲首賊及次從賊徒、賊級四百九十名顆，俘獲賊屬男婦、牛畜、器械等項數多。各賊奔入永安邊界，地名立山，恃險結寨。當蒙摘調指揮王良輔并目兵彭愷等，於本月二十四日亦各分路並進，奮勇爭先，四面仰攻，賊乃敗散。當陣生擒、斬獲首賊及次從賊徒、賊級一百七十二名顆，俘獲男婦、牛畜、器械數多。餘賊遠竄，追殺無遺。

又據把截邀擊參將沈希儀解報，擒斬首從賊徒、賊級八十六名顆。把截頭目鄧宗七，撫猺老人陳嘉猷，旗軍洪狗驢等，及貴縣典史蘇桂芳、把隘指揮孫龍、官舍覃鋙、潯州府捕盜通判徐俊、平南知縣劉喬等，亦各呈解擒斬首從賊徒、賊級八十一名顆，俘獲男婦器械等項數多。

又該督兵右布政林富，舊任副總兵張祐等，遵奉本院方略，分督田州府報效頭目盧蘇等目兵及官軍人等三千名，思恩府報效頭目王受等目兵及官軍人等二千名，韋貴等目兵及官軍鄉民人等一千一百名，照依分定哨道，進勦八寨稔惡猺賊，刻期於本年四月二十三日卯時一齊抵巢。先於二十二日晚，於新墟地方集各土目人等申布本院密授方略，乘夜銜枚速進，所過村寨，寂然不知有兵。黎明各抵賊寨，遂突破石門天險。我兵盡入，賊方驚覺，皆以爲兵從天降，震駭潰竄，莫知所爲。我兵乘勝追斬，各賊且奔且戰。薄午，四遠各寨驍賊聚衆二千餘徒，各執長標毒弩，并勢呼擁來拒，極其猛悍。我兵鼓噪奮擊而前，聲震巖谷，無不一當十。賊既失險奪氣，而我兵愈戰益奮，賊不能支，遂大奔潰。當陣生擒、斬獲首賊及次從賊徒、賊級二百九十一名顆，俘獲男婦、畜産、器械數多。賊皆分陣聚黨，奔入極高大山，據險立寨。我兵亦分道追躡圍勦，然巖壁峻絶，我兵自下仰攻，戰勢不便，賊從巔崕發石滚木，多爲所傷。於是多方設策，夜發精鋭，掩其不備。二十四日，我兵復攻破古蓬等寨，生擒、斬獲首賊及次從賊徒、賊級共一百三名顆，俘獲數多。二十八日復攻破周安等寨，生擒斬獲首賊及次從賊徒、賊級共一百四十六名顆，俘獲數多。五月初一日，復攻破古缽等寨，生擒斬獲首從賊徒、賊級一百二十七名顆，俘獲數多。初十日，復攻破都者峒等寨，斬獲首從賊徒、賊級一百四名顆，俘獲數多。

本月十二等日，復據參將沈希儀解到督領指揮孫繼武等，官軍及遷江土目兵夫人等，於高徑、洛春、大潘等處，追勦邀擊各寨奔賊，斬獲首從賊徒、賊級九十八名顆。都指揮高松解到督領指揮程萬全等官軍及土目兵夫人等，於思盧、北山等處搜勦截捕各寨奔賊，斬獲首從賊徒、賊級九十一名顆。又據同知桂鏊監督思恩土目韋貴、徐五等目兵，分勦銅盆等寨，斬獲首從賊徒、賊級一百九十二名顆，俘獲數多。又據通判陳志敬督領武緣、應虚等處鄉兵搜勦大鳴等山奔賊，斬獲首從賊徒、賊級八十六名顆。

又於本月十七等日，盧蘇、王受等，復攻破黄田等寨，斬首從賊徒、賊級三百六十二名顆，俘獲數多。六月初七等日，復攻破鐵坑等寨，斬獲首從賊徒、賊級二百五十三名顆，俘獲數多。又據指揮康壽、松千鬢、王俊等督領官兵，於録茅等處把隘搜截，斬獲首從賊徒、賊級四十八名顆。

各賊始雖敗潰，然猶或散或合，至是見其渠魁驍悍，悉就擒斬，遂各深逃遠竄。其稍有强力者尚一千餘徒，將奔往柳、慶諸處賊巢。我兵四路夾追，及之於横水江。各賊皆已入舟離岸，兵不能及。然賊衆船小，皆層疊而載，舟不可運，復因爭渡，自相格鬭，適遇颶風大作，各船盡覆，浮泊登岸得不死者，僅二十餘徒而已。我兵既無舟渡，又風雨益甚，遂各歸營。既晴，我兵仍分路入山搜勦，各賊茫無踪迹。又復深入，見厓谷之間，顛墮而死者不可勝計，臭惡薰蒸，不可復前。遠近巖峒之中，林木之下，堆疊死者，男婦老少大約且四千有餘。蓋各賊皆倉卒奔逃，不曾賫有禾米，大雨之中，饑餓經旬，而既晴之後，烈日焚炙，瘴毒蒸熾，又且半月有餘，故皆糜爛而死。八寨之賊畧已蕩盡，雖有脱漏，亦不能滿數十餘徒矣。

本院議於八寨之中，據其要害，移設衛、所，以控制諸蠻；復於三里設縣，以迭相引帶。親臨相視思恩府基，景定衛縣規則。其時暑毒日甚，山溪水漲，皆惡流臭穢，飲者皆成疫痢。旁批：先生以是而卒，傷哉！本院因見各賊既已掃蕩，而我兵又多疾疫死亡，乃遂班師而出。

照得各職於本年三月二十三等日，先奉本院鈞牌：「據左江道守巡、守備等官呈稱斷藤峽等處猺賊，上連八寨，下通仙臺、花相等峒，累年攻劫郡縣鄉村，被害軍民累奏請兵誅勦，乞要乘此兵威勦滅等因，行仰各職，監統各該官兵進勦各賊。諭令未至信地三日之前，停軍中途，候約參將張經，與同守巡各官集議，先將進兵道路之險夷遠近，各巢賊徒之多寡強弱，及所過良民村分之經由往復，面同各鄉導人等，逐一備細講究明白，務要彼此習熟，若出一人。然後刻定日時，偃旗息鼓，寂若無人，密至信地，乘夜速發，務使迅雷不及掩耳，將各稔惡賊魁盡數擒勦，以除民害，以靖地方。除臨陣斬獲外，其餘脅從老弱，一切皆可宥免。今茲之舉，唯以定亂安民爲事，不以多獲首級爲功。各官務仰體朝廷憂憫困窮之心，俯念地方久罹荼毒之苦，仍要禁約軍兵人等，所過良民村分，毋得侵擾一草一木。有犯令者，當依軍法斬首示衆。各官既有地方責任，兼復素懷忠義，當兹委任，務竭心力，以祛患安民。事完之日，通將獲過功次開報紀功御史紀驗，以憑奏報。」奉此，各職會同參議汪必東、僉事汪溱、吴天挺、參將張經、都指揮謝珮，遵照軍門成筭，分布各哨官兵，申明紀律，嚴督依期進勦前項各賊巢穴，獲功解報間。

隨准參將張經手本密奉本院鈞牌：「仰候牛腸事畢，即便移兵進勦古陶諸賊。就使各賊先已聞風逃遯，亦須整兵深入，掃其巢穴，以宣聲罪致討之威。若其遂能悔罪效順，亦宜姑與招安。如其仍前憑險縱恣，兩征不已，至於三；三征不已，至於四，務在殄滅，以絶禍根。各官就彼分定哨道，永順進勦仙臺諸處，保靖進勦白竹諸處，各分鄉導人等引路進兵，務在計慮周悉，相機而行，各毋偏執己見，致有誤事。彼中事勢，參將張經久於其地，必能知悉，仍要本官勇當力任，斷決而行，不得含糊兩可，終難辭責。」又經遵照方略，依期進勦，獲功解報間。

又於四月初五等日，各職先奉本院密切鈞牌，據右布政林富、副總兵張祐等呈稱：「八寨猺賊，毒害萬民，千百里内，塗炭已極。乞要乘此軍威，急除一方大患，等因。本院看得八寨之賊，既極驍猛，而石門天險，自來兵不能入，此可以計取，未易以兵力圖者。邇者思、田既附，湖兵尚留，彼賊心懷疑懼，必已設有備禦。今各州狼兵悉已罷散，而思、田新附之民方各歸事農耕，湖兵又已撤回，彼必以我爲無復有意於彼，是以近日稍稍復出剽掠，是殆以此探望官府舉動。今我若罔聞知，且聽其出没，彼亦放縱懈弛，謂我不復能爲。此正天亡之時，機不可失。前者思、田各目感激朝廷再生之恩，求欲立功報效。當時許其休息三月，然後調用，今已及期。仰右布政林富、副總兵張祐照牌事理，即便分投密切起調各目兵夫，趨路前到南寧面聽約束行事。各職遵奉起調，行至新墟地方，又密奉進兵方略，刻定日期。當即遵奉，連夜分哨速進，遂克攻破巢穴，連戰皆捷，斬獲功次解報間。

「職等各蒙巡按廣西監察御史石金案驗：『爲紀獲功次事，案行該道，各不妨監督。如遇參將張經、舊任副總兵張祐等官，各解到擒斬賊人賊級并俘獲賊屬男婦牛馬，俱要就彼審驗真的。事完，通查獲功員役，分別首從、功次、多寡、緣由，造册賫報，以憑覆審奏報』等因。除遵奉外，今據進勦斷藤峽谷各哨土目官兵解到生擒、斬獲首從賊徒、賊級一千一百四名顆，俘獲賊屬五百六十八名口。進勦八寨，各哨土目官兵解到生擒、斬獲首從賊徒、賊級一千九百一名顆，俘獲賊屬五百八十七名口。兩處共計擒、斬獲三千五名顆，俘獲賊屬一千一百五十五名口。除遵照案驗事理，再行驗實造册另報外，其各哨解到生擒、斬獲、俘獲等項功次數目，合先開報。

「職等會同參照斷藤峽諸賊，連絡數十餘巢，盤亙三百餘里，彼此犄角結聚，憑險稔惡，流劫郡縣鄉村。自國初以來，屢征不服。至天順年間，該都御史韓雍統兵二十餘萬來平兩廣，然後破其巢穴。兵退未久，各賊復攻陷潯州，據城大亂。後復合兵攻勦，兼行招撫，然後退還巢穴。自是而後，官府曲加撫處，或時暫有數月之安，而稍不如意，輒復猖獗，殺掠愈毒。蓋其祖父以來，狠戾相承，兇惡成性，不可改化。近年以來，官府招撫之計益窮，各賊殘毒之害日甚，蓋已至於不可支持矣。至於八寨諸賊，尤爲兇悍猛惡，利鏢毒弩，莫當其鋒。且其寨壁天險，進兵無路。自國初韓都督嘗以數萬之衆圍困其地，亦不能破，竟從招撫。其後屢次合勦，一無所獲，反多撓喪。惟成化年間，土官岑瑛能懾服諸猺，嘗合各州狼兵一入其巢穴，斬獲二百餘功。已而賊勢大湧，力不能支，當遂退兵，亦以招安而罷。自是而後，莫可誰何，流劫遠近，歲無虚月，民遭荼毒，冤苦無所控籲。自思、田多事，兩地之賊相連煽動，將有不可明言之變。千里之間，方爾洶洶朝夕。今幸朝廷威德宣揚，軍門方略密授，因湖廣之回兵而利導其順便之勢，作思、田之新附而善用其報效之機，翕若雷霆，疾如風雨，事舉而遠近不知有兵興之役，敵破而士卒莫測其舉動之端。兩地進兵，各不滿八千之衆；而三月報績，共已踰三千之功。蓋其勞費未及大征十之一，而其斬獲加於大征三之二，遠近室家相慶，道路歡騰，皆以爲數十年來未見有斯舉也。旁批：雖是實事，亦太誇張。

「職等承乏任使，雖衝冒炎毒，攀援險阻，不敢不竭力效命。但僅奉方略，安能仰贊一籌？照得宣慰彭明輔、彭九霄、官男彭宗舜等扶病冒暑，督兵勦賊，顛頓厓谷，仆而益奮，遂能掃蕩巢穴，殄滅渠黨。即其忠義激發，誠亦人所難能。其思、田報效頭目盧蘇、王受等，感激再生之恩，共竭效死之報，自備資糧，爭先首敵，遂破賊險，搗自昔不到之巢，斬自來難敵之寇。蓋有仰攻險寨墮厓而碎首者，猶曰『我死不憾』；亦有仰受賊弩、掛樹而裂肢者，猶曰『我死甘心』。旁批：如見。民間傳誦，以爲盧蘇、王受昔未招撫，唯恐其爲地方之患；今既招撫，乃復爲地方除患，嘖嘖稱嘆，謂其竭忠報德之誠，雖子弟之於父兄，亦不能是過矣。及照督兵、督哨、防截、給餉等項，凡有事於軍前各官，雖其職有崇卑，功有大小，然皆衝冒矢石炎瘴，備歷險阻艱難，比之往來大征，合圍困守，坐待成功，其爲利害勞逸，相去倍蓰。均乞録奏，以勸將來。」等因，到臣。

照得：先該各官呈稱前項各巢各賊，積年窮凶稔惡，千百里内，被其慘毒，萬姓冤苦，朝不保夕，乞要乘此軍威，急救一方塗炭，等因。其時臣方駐劄南寧，目覩其害，誠不忍坐視斯民之苦，一至此極。及查兵部屢次咨來題奉欽依事理，要將前項各賊即行發兵計勦，以除民患，正亦臣等職所當盡之責。但慮賊衆勢大，連絡千里，可以計破，難以力攻。欲俟再行奏請命下，然後舉行，必致形迹彰聞。雖用十萬之師，圖以歲年，亦未可克。故遂仰遵奉敕諭：「但有賊盜生發，當撫則撫，可勦則勦」及「便宜行事」事理，一面密切相機行事，及密行總鎮太監張賜知會，隨該鎮守兩廣豐城侯李旻亦相繼到任，又經轉行知會外。

今據各呈前因，該臣會同總鎮太監張賜、總兵李旻，及鎮巡三司等官，看得八寨、斷藤、牛腸、六寺、磨刀、古陶、白竹、羅鳳、龍尾、仙臺、花相等賊巢穴連絡，盤據千百餘里，兇悍驍猛，酷虐萬姓，流毒一方，自來征勦所不能克，果已貫盈罪極，神怒人怨，委有如各官所呈者。是誠兩廣盜賊之淵藪根柢，此而不去，兩廣盜賊終未有衰息之漸也。乃今於三月之内，止因湖廣便道之歸師，及用思、田報效之新附，兩地進兵，不滿八千，而斬獲三千有奇，巢穴掃蕩，一洗萬民之冤，以除百年之患。此豈臣等知謀才略之所能及？是皆皇上除患救民之誠心，默贊於天地鬼神，而神武不殺之威，任人不疑之斷，震懾遠邇，感動上下。且廟廊諸臣咸能推誠舉任，公同協贊，唯國是謀，與人爲善。旁批：妙，好。故臣等得以展布四體，無復顧慮，信其力之所能爲，竭其心之所可盡，動無不宜，舉無弗振，諸將用命，軍士效力，以克致此。雖未足爲可稱之功，而朝廷之上所以能使臣等獲成是功者，實可以爲後世行事之法矣。不然，則兵耗財竭，凋弊困苦之餘，僅僅自守，尚恐未克，而况敢望此意外之事哉？

照得宣慰彭明輔、彭九霄、官男彭宗舜等，皆衝犯暑毒，身親陷陣，事竣之後，狼狽扶病而歸，生死皆未可必。其官男彭藎臣者，亦遣家丁遠來報效。兩年之間，顛頓道途，疾疫死亡，誠人情所不能堪者。而彭明輔等忠義奮發，略無悔怠，即其一念報國之誠，殊有所不可泯者。至於思、田報效頭目盧蘇、王受等，感激朝廷再生之恩，自備資糧，力辭軍餉，實能舍死破敵，爭先陷陣，唯恐功效不立，無以自白其本心。謂子弟之於父兄，亦不過是，誠非虛言。此皆臣所親見者也。

及照留撫思、田右布政林富，已聞都御史之擢，而忠義激發，猶且不計體面，必欲督兵入巢，破賊而後出，是尤人所難能。舊任副總兵張祐、參將張經、沈希儀、湖廣督兵僉事汪溱、廣西督兵僉事吴天挺、參議汪必東、副使翁素、湖廣督兵都指揮謝珮、廣西都指揮高崧，及各督哨、督押、指揮等官馬文瑞、王勳、唐宏、卞琚、張縉、彭飛、張恩、周徹宗、趙璇、林節、劉鐙、武鑾、千户劉宗本等，督勦縣丞林應驄、主簿季本，并防截、搜捕、調度、給餉等項官員，知府程雲鵬、蔣山卿、同知桂鏊、史立誠、舒柏、通判陳志敬、徐俊、知州林寬、李東、諭召知縣劉喬、縣丞杜桐、蕭尚賢、經歷周奎等，雖其才猷功績各有大小等級之殊，而利害勤苦，亦有緩急久暫之異，然當兹炎毒暑雨之中，瘴疫薰蒸、經冒鋒鏑之場，出入崎險之地，固皆同效捍患勤事之績，均有百死一生之危者也。

伏望皇上明昭軍旅之政，既行廟堂協贊舉任之上賞，亦録諸臣分職任事之微勞，及將宣慰彭明輔等特加陞獎，官男彭宗舜、彭蓋臣免其赴京，就彼襲替，以旌其報國之義。土目盧蘇、王受等，亦曲賜恩典，或不待三年而遂錫之冠帶，以勵其報效之忠。如此，庶幾功無不賞，而益興忠義之心；賞當其功，而自息僥倖之望矣。

臣以懦劣迂疎，繆蒙不世之知遇，授以軍旅重任，言無不録，計無不行，且又慰以溫旨，使之不必顧忌。臣伏讀感泣，自誓此生鞠躬盡死以報深恩。今兹之役，本無足言，然亦自幸苟無覆敗，以免戮辱。但恨身嬰危疾，自後任勞頗難，已具本告回養病，乞賜俯允，俾得全復餘生，尚有圖報之日。臣不勝願望！

處置八寨斷藤峽以圖永安疏

照得臣於去歲奉命勘處思、田兩府，皆蒙皇上天地好生之仁，悉從寬宥。兩府人民今皆復業安居，化爲無事寧靖之地，自此可以永無反覆之患，而免於防守屯戍之勞矣。惟是八寨及斷藤峽諸賊，積年痡毒生民，千百里内，塗炭已極。臣既目覩其害，遂遵奉敕諭事理，乘機舉兵征勦。仰賴神武威德，幸已翦滅蕩平。一方倒懸之苦，略已爲之一解。但將來之患不可以不預防，而事機之會，亦不可以輕失。臣因督兵，親歷諸巢，見其形勢要害，各有宜改立衛所，開設縣治，以斷其脉絡而扼其咽喉者。若失今不爲，則數年之間，賊必漸復，歸聚生息。不過十年，又有地方之患矣。臣以多病之故，自度精神力量斷已不能了此，但已心知其事勢不得不然，不敢仰負陛下之託，俯貽地方之憂。輒已遵奉敕諭便宜事理，一面相度舉行，不避煩瀆之誅，開陳上請。乞賜採擇施行，實地方之幸，臣等之幸！

計開：

一、移築南丹衛城於八寨

臣等看得八寨之賊實爲柳、慶諸賊之根柢。蓋其東連柳州隴蛤、三都嶺、三北四等處賊峒以數十，北連慶遠忻城、東歐、莫往、八仙等處賊峒亦以數十，西連東蘭等州及夷江、土者等處賊峒以十數，南接思恩及賓州上林縣諸處賊村亦以十數。各處賊巢雖多，其小者僅百數人，大者不過數百人及千人而止。各賊巢穴皆有山谿之限，險阨之守，不相通和。至期有急，或欲有所攻劫，糾合會聚，然後有一二千之衆，多至數千者。惟八寨之賊，每寨有衆千餘，四山环合，同據一險。無事則分路出劫，有警急奔入其巢。數千之衆皆不糾而聚，不約而同，不謀而合。故名雖爲「八」，實則一寨。此八寨之賊所以勢衆力大，而自來攻之有不能克者也。各巢之賊皆倚恃八寨爲逋逃主，每有緩急，一投八寨，即無所致其窮詰。八寨爲之一呼，則羣賊皆應聲而聚。故羣賊之於八寨，猶車輪之有軸，樹木之有本。若八寨不除，則羣賊決無衰息之期也。今幸八寨悉已破蕩，正宜乘此平靖之時，據其要害，建置衛所，以控馭羣賊。

臣等看得周安堡正當八寨之中，四方賊巢道路之所，會議於其地創築一城，度可以居數千之衆者，而移設南丹一衛於其間。蓋南丹衛舊在南丹州地方，爲廣西極邊窮苦之地，非中土之人所可居者。故自先年屢求内徙，今已三遷而至賓州，遂爲中土富樂之鄉。賓州既有守禦千户一所官軍，而又益以南丹一衛自遠來徙，無片田尺土之籍，但惟安居坐食，取給於賓州。州城之内，皆職官旗舍之居，州民反避處於四遠村寨。每遇糧差徭役，然後入城。故州官號令不行於城中，而政事牽沮，地方益弊。今計一衛之官軍雖不滿五百之數，蓋盡移其家衆則亦不下二千。以二千之衆，而屯聚於一城，其氣勢亦已漸盛，足充守禦。遂清理屯田之在八寨者，使之屯種，又分撥各賊佔據之田，使各官軍得以爲業，以稍省俸給月糧之費，彼亦無不樂從。且賓州之城既空，又可以還聚居民，修復有司之治，亦事之兩便者也。

臣等又看得遷江八所皆土官、指揮、千、百户等職，舊有狼兵數千，以分制八寨猺賊之勢。後因賊勢日盛，各官皆不敢復入，反遂與之交通結契，及爲之居停指引，分其劫掠之所得，共爲地方之害，已非一日。官府察知其奸，欲加懲究，則又倚賊爲重，不可根極。近臣督兵其地，悉將各官遵照敕諭事理，綁赴軍門，議欲斬首示衆，以警遠近。而各官哀求免死，願得殺賊立功自贖。然其時賊勢已平，遂許其各率土兵入屯八寨，就與該衛官軍分工效力，助築城垣。待城完之日，就與城外别築營堡，與南丹衛官軍掎角而守。亦各分撥賊田，使之耕種，以資衣糧。今八所土兵雖已比舊衰耗，然亦尚有四千餘衆，若留其微弱者四所於外，以分屯其所遺之田，而調其强盛者四所於内，合南丹一衛之衆以守，亦且四千有餘，隱然足爲柳、慶之間一巨鎮矣。此鎮一立，則各賊之脉絡斷，咽喉絶，自將沮喪震懾，其勢莫敢輕動。稍有反側者，據險出兵而撲之，夕發而旦至，各賊之交，自不能合，如取几上之肉，下筋無弗得者。此真破車輪之軸，而諸輻自解；伐樹木之本，而衆幹自枯。不過十年，柳、慶諸賊不必征勦，皆將效順而服化矣。

一、改築思恩府城於荒田

臣等看得思恩舊治，原在寨城山内，尚歷高山數十餘里。其後土官岑濬始移出地名橋利，就巖險壘石爲城而居。四面皆斬出絶壁，府治亦在礐確之上，芒利硆砎之石衝射牴觸，如處戈矛劒戟之中。自岑濬被誅，繼是二十餘年，反者數起，曾不能有一歲之安。人皆以爲風氣所使，雖未可盡信，然頑石之上，不生嘉禾；而陰崖之下，必有狐鼠，要亦事理之有然者。况其地瘴霧昏塞，薄午始開。中土之人來居，輒生疾疫。自春初思、田歸附之後，臣時即已經營料理其事，竟未能有相應之地。近因督勦八寨，復親往相度，乃於未至橋利六十里外地名荒田者，其地四野寬衍，皆膏腴之田。而後山起伏蜿蜒，敷爲平原，環抱涵蓄。兩水夾繞後山而出，合流於前，屈曲數十里，入武緣江，水達於南寧。四面山勢重疊盤迴，皆軒豁秀麗，真可以建立府治。臣因信宿其地，旁批：誰肯？爲之景定方向，創設規則。諸夷來集，莫不踴躍歡喜，爭先趨事赴工。遂令署府事同知桂鏊督令各役，擇日興工。

蓋思恩舊治皆在萬山之中，水道不通，故各夷所須魚鹽諸貨，類皆遠出展轉鬻買，往反旬月，十不致一，常多匱絶。舊府既地險氣惡，又無所資食，故各夷終歲不一至府治，情益疎離，易生嫌隙。今府治既通江水，商貨自集，諸夷所須，皆仰給於府，朝夕絡繹，自然日加親附歸向。而武緣都、里，舊嘗割屬思恩者，其始多因路險地隔，不供糧差。今荒田就係武緣止戈鄉一圖二圖之地，四望平野，坦然大道，朝往夕反，無復阻隔。則該府之官自可因城頭巡檢之制，循土俗以順各夷之情，又可開圖立里，用漢法以治武緣之衆。夷夏交和，公私兩便，則改築思恩府城於荒田者，是亦保治安民、勢不容已之事。

一、改鳳化縣治於三里

臣等勘得思恩舊有鳳化一縣，然無城郭、縣治、廨宇。選來知縣等官，多借居民村，或寄其家眷於賓州諸處，而遷徙無常，如流寓者然。上司憐其無所依泊，則委之管理別印，或以公務差遣，往來於外，以苟歲月。故鳳化之在思恩，徒寄虚名，而實無縣治。臣近督勦八寨，看得上林縣地名三里者，乃在八寨之間。其地平廣博衍，東西數里，外石山周圍如城，自後極高。石山之間，獨抽土山一脉，起頓昂伏，分爲兩股，環抱而前，遂有兩水夾流土山之外，當心交合。出水之口，石山十餘重，錯互回盤，轉折二三十里。極外，石山合爲城門，水從此出，是爲外隘。其間多良田茂林，村落相望。前此居民十餘家，皆極饒富，後爲寨賊所驅殺佔據，遂各四散逃亡，不敢歸視其土者，已二十餘年。今各賊既滅，遂空其地。不及今創設縣治以據其險，或有漏殄之賊潛回其間，日漸生息結聚，後阻石門之險，前守外隘之塞，不過數年，又將漸爲地方之梗矣。故臣以爲，宜割上林上、下無虞鄉三里之地屬之思恩，而移設鳳化縣治於其内，量爲築立城垣廨宇，選委才能之官興督其役。遠近聞之，不過三四月，而逃亡之民將盡來歸，各修復其田業，供其糧差，蔚然遂可以成一方之保障。且其南通南丹新衛五六十里，南丹在石門之内，鳳化當石門之外，内外聲勢連合，而石門之險亡。西至思恩一百餘里，取道於那學，沿途村寨，荒塞日久，因此兩地之人往來絡繹，而道路益通。又上林舊在大鳴山與八寨各賊之間，勢極孤懸，今得鳳化爲之唇齒，氣勢日益，雖割三里之地以與鳳化，而緑茅、緑篠等村寨舊所亡失土田，皆將以次歸復，則亦失之於東而收於西矣。

及照思恩雖已設立流官知府，然其所屬皆土目巡檢，而舊屬鳳化一縣亦皆徒寄空名，實未嘗有，今割武緣止戈一圖二圖之地改築思恩府城，而又割上林上、下無虞、三里之地改設鳳化縣治，固於思恩亦已稍有資輔。但自鳳化三里至於思恩一百五六十里，中間尚隔上林一縣。臣以爲并割上林一縣而通以屬之思恩，似於事勢爲便，而於體統尤宜。何者？柳州一府所屬二州十縣，賓州蓋柳州所屬者，且有上林、遷江兩縣。今思恩既設流官知府，固亦一府之尊，而反不若柳州所屬之一州也，其於體統亦有所未稱矣。况賓州自有十五里，而又有遷江一縣，雖割上林以與思恩，其地猶倍於思恩，未爲遽損也。上林之屬賓州與屬思恩，均之爲一屬邑，亦未有所加損也。然以之屬於思恩，則思恩始可以成一府之規模，而其間有無相須，緩急相援，氣勢相倚，流官之體統益尊，則土俗之歸向益謹。郡縣之政化日新，則夷民之感發日易，固有不可盡言之益也。夫立新縣以扼據地險，改屬縣以輔成府治，是皆所以乂安地方者也。

一、添設流官縣治於思龍

照得南寧自宣化縣至於田寧，逆流十日之程。宣化所屬如思龍十圖等處，相去尚有五日六日，其間錯以土夷村寨，地既隔越，而窮鄉小民，畏見官府，故其糧差多在縣之宿奸老蠹與之包團，因而以一科十。小民不勝迫脅，往往逃入夷寨，土夷又從而侵暴之，地日凋殘，盜賊日起。近年以來，思龍之圖鄉民屢次奏乞添設縣治，以便糧差。蓋亦内迫於縣民之奸，外苦於土夷之暴，不得已而然。臣因入撫田寧，親歷其所，民之擁道控告者以千數，因停舟其地，爲之經理相度。得村名那久者，其地亦寬平深厚，江水縈迴環匝。傍有一江來會，亦正於此合流。沿江居民千餘家，竹樹森翳，烟火相接，且向、武各州道路皆經由其傍，亦爲四通之地。若於此分割宣化縣思龍一、五、六、七、八、九、十、十二及西鄉之六、八圖共十里之地而設立一縣治，則非獨以便窮鄉小民之糧差賦役，亦足以鎮據要害，消沮盜賊。其間小民村居，如那茄、馬坳、三顏、那排之類，未可悉數，皆久已淪入於夷。今若縣治一立，則此等村寨，諸夷自不得而隱占，皆將漸次歸復流官，而其地遂接比於田寧，固可以所設之縣而遂以屬之田寧矣。

夫南寧一府所屬一州三縣，而宣化一縣自有五十二里，今雖分割十里之地以與田寧，而宣化尚有四十二里。一縣之地，猶四倍於一府也。况田寧又系新創流官府治，所統皆土目巡檢，今得此一屬縣爲之傍輔，又自不同。臣於前割上林以屬思恩之議，已略言之矣。且左江一帶，自蒼梧以達南寧，皆在流官腹裏之地；自南寧以達於田寧，自田寧以通於雲貴、交趾，則皆夷村土寨。稍有疑傳，易成閡隔。今田寧、思恩二府既皆收設流官，與南寧鼎峙而立，而又得此新創一縣以疏附交連於其間，平居無事，商貨流通，厚生利用；一旦或有境外之役，道路所經，皆流官衙門，從門庭中度兵，更無阻隔之患。此亦安民利國之事，勢所當爲者也。仍乞定賜縣名，選官給印，地方幸甚。

一、增築守鎮城堡於五屯

照得斷藤峽諸賊既平，守巡各官議調土、漢官兵數千於潯州，以防不測。該臣看得各賊既滅，縱有一二漏網，其勢非三四年亦未能復聚。爲今之計，正宜勦撫並行。蓋破滅窮凶各賊者，所以懲惡；而撫恤向化諸猺者，所以勸善。今懲惡之餘，即宜急爲勸善之政，使軍衛有司各官分投遍歷向化村寨，慰勞而存恤之。給以告示，賜以魚鹽，因而爲之選立尊長，諭以朝廷所以征勦各巢者，爲其稔惡也。今爾等向化村寨，自宜安心樂業，益堅爲善之志；但有反側悖亂者，即宜擒送官府，自當重賞，以酧爾勞。其漏殄諸賊，果能誠心悔惡，亦皆許其歸附，待以良民。夫使向化者益勸於爲善而日加親附，則惡黨自孤，賊勢自散，不復能合。縱遺一二，終將屈而順服矣。乃今則不然，賊既被勦而猶屯兵不散，使漏殄之徒得以藉口摇惑遠近，其向化村分又畧不加恤，奸惡之民復乘機而驅脅虐害之；彼見賊已破滅而復聚兵，已心懷驚疑矣，而又外惑於賊黨之扇摇，内激於奸民之驅脅，遂勾結相連而起。此近年以來所以亂始平而變復作，皆迷誤於相沿之弊而不察也。今各賊新破，勢決未敢輕出，雖屯數千之衆，不過困頓坐食，徒穢擾民居，耗竭糧餉，而實無益於事。吾民久被賊苦，今始一解其倒懸，又復自聚無用之兵以重困之，此豈計之得者哉？惟於各寨之中，相其要害之地，創立一鎮以控制之，此則事理之所當行，亦正宜乘此掃蕩之餘而速圖之者。

其在斷藤、牛腸諸處，則既切近潯州府衛，不必更有所設。至於四方各寨，遍歷其要害險阻，則惟五屯正當風門、佛子諸巢穴，而西通府江，北接荔浦各處猺賊，最爲緊要之區。宜設一鎮，以控御遠邇。而舊已有千户所統率官兵，亦幾及一千之數，困於差徭，日漸躲避於附近土目村寨，官司失於清理，止有五百。其後上司不聞地方之艱難，又於五百之中分調哨守於他所，而所餘遂不滿二百。既而賊亂四起，守禦缺乏，則又取調潮州之兵數百以來協守五屯。事既紛亂，人無所遵，兼以統馭非人，故地方遂致大壞。且其屯堡牆垣亦甚卑隘，不足以壯威設險。今宜開拓其地，增築高城，度可以居二千之衆，而設守備衙門於其内。取回五百之中分調哨守於他所之兵，其自潮州調來協守者，則盡數發還原衛，以免兩地各兵背離鄉土之苦、往復道途之費。仍於附近土寨目兵之中，清查揀補其原避差役者，務足原數一千。選委智略忠勇之官一員重任而專責之，使之訓練撫摩，敷之以威信，而懷之以仁恩。務在地險既設而士心益和，自然動無不克而行無不利。參將、兵備各官，又不時新至其地經理而振作之，或案行其村寨，或勸督其農耕，或召其頑梗而曲示訓懲，或進其善良而優加獎賜，或救恤其災患，或聽斷其是非。如農夫之去稂莠而養嘉禾，漸次耕耨而耘鋤之。無事之時，隨意取調附近土官兵款或百人或七八十人，以協同哨守爲名，使之兩月一更班，而絡繹往來於道路，以慣習遠近各巢之耳目。自後我兵出入，自將無所驚疑。果有兇梗，當事舉動，然後密調精悍可用土目一二千名，如尋常哨守然，以次潛集城中，畜力養鋭，相機而發。夫無事而屯數千之兵，則一月糧餉費踰千金。若每一年無屯軍之費，用之以築城設險，犒賞兵士，招來遠人，亦何事不行，何工不就？旁批：妙人。此增築城堡以據要害，所謂謀成而敵自敗，城完而寇自解，險設而賊自摧，威震而奸自伏，正宜及今爲之，而亦事勢之不可已焉者也。

牌行副總兵張祐搜剿餘巢

訪得上林相近地方如渌茅等村，皆繫陽招陰叛，與八寨諸賊裏應外合，積年流毒地方。即其罪惡，尤有甚於八寨諸賊，若不剿滅，終遺禍根。爲此，今差指揮趙璇齎牌前去督哨副總兵張祐處計議，仰即密召領兵頭目盧蘇、王受等，令各挑選精兵一千，或一千五百，以搜巡八寨爲名，當日乘夜速發，分道夾剿。後開各賊村分，務要殲除黨與，蕩平巢穴。若是各賊奔竄大名深山，各兵就可留屯其地，食其禾米六畜，分兵探賊嚮往追捕。本院先曾發有武緣鄉兵，分搜大名諸山。遥計此時，各賊正回山下各村躲住，及今往勦，正合事機。仰諭各目，務要潛機速發，不得遲留隔宿，必致透漏消息，徒勞無功。發兵進勦之後，一面差人飛報。

計開：緑茅　通親　緑小　批頭　羅煖。

其餘各巢不能盡開，須要量其罪惡大小，可勦則勦，可撫則撫，相機而行。

祭永順寶靖土兵文

維湖廣永順、寶靖二司之土兵，多有物故於南寧諸處者，嘉靖七年六月十五日乙卯，欽差總制四省軍務尚書左都御史新建伯王委南寧府知府蔣山卿等，告於南寧府城隍之神，使號召諸物故者之魂魄，以牛二、羊四、豕四，祭而告之曰：

嗚呼！諸湖兵壯士，傷哉！爾等皆勤國事而來，死於兹土，山谿阻絶，不能一旦歸見其父母妻子，旅魂飄飖於異域，無所依倚。嗚呼傷哉！三年之間，兩次調發，使爾絡繹奔走於道途，不獲顧其家室，竟死客鄉，此我等上官之罪也。復何言哉！復何言哉！古者不得已而後用兵，先王不忍一夫不獲其所，况忍羣驅無辜之赤子而填之於溝壑？且兵之爲患，非獨鋒鏑死傷之酷而已也。所過之地，皆爲荆棘；所住之處，遂成塗炭。民之毒苦，傷心慘目，可盡言乎？邇者思、田之役，予所以必欲招撫之者，非但以思、田之人無可勦之罪，於義在所當撫，亦正不欲無故而驅爾等於兵刃之下也。而爾等竟又以疾病物故於此，則豈非命耶？嗚呼傷哉！人孰無死，豈必窮鄉絶域能死人乎？今人不出户庭，或飲食傷多，或逸欲過節，醫治不痊，亦死矣。今爾等之死，乃因驅馳國事，捍患禦侮而死，蓋得其死所矣。古之人之固有願以馬革裹尸，不願死於婦人女子之手者。若爾等之死，真無愧於馬革裹尸之言矣。嗚呼壯士！爾死何憾乎！

今爾等徒侶皆已班師去矣，爾等游魂漂泊，正可隨之西歸。爾等尚知之乎？爾等其收爾游魂，斂爾精魄，駕風逐霧，隨爾徒侶去歸其鄉。依爾祖宗之墳墓，以棲爾魂；享爾妻子之蒸嘗，以庇爾後。爾等徒侶或有徵調之役，則爾等尚鼓爾生前義勇之氣，以陰助爾徒侶立功報國，爲民除患。豈不生爲壯烈之夫，而没爲忠義之士也乎！

予因疾作，不能親臨祭所，一哭爾等，以舒予傷感之懷。臨文悽愴，涕下沾臆。今委知府布告予衷，爾等有靈，尚知之乎？嗚呼傷哉！

犒獎儒士岑伯高

照得思、田之亂，上廑九重，命將出師，動調四省軍馬錢糧，洶洶兩年，功未告成，而變日不測。本院前來勘處，是固仰賴皇上好生之仁格於天地，至誠動物，不疾而速，是以宣布威德。而旬月之間，諸夷即爾革心向化，翕然來歸。然而奔走服役，固有效勞於下者。其間乃有深謀秘計之士，潛開默導，以會合事機，其功隱而難見，此惟主將知之。功成行賞，是所謂首功者也。

照得儒士岑伯高，素行端介，立心忠直，積學待時，安貧養母。一毫無所苟取，而人皆服其廉；一言不敢輕發，而人皆服其信；遊學橫州、南寧之間，遠近士夫，及各處土官土夷，莫不聞風向慕，仰其高節。本院撫臨之初，即用此生，使之深入諸夷，仰布朝廷之德，下宣本院之誠。是以諸夷孚信之速至於如此，本生實與有力焉。當時平復奏内，即欲具列本生之功。而事變方息，深謀秘計，未欲張布於諸夷。且本生志在科第發身，不肯異途苟進，堅辭力請。本院不欲重違雅志，遂爾未及奏列。今思、田既已大定，凡有微勞於兹役者莫不開列，而本生之功泯然未表，其於報功勵忠之典，誠有未當。仰抄案回司，即於軍餉銀内動支一百兩，及置買彩幣羊酒，禮送本生，以見本院慰賞犒勞之意。仍仰遵本院欽奉敕諭便宜事理，給與軍功冠帶，以榮其身。該司仍備給劄付執照，并行原籍官司，以禮優待，免其雜泛差徭。明朝廷賞功之典，彰軍門激勵之道。既以遂其養母之願，且以遂其高尚之心。是後本生志求科第，其冠帶自不相妨。

仍行兩廣總鎮、總兵、鎮巡等衙門知會。

卷之八　年譜

本譜

謹按：先生諱守仁，字伯安。其先出晉光禄大夫王覽之裔，而右軍將軍羲之之後也。世居山陰，至二十三世迪功郎壽者，自達溪徙居餘姚，遂爲餘姚人。壽五世孫綱，善鑑別，有文武全才。國初誠意伯劉伯溫薦爲兵部郎中，擢廣東參議，死苗難。其子彦達綴羊革裹屍歸葬，是爲先生五世祖。御史郭純上其事，廟祀增城。彦達號秘湖漁隱，生高祖，諱與準，精禮、易，著易微數千言。永樂間，舉遺逸不起，號遁石翁。曾祖諱世傑，人呼爲槐里子，以明經貢太學卒。祖諱天敘，號竹軒，魏嘗齋瀚立傳，敘其環堵蕭然，雅歌豪吟。有竹軒藁、江湖雜藁行于世。封翰林院修撰。自槐里子以下兩世，皆贈嘉議大夫、禮部右侍郎，追贈新建伯。父諱華，字德輝，别號實菴，晚稱海日翁，嘗讀書龍泉山，又稱龍山公。成化辛丑，賜進士及第第一人，仕至南京吏部尚書，封新建伯。龍山念山陰佳山水，又爲先世故居，復自姚徙越城之光相坊。先生因築室陽明洞，洞距越城東南二十里，學者咸稱爲陽明先生焉。

憲宗成化八年壬辰（一四七二）〔一〕

九月三十日丁亥，而先生生。生之夕，祖母岑夢神人衣緋玉，自雲中鼓吹而來，送兒授岑。岑驚寤，遂聞啼聲，竹軒公故名先生「雲」。而鄉人相傳，亦遂指所生樓曰「瑞雲樓」云。

成化十二年丙申（一四七六）

先生五歲，猶不言。一日，有僧來過，目之曰：「好箇孩兒，可惜道破。」竹軒公乃更今名，名曰「守仁」。

〔一〕公元紀年爲方便現代讀者查考而加，並於紀年前一律加年號。

成化十七年辛丑（一四八一）

先生十歲。龍山公舉進士。

成化十八年壬寅（一四八二）

先生十一歲。龍山迎竹軒公至京師，因携先生。先生從翁及客遊金山，客擬賦詩，先生從傍賦曰：「金山一點大如拳，打破維揚水底天。醉倚妙高臺上月，玉簫吹徹洞龍眠。」客大驚，命賦蔽月山房。先生隨口應曰：「山近月遠覺月小，便道此山大於月。若人有眼大如天，還見山小月更闊。」先生豪邁不羈，龍山憂之，唯竹軒公知之。一日，與同學走長安街，遇一相士曰：「吾爲爾相，爾鬚拂領，其時入聖境；鬚至上丹臺，其時結聖胎；至下丹田，而聖果圓矣。」先生感其言，歸問塾師曰：「何爲第一等事？」師曰：「讀書登第。」先生曰：「此恐未是第一，當讀書學聖賢耳。」

成化二十年甲辰（一四八四）

先生十三歲，寓京師。是年，母太夫人鄭氏卒。

成化二十二年丙午（一四八六）

先生十五歲，寓京師。時石英、王勇起畿內，石和尚、劉千斤亂秦中，先生出遊居庸三關，慨然有經略四方之志。歷詢諸豪種落，逐胡兒騎射，經月始返。曾夢謁馬伏波將軍廟，賦詩曰：「卷甲歸來馬伏波，早年兵法鬢毛皤。雲埋銅柱雷轟折，六字題文尚不磨。」

後學卓吾子李贄曰：先生卒亦裹尸而歸，爲朝臣桂萼所讒毁，奪其封爵，何其若合符契也！有志竟成，先生可無恨矣。

孝宗弘治元年戊申（一四八八）

先生十七歲，親迎諸氏於洪都。時外舅諸養和爲江西布政司參議，先生就官署委禽。合巹之日，偶行入鐵柱宫，見有道者，趺坐一榻，就而扣之，因得聞養生之術，即相對忘歸。

弘治二年己酉（一四八九）

先生十八歲。十二月，夫人諸氏歸餘姚。舟至廣信，謁婁一齋諒，語「格物」，謂聖人必可學。明年，龍山公歸，以外艱也。

弘治五年壬子（一四九二）

先生二十一歲。秋，舉浙江鄉試。是年，科場中半夜時，有二巨人，各衣緋緑，東西立，大言曰：「三人好作事。」已忽不見。其後宸濠之變，胡尚書世寧發其奸，孫忠烈燧死其難，而先生平之，皆當日同榜作好事三人也。

卓吾子曰：噫，豈偶然耶！

明年春，會試不第。大學士李西涯戲曰：「汝今歲不第，來科必爲狀元，試作來科狀元賦。」先生懸筆立就。諸老咸驚，目爲天才。

弘治十年丁巳（一四九七）

先生二十六歲，寓京師。時邊報甚急，朝廷推舉將才。先生念武科之設，僅得騎射勇力之士，不可以收韜略統御之才，於是兵家秘書無不究。或賓燕，則聚果核列陣爲戲。

卓吾曰：武科亦有初場、二場、三場，初、二場試騎射矣，三場試策論。考古典，説時務，獨不可以見雄才乎？堂下一言即堪拔識，况長篇巨篇哉！特恨無識貨之人，故先生傷之。

弘治十一年戊午（一四九八）

先生二十七歲，寓京師。

弘治十二年己未（一四九九）

先生二十八歲。會試，舉南宮第二人，賜二甲進士出身第七人，觀工部政。先生未第時，夢威寧伯遺以弓劍。是秋，欽差督造威寧伯王越墳事竣，威寧家出威寧所佩寶劍爲贈，既與夢符，乃受之。復命，上邊務八事，言極剴切。

弘治十三年庚申（一五〇〇）

先生二十九歲。授刑部雲南清吏司主事。

弘治十四年辛酉（一五〇一）

先生三十歲。奉命審録江北。既竣事，因遊九華，作遊九華賦，宿無相、化城諸寺。時有道者蔡蓬頭，先生待以客禮，請問仙道。蔡曰：「尚未。」有頃，屏左右，引至後亭，再拜請問。蔡曰：「尚未。」至於三，蔡乃曰：「汝後亭禮雖隆，終不忘官也。」於是大笑遂别。又聞地藏洞有異人，坐卧松毛，不火食，歷嵓險訪之。值其熟睡，先生嘿坐其旁，撫其足。有頃而醒，因論最上一乘曰：「周濂溪、程明道是你儒家兩箇好秀才也。」及後再至，已他移矣。故先生復有「會心人遠」之歎焉。

弘治十五年壬戌（一五〇二）

先生三十一歲。八月，疏請告歸越。築室陽明洞中，行導引術。久之，友人王思輿等四人來訪，方出五雲門，先生命僕迎之，且歷語其來蹟。僕遇與語良合，衆皆驚異，以爲先知。先生曰：「此簸弄精神，非道也。」即屏去。已而靜久，思離世遠去，唯祖母岑與龍山公在念。久之，又忽悟曰：「此念生於孩提，此念可去，是斷滅種性矣。」

明年遂移疾錢塘西湖，往來南屏、虎跑諸刹。有僧坐禪三年，不語不視，先生喝曰：「這和尚終日口巴巴説甚麽！終日眼睁睁看甚麽！」僧驚，即開視對語。先生問其家，對曰：「有母在。」曰：「起念否？」對曰：「不能不起。」先生即指愛親本性諭之，僧涕泣謝。明日問之，僧已去矣。

弘治十七年甲子（一五〇四）

先生三十三歲，在京師。秋，主考山東鄉試。巡按山東監察御史陸偁聘主鄉試，試、録皆先生手筆。録出，人占先生經世之學。

九月，改兵部武選清吏司主事。

弘治十八年乙丑（一五〇五）

先生三十四歲，在京師。是年，先生門人始進。與甘泉湛先生若水定交，以倡明聖學爲事。

武宗正德元年丙寅（一五〇六）

先生三十五歲，在京師。二月，上封事，下詔獄，謫龍場驛驛丞。是時武宗初政，奄瑾竊柄。南京科道戴銑、薄彦徽等以諫忤旨，逮繫詔獄。先生首抗疏救之，其言：君仁臣直，銑等以言爲責，不宜遠事拘囚。伏願追收前旨，使銑等供職。疏入，亦下詔獄，廷杖四十，尋謫龍場馹丞。

正德二年丁卯（一五〇七）

先生三十六歲。夏，赴謫至錢塘。瑾遣人隨行偵探。先生恐有不測，乃托迹潛附商舟以遊舟山。遇颶風，一日夜遂至閩界。比登岸，奔山徑數十里，扣寺投宿，寺僧不納。乃趨野廟，倚香案卧，不知其是虎穴也。夜半，虎遶牆，竟不入。黎明，僧皆來視，欲收其囊，見先生方熟睡不醒，始驚曰：「公非常人也！」邀至寺。寺有異人，嘗識於鐵柱宮，約二十年相見海上，至是出詩，有「二十年前曾見君，今來消息我先聞」。先生與論出處，意欲遠遁。其人曰：「汝有親在，萬一逮爾父，誣以北走胡可乎？」因爲蓍，得明夷，遂決策返。先生題詩於壁曰：「險夷原不滯胷中，何異浮雲過太空？夜靜海濤三萬里，月明飛錫下天風。」因取間道，由武夷而歸。時龍山公官南京吏部尚書，先生從鄱陽往省。

十二月，返錢塘，赴龍場驛。徐愛，先生妹壻也，以先生將赴龍場，遂納贄北面。

正德三年戊辰（一五〇八）

先生三十七歲。是年春，至龍場。龍場在貴州西北萬山中，夷人鴂舌難語。可通語者，皆中土亡命及軍夫餘丁耳。時瑾憾猶未已，自計得失榮辱頗能超脱，獨生死一念未忘。乃爲石墎，自誓曰：「吾唯俟命而已！」從者皆病，自析薪取水作糜飼之。恐其中懷抑鬱，又與歌詩及越調曲，雜以詼笑。因念：「聖人處此，更有何道？」忽中夜大悟「格物致知」之旨，寤寐中若有人語之者，不覺呼躍，從者皆驚。始知聖人之道，吾性自足，向之求理於事物者誤也。乃以默記五經之言證之，莫不脗合，因著五經臆説。夷人亦日來親，以所居湫濕，伐木構龍岡書院及寅賓堂、何陋軒、君子亭、玩易窩以居先生。

水西安宣慰使人餽米肉，供使令，既又重以金帛鞍馬，先生俱辭不受。然其逆折安氏之奸謀，使平宋氏之叛亂，發微摘伏，固有合省共知而不敢言，當道不言而亦不知者，而龍場以片紙回音讋服而悚懼之矣。驛臣所履之地即能有益於國如此，況親身爲之哉！先生所回安氏兩書，日置案頭，可熟覽也。我願諸公勿自是，前輩所作所爲，真後人之師也。卓吾子附記。

正德四年己巳（一五〇九）

先生三十八歲，在貴陽。提學副使席書聘先生主貴陽書院，因修葺書院，而身率諸生事先生以師禮。

舍見成宗師而不敢居，而乃以驛臣爲師。嗚呼！以若所爲，前有席元山，後必待有李卓吾，千載真難匹矣！

徐愛未會「知行合一」之旨。先生曰：「大學言：『如好好色，如惡惡臭。』見好色屬知，好好色屬行。只見色時已是好，非見後而始立心去好也。今人却謂必先知而後行，且講習討論以求知，俟知得真時方去行，故遂終身不行，亦遂終身不知。」

蓋知行合一，先生在龍場時悟後教人語也。故附於此。

正德五年庚午（一五一〇）

先生三十九歲。陞江西廬陵縣知縣。歸過辰州、常德，見及門冀元亨、蔣信、劉觀時輩，喜曰：「謫居兩年，無可與語者，歸途幸得諸君！悔在貴陽舉知行合一，故紛紛同異，罔知所入。兹來欲與諸君靜坐僧舍，自悟性體。」既而進途，復寄書曰：「所云靜坐，非欲人坐禪入定也。以吾輩平日爲事物紛拏，未知爲己，欲以此補小學『收放心』一段工夫耳。明道云：『纔學，便須知有用力處；既學，便須知有得力處。』諸君宜於此處著力，異時始有得力處也。」

卓吾曰：果能知著力靜坐亦可，紛紛酬酢亦可，説知、行無先後亦可，説知、行有先後亦可。但能著力，則便知先生苦心；但知先生苦心，則便是能著力者。

冬十一月，入覲。時黄宗賢綰爲後軍都督府都事，因儲柴墟巏請見。先生與之語，喜曰：「此學久絶，子何所聞？」

時宗賢尚未肯甘心北面，至嘉靖壬午始執贄，亦可謂倔彊者。

正德六年辛未（一五一一）

先生四十歲。尚是朝覲官員，在京師。正月，調吏部驗封清吏司主事。始論象山、晦菴之學。

王輿菴讀象山書有契，徐成之與辯不決，故先生有兩與成之書，極可玩也。

二月，爲會試同考試官。是年，同僚方獻夫受學。獻夫時爲吏部郎中，位在先生上。

比論學，深自感悔，遂執贄。

十月，陞文選清吏司員外郎。是年，送甘泉湛若水奉使安南。先是，先生陞南刑曹，甘泉與黄綰言於冢宰楊邃菴，改留吏部。職事之暇，始遂講聚。

方期各相砥切，至是甘泉出使封國，先生懼聖學難明而易惑，人生别易而難會，爲文以贈，最可讀也。

正德七年壬申（一五一二）

先生四十一歲。三月，陞考功清吏司郎中。十二月，陞南京太僕寺少卿，便道歸省。徐愛是年以祈州知州考滿入京，陞南京工部員外郎，與先生同舟歸越，因與論大學宗旨。愛聞之，踴躍痛快，如狂如醒者數日。

正德八年癸酉（一五一三）

先生四十二歲。二月，至越。十月，至滁州。先生日與門人遊遨瑯琊、瀼泉間。月夕環龍潭而坐者數百人，歌聲振山谷。

孟源問：「靜坐中思慮紛雜，不能強禁。」先生曰：「思慮亦強禁不得，只就思慮萌動處省察，有箇物各付物的意思，自然無紛雜之念。」

正德九年甲戌（一五一四）

先生四十三歲，在滁。四月，陞南京鴻臚寺卿。滁陽諸友送至烏衣，留居江浦，欲候先生渡江。先生促之歸，其辭曰：「滁之水，入江流，江潮日復來滁州。相思若潮水，來往何時休？空相思，亦何益？欲慰相思情，不如崇令德。掘地見泉水，隨處無弗得。何必驅馳爲？千里遠相即。君不見堯羹與舜牆？又不見孔與跖對面不相識？逆旅主人多慇懃，出門轉盼成路人。」五月，至南京。

正德十年乙亥（一五一五）

先生四十四歲，在鴻臚。立再從子正憲爲後。時先生與諸弟守儉、守文、守章俱未舉子，龍山公爲擇守信子正憲立之，時年八齡。

是年，御史楊典薦改國子監祭酒，不報。

八月，擬諫迎佛疏。

是疏極妙極妙，極可法，極得引君之道！

正德十一年丙子（一五一六）

先生四十五歲，在南京鴻臚。九月，陞都察院左僉都御史，巡撫南、贛、汀、漳等處。

是時汀、漳各郡皆有巨寇，兵部尚書王瓊特舉先生。十月，歸省至越。

正德十二年丁丑（一五一七）

先生四十六歲。正月，至贛州，十六日開府，選民兵，行十家牌法。

卓吾曰：十家牌法，今人行之則爲擾民生事，先生行之則爲富國彊兵。所謂人人皆兵，不必備兵狼達；家家皆兵，不患盜賊生發者也。不借兵則無行糧、坐糧之費，不患賊則無養兵、用兵之費，國以庶富，民以安彊，特今人未知耳。故曰：「民可使由之，不可使知之。」彼但可使由者，又安知有聖人之神道設教哉！

二月，平漳寇。四月，班師。時三月不雨，至是駐軍上杭，禱於行臺，得雨。已而一雨三日，民大悦。有司請名行臺之堂爲「時雨堂」，故先生記之。

卓吾曰：太俗氣矣！只爲先生有這箇在也。

五月，立兵符，並奏設平和縣治於河頭，移河頭巡檢司於枋頭。以河頭爲諸巢咽喉，而枋頭又河頭之唇齒故也。

六月，請疏通鹽法。從之。

九月，改授提督南、贛、汀、漳等處軍務，給旗牌，得便宜行事。南贛舊止巡撫，至都御史周南曾請旗牌，事畢繳還，不爲定制。至是疏請，遂有是命。當時疏入，尚書王瓊覆奏，乃改提督，得以軍法從事。欽給旗牌八面，悉聽便宜。既而鎮守太監畢真謀監其軍，瓊奏：兵法最忌遥制。若使南贛用兵而必待謀於省城鎮守，斷然不可。唯會省有警，則聽南贛策應。先生於是遂撫諭賊巢，示以未忍一時勦滅之意。蓋是時漳寇雖平，而樂昌、龍川諸賊巢尚多啃聚，故先生犒以牛酒銀布，而深諭之。讀諭辭，真令人出涕也。於是，酋長若黄金巢、盧珂等，即率衆來投，願效死報國。時朝廷以先生平漳寇功，陞一級，銀二十兩，紵絲二表裏，降敕獎勵，故先生有謝陞賞之疏。

十月，平横水、桶岡諸寇。

始議三省夾攻桶岡，而不及左溪、横水。先生出不意，遂平横水。及横水、左溪平，桶岡雖彊，然亦驚矣。於是復出不意，遣人招降，遂平桶岡，掃其巢而盡殲其黨。

兵法所謂出其不意，攻其無備，先生深得之矣。既出不意，則自然無備，惡用久師多兵爲哉？三省夾攻，徒資先生一時出不意之策耳。卓吾記。

時酋長謝志珊既就擒，先生問曰：「汝何以能得黨類之衆若是？」志珊曰：「亦不容易。平生見世上好漢，斷不輕易放過，必多方鉤致之。或縱以酒，或助其急難，待其相感，與之吐實，無不應矣。」先生退語及門曰：「吾儒一生求友，豈異是哉？」

十二月，班師。至南康，百姓沿途頂香迎拜。所經州縣、隘所，各立生祠。遠鄉之民，各肖像於祖堂，歲時尸祝。

閏十二月，奏設崇義縣治，及茶寮隘上堡、鉛廠、長龍三巡檢司。

正德十三年戊寅（一五一八）

先生四十七歲，在南贛。正月，征三浰。先生與薛侃書曰：「即日已抵龍南，明日入巢，四路並進，賊有必破之勢矣。向在橫水，曾寄仕德云：『破山中賊易，破心中賊難。』區區剪除鼠竊，何足爲異？若諸賢掃蕩心腹之寇，以收廓清平定之功，此誠丈夫不世偉績也。諒已得必勝之策，奏捷有期，何喜如之！梁日孚、楊仕德誠可共學。解中事累尚謙，小兒正憲望時賜督責。」以時延尚謙爲正憲師，兼倚尚謙衙中事也。

二月，奏移小溪驛。三月，疏乞致仕，不允。遂襲平大帽、浰頭諸寇。

卓吾曰：所謂後服者誅，池仲容等是矣。使當日讀諭辭即率黄金巢、盧珂等相隨面縛來投，豈非維新之民哉！徒恃彊狼，全無耳朵目睛，不知今日贛州伎倆，汝等毛頭安能勘破他得也？亦是積惡已滿，上帝不赦，遂爾怙終，自底滅亡，不足哀矣！

四月，班師，立社學。五月，奏設和平縣。六月，陞都察院右副都御史，廕子錦衣衛，世襲百户。辭免，不允。旌横水、桶岡功也。

七月，刻古本，序之。

按：先生在龍場時，疑朱子大學章句非聖門本旨，手録古本，伏讀精思，始信聖人之學本簡易明白，其書只爲一篇，原無經、傳之分；格致本於誠意，原無缺傳可補；以誠意爲主，而爲格物致知之功，原不必增以「敬」字。

又刻朱子晚年定論，序之。後與安之書曰：「留都時，偶因饒舌，遂至多口，攻之者環四面。乃取朱子晚年悔悟之説，集爲定論，聊藉以解紛耳。諸子近刻雩都，初聞甚不喜，然士夫見之，往往遂有開發者。無意中得此一助，亦頗省頰舌之勞也。」

八月，薛侃刻傳習録於虔，徐愛所遺也。是年愛卒，先生哭不自勝，有前、後祭文二篇。

九月，修濂溪書院。時四方學者輻輳，始寓射圃，至不能容，乃修書院居之。

十月，舉行鄉約。

十二月，再請疏通鹽法。當時户部覆允南、贛鹽税，例只三年。先生念連年兵餉，不及小民，而止取鹽税，所助不少。且廣鹽止行於南贛，其利小。而淮鹽必行於袁、臨、吉，則灘高。故三府之民長苦乏鹽。而私販者水發蔽河而下，亦莫能遏。乃上議復廣鹽，著爲定例。朝廷從之，至今軍民並受其福矣。

正德十四年己卯（一五一九）

先生四十八歲，在贛州。正月，以三浰、九連功廕子錦衣衛，世襲副千户。上疏辭免，不允。疏乞致仕，又不允。以祖母疾亟也，先生乃書上王晉溪，辭極懇焉。

六月，奉敕勘處福建叛軍。十五日丙子，至豐城，聞宸濠反，遂返吉安，起義兵。先是，正德初，宸濠已與逆瑾納結，諷南昌諸生呈己孝行，撫按諸司表奏以聞。有安成舉人劉養正者，素有才略文名，濠陰覓致左右。縱大賊閔念四、淩十一等四出劫掠，以贍軍資。按察使陸完遂悉心附焉，及爲本兵，首復濠護衛。濠欲陰入第二子爲武宗後，其内官閻順等潛至京師發奏。及陸完改吏部，王瓊代爲本兵，度濠必反，乃申軍律，督責撫臣修武備，以待不虞。諸路戒嚴，捕盜甚急。淩十一繫獄劫逃，兵部責其必獲，濠始恐，復風諸生頌己，挾當道奏之。武宗驚疑曰：「保官好陞，保寧王賢孝何爲？」時江彬方有寵，太監張忠欲附之以傾錢寧，聞是言，乃密對曰：「錢寧、臧賢交通寧王。」太監鋭初通濠，復用南昌人張儀言，附忠、彬自固。而御史熊蘭居南昌，素讐濠，少師楊廷和亦欲革濠護衛以免患，交爲内主。乃諷御史蕭淮上疏，言濠交通官校有年，如致仕侍郎李仕實，前鎮守太監畢真，及諸前後傾附者，皆亂賊之黨。其前布政使鄭岳、副使胡世寧，皆以平日守正蒙害，宜亟起用，庶人知順逆，而禍變可弭。」疏入，忠、彬等欲内閣降敕責鎮巡，廷和恐禍及己，欲濠上護衛以自贖。同官外廷皆不知也。

一日，駙馬都尉崔元遣人問瓊曰：「適聞宣召，明早赴闕。何事？」瓊問廷和。廷和佯驚曰：「何事？」瓊微笑曰：「公勿欺我。」廷和有慚色，徐曰：「宣德中，有疑於趙，嘗命駙馬袁泰往諭，竟得釋，或此意也。」明旦，瓊至左順門，見元領敕，曰：「此大事，何不廷宣？」乃留，當廷領敕。敕曰：「蕭淮所言，關係宗社大計。朕念親親，不忍加兵，特遣太監賴義、駙馬都尉崔元、都御史顔顧壽往諭，革其護衛。」元領敕既行，廷和復令兵部發兵觀變。瓊曰：「此不可洩。近給事中孫懋、易贊建議選兵操江，爲江西流賊設衛。疏入，留中日久，第請如議行之，備兵之方無出此矣。」時濠偵卒林華已聞朝議紛紛，晝夜奔告宸濠。值濠生辰，宴諸司，聞而驚曰：「詔使此來，必用昔日蔡震擒荆藩故事。且舊制，凡抄解宮眷，始遣駙馬親臣。固不記趙王事也？」養正曰：「事急矣，明旦諸司入謝，即可行事。」比旦，諸司入。濠出露臺，宣言曰：「太后有密旨，令我起兵監國，汝保駕否？」都御史孫燧曰：「天無二日，民無二王，我不知其他。」濠怒，令縛燧。按察司副使許逵從下大呼曰：「朝廷所遣大臣，反賊敢擅殺邪！」遂同時遇害。而逵竟罵不絕口。濠乃僞置官屬，傳檄遠近，改革年號，指斥乘輿，分遣所親，四出收兵。

始濠聞武宗嬖臧賢，遣人就學音樂，饋以萬金及金絲寶壺。一日，武宗幸賢宅，賢以壺注酒，訝其精澤巧麗，賢吐實曰：「是寧王所遺者。」武宗曰：「寧叔何不獻我？」是時小劉新幸，罷歸，小劉笑曰：「爺爺尚思寧王物，寧王不思爺爺物足矣！不記薦疏乎？」武宗益疑。忠、彬等因從旁贊決。有旨，大索賢家，賢家多複壁，外鑰木櫥，開櫥，即走長巷，通後屋，人無知者。濠所差林華實藏其家，遽走會同館，得馬疾返。濠初期以八月十五日因入試官吏生校舉事，比華至，反始促。

十九日，先生疏上變。

卓吾曰：濠既戕害守臣，劫諸司，據會城，號兵十萬，奪運船，乘流欲下。使時非先生百計用間疑阻，不三日至金陵，不半月日抵燕市矣。危哉！先生之功莫大於是。當先生聞變即返舟，值南風急，舟弗得前，乃焚香告天曰：「天若哀憫生靈，許我匡扶社稷，願即返風。」須臾，風止，北帆盡起。亦可見先生之一念，固已上通於天矣。

濠遣内官喻才領兵來追甚急，先生與幕士蕭禹、雷濟等潛入魚舟得脱。然念兩京倉卒，思爲沮撓之計，使之遲留旬月，乃可萬全。於是爲兩廣機密火牌，備兵部咨及都御史顏咨云「率領狼達官軍四十八萬江西公幹」，令雷濟等飛報。濠見檄，果疑未發。先生四晝夜至吉安，明日庚辰，上疏告變謀，暴逆濠罪狀，檄列郡起兵勤王。疏留復命巡按御史謝源、伍希儒紀功，張疑兵於豐城。又故張接濟官軍公移，備云兵部咨題准，令許泰、郤永分領邊軍四萬，從鳳陽陸路進。劉暉、桂勇分領京邊官軍四萬，從徐、淮水陸並進。王守仁領兵二萬，楊旦等領兵八萬，秦金等領兵六萬，分道並進，刻期夾攻南昌。且以原奉機密敕旨爲據，故令各兵徐行，待其出城，遮擊前後以誤之。又爲李士實、劉養正内應僞書，賊將凌十一、閔念四投降密狀，令濟、光等親人計入於濠。濠乃留兵會城以觀變。至七月三日，諜知非實，乃屬宗支栱樤與萬鋭等，留兵萬餘守南昌，遣潘鵬持檄説安慶，季斆説吉安，而自與宗支栱栟、士實、養正等東下。

按：是時巡撫應天都御史李充嗣飛章告變，瓊請會議左順門。衆觀望，猶不敢斥言濠反。瓊獨曰：「豎子素行不義，今倉卒舉亂，殆不足慮。都御史王守仁據上游躡之，成擒必矣。」乃從直房頃刻覆十三疏，首請下詔削濠屬籍，正賊名。次請命將出師，趨南京，伯方壽祥防江，都御史俞諫率淮兵翊南都，尚書王鴻儒主給餉。次請命守仁率南、贛兵由臨、吉，都御史秦金率湖兵由荆、瑞會南昌，充嗣鎮鎮江，許廷光鎮浙江，叢蘭鎮儀真，遏賊衝。傳檄江西諸路，但有忠臣義士能倡義旅以擒反者，封侯。又請南京守備操江武職并五府掌印僉書官各自陳取上裁，務在得人，以固根本。

詔悉從之。

鄒守益曰：「先生在吉安時，守益趨見曰：『聞濠誘葉芳兵夾攻吉安。』先生曰：『芳必不反。諸賊舊以茅爲屋，反則焚去。我過其巢，許其伐钜木，創屋萬餘。今其黨各千餘，不肯焚矣。』益曰：『彼從濠，望封拜，可以尋常計乎？』次日早，先生喜曰：『昨夜思之，濠若遣逮老父，奈何？』」

壬午，再告變。時叛黨方熾，恐中途有阻，故又疏乞便道省葬。奉旨：「著督兵討賊，所奏省親事，待賊平之日來説。」於是又疏上僞檄。

六月二十二日，參政季斆同南昌府學教授趙承芳、旗校十二人賫僞檄榜諭吉安府，至墨潭，領哨官縛送軍門，先生即固封以進。

其疏剴切，蓋欲因是以感動武皇，而孰知即有諫止親征之疏哉？甚矣，亂朝之難也！

甲辰，義兵發吉安。丙午，大會於樟樹。己酉，誓師。庚戌，次市汊。辛亥，拔南昌。先生將次豐城，諜知賊設伏於新舊廠，即遣奉新知縣劉守緒，領兵從間道夜襲破之。先是，南昌城守甚設，及廠賊潰奔入城，皆驚亂。又見我師驟集，益奪其氣。衆乘之，呼譟，梯絙先登，遂入城。初，會兵樟樹，皆以安慶圍急，宜引兵赴救。先生曰：「今南康、九江皆爲賊據，我兵若越二城，趨安慶，賊必回軍死鬭，是我腹背受敵也。莫若先破南昌，賊失内據，勢必歸援。如此，則安慶之圍自解，而賊成擒矣。」遂促兵追濠。甲寅，始接戰。乙卯，戰於黄家渡。丙辰，戰於八字腦。丁巳，獲濠樵舍，江西平。濠，知縣王冕所執也。吉安知府伍文定立銃砲間，火燎其鬚，殊死戰，不肯退，功當第一。先生又以九江不破，則湖無外援；南康不復，則我難後躡，乃遣林槐與知府林城取九江，知府周朝佐取南康。

錢德洪曰：「洪嘗見龍光，述先生張疑行間事甚悉。光嘗問曰：「事濟否？」

曰：「未論濟與不濟，且言疑與不疑。」光曰：「疑。」曰：「但得渠一疑，濟矣。」後遇何圖爲武林驛丞，言先生欲遲留宸濠，何事非間。嘗謂光曰：「識劉養正否？」曰：「熟識之。」即令光移劉家屬於城内，而善其飲食。縛賫檄人欲斬，濟躡其足，遂不問。一日發牌二百餘，左右莫知所用。臨省，先以順逆禍福曉諭官民。聞鋭與瑞昌王助逆，遣其心腹胡景隆招回各兵，以離其黨。黄弘岡聞吉安居人疑曰：「王公之戈，未知何向？」黄亟入告，先生微笑而已。誓師之日，斬失律者以殉，軍士股慄，不敢仰視，不知即前賫檄人也。後賊平，張、許謗議百出，天下是非愈亂，先生益當其所難矣。

濠就擒，乘馬而入，望見先生，託曰：「婁妃，賢妃也。自始事至今，苦諫我不納，適投水死，望遺葬之。」比使往，果得屍，蓋周身皆紙繩内結，極易辨也。婁爲諒女，有家學，故處變能自全。

八月，疏諫親征。是時兵部會議，命將討賊。武宗詔曰：「不必命將，朕當親率六師，奉天征討。」於是假威武大將軍鎮國公行事，命太監張永、張忠、安邊伯許泰、都督劉暉，率京邊官軍萬餘，給事祝續、御史張綸，隨軍紀功。雖捷音久上，不發，皆云：「元惡雖擒，逆黨未盡，不捕，必遺後患。」故先生具疏諫止親征也。

是月，疏免江西稅，及便道省葬，前後凡九上。於是，再乞不允，而懇切言於王晉溪瓊。

按：先生與王晉溪書，先後共十五首，皆兵事，可謂真相知矣。嗚呼，立功豈易邪！

王宗沐曰：「余舟次湘江，篋中檢得素嘗手録先生與晉溪柬一帙，秉燭而讀，即廢書而歎曰：『嗟乎，夫人建立功業，信不易哉！陽明先生以天挺之才，早膺閫寄，然猶藉晉溪公乃得就。觀其往來書札所云，是先生恃有知己處中，言聽計從，故得安其身而畢其志。先生往往見之疏中，覽者亦以爲敘奏之常套，而豈知其中誠然委曲如此也！事不能背時而獨立，功不能違勢而獨彰。故鴻毛遇風而巨魚縱壑者，順也；

登高傳呼而建瓴下水者，據也。嗟乎！古之豪傑率以不遇知己而不用，或用而不盡，或盡而終讒，當其中軸見疑，孤遠執隅，則書生豎子一言，而白黑立變，罪不可逭，其何功之圖？余從縉紳後，見道晉溪公者不及其實。過晉中，頗攬鏡其平生行事疏奏，固已傾心久矣。今觀其虛心專己用一人以安國家，可謂社稷之臣，即陽明亦稱其有王佐之才焉。』因寄友人王宗敬於婺州，使刻以傳同好，後世其無有聞晉溪公而與者邪？晉溪名瓊，太原人。」

錢德洪曰：「昔觀政吏部，有同年潘高，晉溪公門婿也，爲余道公與師感遇之奇。師在贛，每奏疏至，公讀之，必稱奇才。平生不見師面，客有進師像者，公懸之中堂，焚香對坐。左手抱孫，右執師奏，讀至關桀，則擊節賞歎，顧兒曰：『生兒當如此輩奇男子。』明日入朝，必盡行師請。南贛賊平，欲繳還旗牌，適閩中有叛軍，即奏師往視，旗牌隨行，不准繳，時人莫知也。師至豐城，猝遇變，即以旗牌便宜從事。告變未及聞，而罪人已得，江西已定矣。

「武宗南巡，羣奸在側，晝則蕩舟江上，網魚以爲樂，夜則盡撤擁衛，單騎以宿牛首，天下洶洶，莫知誰何。時師讒毀百端，然以奉旗牌，練兵上游，故羣奸挾謀，終不敢逞也。武宗既還，內宮之變不發於牛首，而發於豹房。乃駕迎新天子，執玉以朝萬國，四海偃然，而莫知其自者，誰之力也？夫勘叛軍，細事也，而故遣大臣親視；賊平繳還旗牌，舊制也，而顧加命：方有草寇竊發，即可便宜處事。蓋公身在朝，而心無日不在師右，同智相成，如桴應鼓，卒能捍大災，定國是，有以也。」

九月壬寅，獻俘錢塘，以病留。時先生發南昌，忠、泰等欲縱濠鄱陽，俟武宗親與交戰，而後奏凱，連遣人追至廣信。先生不聽，乘夜過玉山、草萍驛。張永候於杭，先生見永，謂之曰：「江西之民，久遭濠毒。今經大亂，繼以旱災，又供京邊軍餉，困苦既極，必逃聚山谷爲亂。昔助濠尚爲脅從，今爲窮迫所激，奸黨羣起，天下遂成土崩之勢。至是興兵定亂，不亦難乎？」永深然之，乃徐曰：「吾之此出，爲羣小在君側，欲調護左右，以默輔聖躬，非爲掩功來也。但皇上順其意，猶可挽回，萬一若逆其意，徒激羣小之怒，無救於天下大計矣。」於是先生信其無他，以濠付之，稱病西湖淨慈寺。

武宗嘗以威武大將軍牌遣錦衣千户追取宸濠，先生不肯出迎。三司苦勸，先生曰：「人子於父母亂命，若可告語，當涕泣以從，忍從諛乎？」不得已，令參隨負敕同迎以入。有司問勞錦衣禮，先生曰：「止可五金。」錦衣怒，不納。次日來辭，先生執其手曰：「我在正德間下錦衣獄甚久，未見輕財重義有如公者。昨薄物出區區意，只求備禮，聞公不納，令我惶愧。我無他長，止善作文字。他日當爲表章，令錦衣知有公也。」於是復再拜以謝，其人竟不能出他語而别。

十一月，返江西，時奉敕巡撫江西地方也。先生初稱病，欲堅卧不出。聞武宗南巡已至維揚，羣奸侍側，人情洶洶，因欲從京口將徑趨行在。大學士楊一清固止之。楊家，京口也。會奉旨兼巡撫江西，乃遂從湖口還省。時忠等方挾宸濠，搜羅百出，軍馬屯聚，糜費不堪。續、綸兩臺省望風趨附，肆爲飛語。時論不能平。先生既還，北軍坐而慢駡，或故沖導起釁。先生不動，只待以禮。豫令居人移家各鄉，而以老羸應門。始欲犒賞北軍，泰等密禁勿受。先生傳示内外，以北軍離家苦楚，居民當敦主客之禮。每遇北軍喪，必停車問故，厚與之櫬，嗟歎乃去。久之，北軍亦感。會冬至節到，先生令城市設奠追薦亡魂。時新經兵火，哭亡酹酒，哀不絕聲。北軍聞之，無不泣下。忠、泰欲與先生較射，意先生必然大屈。先生勉應，三發三的。每中的，北軍在傍哄然，舉手嘖嘖。忠、泰大懼曰：「我軍皆附王都邪！」遂班軍。

正德十五年庚辰（一五二〇）

先生四十九歲，在江西。正月，赴召，次蕪湖。尋得旨返江西，以忠、泰讒先生欲反也。時唯太監張永持正保全其間，故先生賴之，終以得免於讒。

然則永豈但協力遂菴能誅逆謹於正德之初，且協心先生代解逆濠於正德之後矣。千古流芳，以能知敬愛先生也。卓吾子記。

武宗在南京，問忠等曰：「你說他反，以何爲驗？」對曰：「召必不至。」於是有詔召見先生。先生即至，忠等恐，復拒之蕪湖。先生不得已，入九華，宴坐草菴中。適武宗遣人覘之，曰：「王守仁學道人也，召之即至，安得反乎？」乃有返江西之命。始忠等屢矯僞命，先生皆不赴，至是張永有幕士順天檢校錢秉直者急遣報，遂得實，故趨赴至上新河，竟爲諸幸讒阻，不得見。中夜默坐，見水波拍岸，汩汩有聲，曰：「一身蒙謗，死即死耳，如老親何？」因謂及門曰：「此時若有一孔可以竊父而逃，吾亦終身長往不悔矣。」

旁批：好傷感人。

江彬將不利於先生，先生私計彬有他，即計執彬武宗前，數其圖危宗社，以死相抵，亦稍償天下之忿，徐得張永慰解。其後刑部判彬有曰：「虎旅夜驚，已幸寢謀於牛首；宮車宴駕，那堪遺恨於豹房。」若代先生言之者。

先生乃以晦日重過開先寺，留石刻讀書臺後，曰：「正德己卯六月乙亥，寧藩濠以南昌叛，稱兵向闕，破南康、九江，攻安慶，遠近震動。七月辛亥，臣守仁以列郡之兵復南昌，宸濠擒，餘黨悉定。當此時，天子聞變赫怒，親統六師臨討，遂俘宸濠以歸。於赫皇威，神武不殺。如霆之震，靡擊而折！神器有歸，孰敢窺竊。天鑒於宸濠，式昭皇靈，嘉靖我邦國。正德庚辰正月晦，提督軍務都御史王守仁書。」從征官屬列於左方。明日，遊白鹿洞，徘徊久之，多所題識。

二月，如九江。先生以車駕未還京師，心懷憂惶。是月，出觀兵九江，因遊東林、天池、講經臺諸處。是月，還南昌。

三月，請寬租，語極痛切。

按：是年，與巡按御史唐龍、朱節上疏，計處寧藩變產官銀，代民上納，民困稍蘇。

五月，江西大水，先生疏自劾四罪。

三疏省葬，不允。

按：是時，武宗猶羈留京，進諫無由，姑敘地方災異以自劾，冀君心開悟，或一加意元元也。

六月，如贛。十四日，從章口入玉笥大秀宮。十五日，宿雲儲。十八日，至吉安，遊青原山，有和黃山谷詩刻。行至泰和，少宰羅欽順以書問學，先生答之。所謂失在過信孔子，如某大學古本之復是也。

是月至贛，大閲士卒，教戰法。江彬遣人來覘，相知者俱請回省。先生作啾啾吟解之，有曰：「東家老翁防虎患，虎夜入室銜其頭。西家小兒不識虎，持竿驅虎如驅牛。」且曰：「吾在此與童子歌詩習禮，有何可疑？」及門陳九川等亦以爲言。先生曰：「公等何不講學。吾向在省城，處權豎，禍在目前，吾亦帖然。吾所以不輕動者，亦有深慮焉耳。」

七月，重上江西捷音。武宗留南都日久，羣黨欲自獻俘襲功。張永曰：「不可。昔未出京，宸濠已擒，獻俘北上，過玉山，渡錢塘，經人耳目，不可襲也。」於是以大將軍鈞帖，令重上捷音。先生乃節略前奏，入諸人姓名於内，始議北還。

霍韜曰：「是役也，罪人既執，猶動衆出師；地方已寧，乃殺民奏捷。誤先朝於過舉，搖國是於將危。蓋忠、泰之攘功賊義，厥罪滔天，而續、綸之詭隨敗類，其黨惡不才亦甚矣。」

黎龍曰：「平藩事不難於成功，而難於倡義。蓋以逆濠之反，實有内應，人懷觀望，而一時勤王諸臣，皆捐軀亡家以赴國難。其後忌者構爲飛語，欲甘心之，人心何由服乎？後有事變，誰復肯任之者？」

錢德洪曰：「平藩事不難於倡義，而難於處忠、泰之讒。蓋忠、泰挾天子以階亂，莫敢誰何？豹房之謀，無日不畏，以先生據上游，故不敢騁耳。卒保乘輿還宫，以起世宗之正始。開先勒石所謂『神器有歸，孰敢窺竊』。」

又曰：「『嘉靖我邦國』，則改元之兆，先徵於此矣。」

費文獻公宏送張永還朝序曰：「兹行也，定禍亂而不必功出於己，開主知而不使過歸乎上，節財用不欲久困乎民，扶善類而不欲罪移非辜。且先事發瑾罪狀，首以規護衛爲言。實以逆謀之成萌於護衛之復，其早辨預防，非有體國愛民之實心不能也。」

先生在贛時，有言萬安上下多武士，即令參隨往紀之曰：「但多膂力，不問武藝。」已而得三百餘人。龍光問曰：「宸濠既平，紀此何爲？」曰：「吾聞交趾有内難，出其不意擣之，一機會也。」後二十年，有登庸之役，人皆相傳先生有預事之謀，豈知其計固有在者哉！

八月，咨部院雪門生冀元亨冤狀。

嗚呼，冀元亨豈用間之人哉，先生多矣！此李卓吾所以不取也。

羅洪先贈女兄夫周汝方序略曰：「憶龍岡自贛病歸，附廬陵劉子吉舟。劉與陽明先生善，會其母死，往請墓誌，實以濠事暗相邀結也。返至舟，顧龍岡呻吟昏瞀，意其熟寢，呼門人王儲嘆曰：『初意專倚陽明，兩日數調以言，若不喻意，更不得一肯綮，不上此船明矣。此事將遂已乎？且吾安得以一身擔重擔也。』儲拱手曰：『先生氣弱，今天下屬先生，先生安所退託？陽明何足爲有無！』劉曰：『是固在我。多得數人更好，陽明曾經用兵耳。』儲曰：『先生以陽明爲才乎？吾見其怯也。』」劉曰：『誠然。贛州峒賊髦頭耳，乃終日練兵。若對大敵，何其張皇哉！』」龍岡返舍，語余若此。己卯二月也。

「其年六月，濠反，子吉與儲附之。七月，陽明先生以兵討賊。八月，俘濠。是時議者紛然，余與龍岡竊歎，莫能辯。比見誣先生者問之，曰：『吾惡其言是而行非，蓋其僞也。』龍岡舌尚在，至京師見四方人士，猶有爲前言者否乎？盍以語余者語之？」

「其後養正既死，先生過吉安，令有司葬其母，復爲文以奠，辭曰：『嗟嗟！劉生子吉，母死不葬，爰及干戈。一念之差，遂至於此。嗚呼哀哉！今吾葬子之母，聊以慰子之魂。蓋君臣之義雖不得私於子之身，而朋友之情，猶得盡於子之母也。嗚呼哀哉！』」

閏八月，四疏省葬，不允。

九月，還南昌。時武宗駕尚未還宮，百姓嗷嗷，乃興新府工役，檄各院道取濠廢地逆產，改造貿易，以濟饑代税，境内稍甦。

泰州王銀服古冠服，執木簡，以二詩爲贄請見。先生異其人，降階迎之。既上坐，問：「何冠？」曰：「有虞氏冠。」問：「何服？」曰：「老萊子服。」曰：「學老萊子乎？」曰：「然。」曰：「將止學其服，未學上堂詐跌掩面啼哭也？」銀色動，坐漸側。及論致知格物，悟曰：「吾人之學，飾情抗節，矯諸外；先生之學，精深極微，得之心者也。」遂反服，執弟子禮。先生易其名爲「艮」，字以「汝止」。

進賢舒芬以翰林謫官市舶，自恃博學，見先生問律呂。先生問以元聲，對曰：「元聲制度頗詳，特未置室經試耳。」先生曰：「元聲豈得之管灰黍石間哉？心得養則氣自和，元氣所由出也。書云『詩言志』，志即是樂之本；『歌永言』，歌即是制律之本。永言和聲，俱本於歌，歌本於心。故心也者，中和之極也。」芬遂躍然，拜爲弟子。

正德十六年辛巳（一五二一）

先生五十歲。正月，居南昌。是年，始揭「致良知」之教。

聞武宗駕入宮，始舒憂念。自經宸濠、忠、泰之變，益信良知真足以忘患難，出生死矣。一日，喟然發嘆。九川問曰：「先生何歎？」曰：「此理簡易明白，乃一經沉埋，遂數百載。」九川曰：「亦爲宋儒從知解上入，認識神爲性體，故聞見日益，障道日深耳。今先生拈出『良知』二字，此人人真面目，更復何疑？」先生曰：「然。譬人有冒别姓墳爲祖墳者，只得開壙，將子孫滴血，真僞無可逃矣。我此『良知』二字，實千古聖聖相傳一點滴骨血也。」

是月，録陸象山子孫。先生以象山得孔、孟正傳，其學久抑而未彰，文廟尚缺配享之典，子孫未沾褒崇之澤，牌行撫州府金溪縣官吏，將陸氏嫡派子孫，仿各處聖賢子孫事例，免其差役。有俊秀子弟，具名提學道，送學肄業。

按：象山與晦菴同時講學，自天下崇朱説，而陸學遂泯。先生刻象山文集，爲序文以表章之。席元山嘗聞先生論學於龍場，深慨陸學不顯，作鳴冤録以寄先生，稱其身任斯道，庶幾天下非之而不顧者。

五月，集門人於白鹿洞。

六月，赴内召，尋中止。止陞南京兵部尚書，參贊機務。遂疏乞便道省葬。是月十六日，奉世宗敕旨，以「尔昔能勦平亂賊，安靜地方，朝廷新政之初，特兹召用。敕至，爾可馳驛來京，毋或稽遲」。先生即於是月二十日起程，道由錢塘。輔臣阻之，潛諷科道建言，以爲：「朝廷新政，武宗國喪，資費浩繁，不宜行宴賞之事。」先生至錢塘，上疏懇乞便道歸省。朝廷准令歸省，陞南京兵部尚書，參贊機務。

八月，至越。九月，歸餘姚省祖塋。先生因省祖塋，訪瑞雲樓，指藏胎衣地，收淚久之。蓋痛母生不及養，祖母死不及殮也。

錢德洪昔聞先生講學江右，思欲及門，鄉中故老猶執先生往迹。洪獨排衆議，請親命，率二姪通贄請見。

十二月，封新建伯。制曰：「江西反賊勦平，地方安定，各該官員，功績顯著。你部裏既會官集議，分別等第明白。王守仁封新建伯，奉天翊衛推誠宣力守正文臣，特進光禄大夫，柱國，還兼南京兵部尚書，照舊參贊機務，歲支禄米一千石，三代并妻一體追封，給與誥券，子孫世世承襲。正德十六年十二月十九日，准兵部、吏部題。」差行人齎白金文綺慰勞，兼下溫旨存問父華於家，賜以羊酒。至日，適海日翁誕辰，親朋咸集。先生捧觴爲壽，翁蹙然曰：「寧濠之變，皆以汝爲死矣而不死，皆以事難平矣而卒平，讒搆朋興，禍機四發，前後二年，岌乎知不免矣。天開日月，顯忠遂良，父子復相見於一堂，幸矣！因今思昔，雖以爲幸，又以爲懼。」先生洗爵而跪曰：「大人之教，兒所日夜切心者也。」

世宗嘉靖元年壬午（一五二二）

先生五十一歲，在越。正月，疏辭封爵。先是，先生平賊擒濠，俱瓊先事爲謀，假以便宜行事。每疏捷，必歸功本兵，宰輔憾焉。是故不欲先生入京，反抑同事諸人，將紀功册改造，删削。先生曰：「册中所載，可見之功耳。若夫帳下士，或詐爲兵檄，以撓其進止；或僞書反間，以離其腹心；或犯難走役，而填於溝壑；或以忠抱冤，而構死獄中，有將士所不預知，步領所未嘗歷，幽魂所未及泄者，非册中所能盡載也。今於其可見之功又裁削之，何以勵效忠赴義之士耶！」旁批：即此，楊新都宜削籍，楊慎宜調戍死滇西矣。乃疏乞辭封爵，謂：「殃莫大于叨天之功，罪莫大於掩人之善，惡莫深于襲下之能，辱莫重於忘己之恥：四者備而禍全。臣之不敢爵，非以辭榮也，避禍耳。」疏上，不報。

卓吾曰：兵部主謀，而擬旨、票旨，則首内閣者實專其事。倘部擬雖當而閣擬參差，則雖本兵亦無如之何矣。故先生之功，閣、部寔共成之。與晉溪公前後十五札，極其鄭重，而閣老不得以寸楮相謝，過矣。及是，乃滕口説，而欲咸之以其輔頰舌，不亦勞乎？

二月，龍山公卒。是月十二日己丑，海日翁年七十，疾且革。適朝廷推論征藩之功，進封翁及竹軒、槐里公俱爲新建伯。是日，部咨適至。翁聞使者已在門，促先生及諸弟出迎，問已成禮，然後瞑目而逝。

七月，再疏辭封爵。時御史程啓充、給事毛玉倡議論劾，以遏正學，承輔宰意也。陸澄時爲刑部主事，上疏爲「六辨」以折之。先生聞而止之曰：「無辯止謗，嘗聞昔人之教矣。況今何止於是！四方英傑，以講學異同，議論紛紛，吾儕可勝辯邪？況其説本出於先儒之緒論，而吾儕之言驟異于昔，反若鑿空杜撰者，固宜其非咲而眩惑矣。」

九月，葬龍山公於石泉山。

嘉靖二年癸未（一五二三）

先生五十二歲，在越。二月，南宮策士以心學爲問，陰以闢先生也。門人徐珊讀策問，嘆曰：「吾安能昧吾知以倖時好！」不答而出。聞者難之，曰：「尹彥明後一人也。」同門歐陽德、王臣、魏良弼等，直發師旨不諱，亦在取列。德洪下第，歸見先生，先生喜曰：「聖學從兹大明矣。」德洪曰：「時事如此，何見大明？」先生曰：「吾學惡得遍語天下士？今會試録，雖窮鄉深谷無不到矣。吾學既非，天下必有起而求真是者。」

十一月，至蕭山。見素林公自都御史致政，歸道錢塘，渡江來訪。先生趨迎於蕭山，宿浮峰寺。公相對感慨時事，慰從行諸友，及時敏學。

嘉靖三年甲申（一五二四）

先生五十三歲，在越。海寧董澐號蘿石，以能詩聞江湖。年六十八，遊會稽，以杖肩其瓢笠詩卷來訪，長揖上坐。先生異而禮敬之，與之語連日夜。澐有悟，因納拜，日從先生徜徉山水，忻然忘歸。其鄉子弟社友皆招之，曰：「何乃老而自苦如此？」澐曰：「去。吾將從吾之所好。」遂號曰「從吾道人」，而先生爲之記。

八月，宴門人于天泉橋。是時「大禮議」起，霍兀厓、席元山、黄宗賢、黄宗明，先後皆以大禮問，先生皆不答。

十月，門人南大吉續刻傳習録于越，增前虔州薛侃三卷爲五卷矣。

嘉靖四年乙酉（一五二五）

先生五十四歲，在越。正月，夫人諸氏卒。

六月，禮部尚書席書薦先生。先生服闋，例應起復，御史石金等交章論薦，皆不報。尚書席書爲疏特薦先生曰：「生在臣前者見一人，曰楊一清；生在臣後者見一人，曰王守仁。且使親領誥券，趨闕謝恩。」於是楊一清入閣辦事。明年，有領券謝恩之召，尋不果。

九月，歸姚省墓。有答顧東橋璘書，其末繼以拔本塞源論，極可讀。

十月，立陽明書院于越城。門人輩爲之也。在城西郭門内光相橋之東。

嘉靖五年丙戌（一五二六）

先生五十五歲，在越。四月，復南大吉書。大吉入覲見黜，致書先生千數百言，勤勤懇懇，略無一字及于得喪榮辱。先生嘆曰：「此非真有朝聞夕死之志者，未易以涉斯境也！」

八月，答聶豹書。是年夏，豹以御史巡按福建，渡錢塘，來見先生。别後致書，謂：「思、孟、周、程無意於千載之下，與其盡信于天下，不若真信於一人。」

按：豹初見稱晚生，後六年出守蘇州，先生已違世四年矣。豹乃見錢德洪、王畿曰：「吾學誠得先生開發，冀再見稱贊，不及矣。茲以二君爲證，具香案，拜先生。」遂稱門人。旁批：亦是箇漢。

十一月庚申，子正億生。

贄按：諸氏方以乙酉正月卒，而正億即以戌十一月十七日生，天之報施仁人，其何如哉！使諸氏不死，張氏不得字矣。

時鄉先輩有靜齋、六有者，皆踰九十，聞先生得子，以詩爲賀。故先生次韻謝答，有曰：「何物敢云繩祖武？他年只好共爺長。」正億初命名正聰，後七年壬辰，外舅黄綰因時相諱，乃更今名。

十二月，作惜陰說。劉邦采合安福同志爲會，名曰「惜陰」，請先生書會籍，故爲之說。

嘉靖六年丁亥（一五二七）

先生五十六歲，在越。四月，鄒守益刻文録於廣德州。

五月，命兼都察院左都御史，征思、田。六月，疏辭，不允。時朝議用侍郎張璁薦，特起先生總督兩廣及江西、湖廣軍務。先生聞命，上疏言：「臣患痰疾，又思思、田之役，起於土官讐殺，比之寇賊攻劫郡縣，荼毒生靈，勢尚差緩。若處置得宜，事亦可集。臣謂今日之事，宜專責鏌等，隆其委任，重其威權，略其小過，假以歲月。至於終無底績，然後别選才能，兼諳民情土俗，如尚書胡世寧、李承勳者，往代其任。」疏入，詔鏌致仕，遣使敦促上道。

八月，先生將入廣，爲客坐私祝以戒子弟，并以告夫士友之辱臨於斯者。

九月壬午，發越中。是月初八日，德洪與畿訪張元沖舟中，因論學問宗旨。畿曰：「先生説知善知惡是良知，爲善去惡是格物，此恐未是究竟語。」德洪曰：「何如？」畿曰：「心體既是無善無惡，意亦是無善無惡，知亦是無善無惡，物亦是無善無惡。若説意有善有惡，畢竟心亦未是無善無惡。」德洪曰：「心體原來無善無惡。若見得本體如此，就説無功夫可用，恐只是見耳。」畿曰：「先生明日起程，晚可同進請教。」是日夜分，客始散，洪與畿侯立庭下，先生使移席天泉橋上。德洪即舉所辯，先生喜曰：「正要二君有此。我今將行，朋友中更無有論及此者。」德洪請問。先生曰：「只是你自有。良知本體原來無有本體。」畿請問。先生曰：「汝中見得有此，只好默然自修，不可執以接人。上根之人，世亦難遇。一悟本體，即見功夫。物我内外，一齊盡透。此顏子、明道不敢承當，豈可輕易接人乎？」。

甲申，渡錢塘。過釣臺，有詩曰：「憶昔過釣臺，驅馳正軍旅。十年今始來，復以兵戈起。空山烟霧深，往迹如夢裡。微雨林徑滑，肺病雙足胝。仰瞻臺上雲，俯濯臺下水。人生何碌碌？高尚乃如此。」跋曰：「右正德己卯獻俘行在，過釣臺，臺弗及登。今兹復來，又以兵革之役，兼肺病足瘡，徒顧瞻悵望。書此付桐廬尹沈元材刻置亭壁。」

丙申，至衢州。有寄德洪、汝中詩二首：「幾度西安道，江聲暮雨時。機關鷗鳥破，踪迹水雲疑。仗鉞非吾事，傳經愧爾師。天真泉石秀，新有鹿門期。」時德洪、汝中方卜築書院，盛稱天真之奇，并寄及之：「不踏天真路，依稀二十年。石門深竹徑，蒼峽瀉雲泉。泮壁環胥海，龜疇見宋田。文明原有象，卜築豈無緣？」今祠有仰止祠、環海樓、太極、雲泉、瀉雲諸亭。

十月，至南昌。先生發舟廣信，沿途諸生請見。徐樾自貴溪追至餘干，先生令登舟。樾方自白鹿洞打坐，有禪定意。先生令舉似，曰：「不是。」已而稍變前語，又曰：「不是。」已而更端，先生曰：「近之。」樾領謝而別。明日，講大學於明倫堂。唐堯臣獻茶，得上堂趨侍。初堯臣不信學，及聞講，沛然。同門咲曰：「逋逃主亦投降乎？」堯臣曰：「須得如此大捕人，方能降我。爾輩安能？」

至吉安，大會士友螺川。臨別囑曰：「工夫只是簡易、真切，愈真切愈簡易，愈簡易愈真切。」

十一月，至肇慶。寄書德洪與畿。是月二十日乙未，至梧州，上謝恩疏。奏下，尚書王時中持之。得旨：「守仁才畧素優，所議必自有見。事難遥度，俟其會議熟處，宜亟行者，聽其便宜。」旁批：聖明。初，總督命下，具疏辭免。及預言處分思、田機宜，凡當路相知，皆寓書致意。有與楊少師書，求備員散局，如太常、國子之類。其與黄綰書曰：「往年江西赴義將士，功久未上，人無所勸。再出，何面目見之？且東南小醜，特瘡疥之疾，只爲從前張皇太過，後難收拾。今必得如奏中所請，庶圖久安，否則反覆未可知也。」其與方獻夫書曰：「思、田之事已壞，欲以無事處之，要已不能。只求減省一分，則地方亦可減省一分勞擾。此議深知大拂喜事者之心，然欲殺數千無罪之人以求成一將之功，仁者之所不忍也。」

十二月，命暫兼理巡撫兩廣，疏謝，不允。

嘉靖七年戊子（一五二八）

先生五十七歲，在梧州。二月，思、田平。先生疏畧曰：「思、田之役，兵連禍結，兩省荼毒，已踰二年。」因詳十惡十善，二幸四毀，反覆極言。且曰：「臣至南寧，乃下令盡撤調集防守之兵，數日之間，解散而歸者數萬。惟湖兵數千，道阻且遠，不易即歸，仍使分留賓、寧，解甲休養，待間而發。初蘇、受等聞臣奉命處勘，始知朝廷無必殺之意，日夜懸望，惟恐臣至之不速。已而聞太監、總兵相繼召還，至是又見守兵盡撤，其投生之念益堅，乃遣其頭目黃富等先赴軍門訴告，願得掃境投生，惟乞宥免一死。臣等諭以朝廷之意，因復露布朝廷威德，使各持歸省諭，剋期聽降。蘇、受等得牌，皆羅拜踴躍，歡聲雷動，率衆掃境歸命南寧城下。蘇、受等囚首自縛，與其頭目數百人赴軍門請命。臣等諭以朝廷既赦爾等，豈復虧失信義？但爾等擁衆負固，騷動一方，上煩九重之慮，下疲三省之民，若不示罰，何以泄軍民之憤？於是下蘇、受于軍門，各杖一百，乃解其縛，諭以今日宥爾一死者，朝廷天地好生之仁；必杖爾示罰者，我等人臣執法之義。于是衆皆叩首悦服，臣亦隨至其營，撫定其衆。遂委布政使林富、前副總張祐督令復業。」疏入，敕遣行人獎賞銀五十兩，紵絲四襲，所司備辦羊酒，其餘各給賞有差。先生爲文勒石曰：「嘉靖丙戌夏，官兵伐田，隨與思、恩之人相比相煽，集軍四省，洶洶連年。于是之時，皇帝憂念元元，容有無辜而死者乎？廼令新建伯王守仁曷往視師，其以德綏，勿以兵虔。班師撤旅，信義大宣。諸夷感慕，旬日之間，自縛來歸者一萬七千，悉放之還農，兩省以安。昔有苗徂征，七旬來格；今未期月而蠻夷率服，綏之斯來，速於郵傳。舞干之化，何以加焉！爰告思、田，毋忘帝德。爰勒山石，昭此赫赫。文武聖神，率土之濱，凡有血氣，莫不尊親。」

卓吾子曰：「此碑石若出他人手，則字字皆金石矣。惜哉，先生自爲之耳！勞而伐，功而德，非九三君子之終也。中間干羽事雖不妨比擬，但世人眼目小，世人如小兒成群，見一巨人大吼其旁，即飛魂喪魄，哭欲死，先生寧不知邪？事只管做，絶口不言功勞，乃是經綸千古好手。且姚鏌是先生同鄉，既代其任而爲之，莫説他罷，事亦罷了。」

四月，議遷都臺于田州。五月，撫新民。六月，興南寧學校。

七月，襲八寨、斷藤峽，破之。八寨、斷藤峽諸賊數萬，南通交趾諸夷，西接雲、貴諸蠻，東北與牛場、仙臺、花相、風門、佛子及柳、慶、府江、古田諸猺迴旋連絡，延袤二千餘里，流劫出没，爲害歲久。比因有事思、田，勢不暇及。至是，先生以思、田既平，蘇、受新附，乃因湖廣保靖歸師之便，令布政使林富、副總兵張祐等，出其不意，分道征之。一月之内，斬獲三千有奇。先生見諸賊巢穴既已掃蕩，而我兵疾疫，遂班師奏捷。

乃疏請經略思、田並斷藤峽、八寨。

一、思、田經略事宜有三：特設流官知府以制土官之勢，仍立土官知府以順土夷之情，分設土官巡檢以散各夷之黨。遂擬府名爲「田寧」，以應讖謡而定人心。設州治於府之西北，立猛第三子爲吏目。待其有功，漸陞爲知州。分設思恩土巡檢司十有八，以蘇、受并土目之爲衆所服者世守之。

一、八寨、斷藤峽經略事宜有六：移南丹衛城於八寨；改築思恩府治于荒田；改鳳化縣治於三里；增設隆安縣治；置流官於思龍，以屬田寧；增築守鎮城堡於五屯。事下，本兵持之，旁批：不忠。户部復請覆勘，旁批：不忠。故學士霍韜等上疏極言之耳。旁批：忠。

九月，疏謝獎勵賞賚。以思、田功也。本月八日，行人馮恩賫捧至鎮。

十月，疏請告。謁伏波將軍廟。方先生十五歲時嘗夢謁見伏波，至是拜祠下，宛如其夢。因識二詩焉。又祀增城新廟。所謂五世祖死苗難諱綱者，廟祀增城舊矣。先生謁祠奉祭祀，因過甘泉先生之廬，題詩於壁間。又題其居曰：「我聞甘泉居，近連菊坡麓。十年勞夢思，今來快心目。徘徊欲移家，山南尚堪屋。渴飲甘泉泉，饑食菊坡菊。行看羅浮雲，此心聊復足。」

十一月丁卯，先生卒於南安。是月廿五日，踰梅嶺至南安。本府推官周積來見。積，及門者也。見先生咳喘不已，便問無恙。先生曰：「病亟矣。」二十八日晚泊，問：「何地？」曰：「青龍鋪。」明日，召積入，開目視曰：「吾去矣。」有頃，遂瞑目而逝，蓋二十九日辰時也。

卓吾子曰：予親筆到此，猶淚下不能揮，而彼當不啻口出者，乃排擠不遺力，何其妬賢嫉能若是也。彼桂氏無足言，數稱相知如楊一清、喬宇輩，反視若寇讐，小人肝腸至此卒難掩矣。吾以謂湛甘泉、黄久菴、霍渭涯、林見素諸公可敬也。

時贛州兵備張思聰迎入南埜驛，就中堂沐浴，如禮衾斂。布政王大用先備美材隨舟，以故臨終得力。十二月三日，思聰、劉邦采以及門，王大用以知己，偕官屬師生，設祭入棺。明日，輿櫬登舟。士民遠近遮道，哭聲振地。至贛，提督都御史迎祭道左，士民沿途擁哭如南安。至南昌，巡按御史儲良材、提學趙淵請改歲行，率士民昕夕哭奠。

嘉靖八年己丑（一五二九）

正月，喪發南昌。是月，連日逆風，舟不得行。趙淵以及門故，親祝柩前曰：「先生豈爲南昌士民留邪？越中弟子來候日久矣。」忽西風作，六日遂至弋陽。錢德洪、王畿將以廷試進京，聞訃，遂迎喪上嚴灘，偕正憲等，會于弋陽。訃告同門，咸來奔赴。

二月庚午，喪至越。「此後原繫内容移入年譜封贈。」

十一月，葬先生于洪溪。是月十一日發引，門人會葬者一千有餘，麻衣衰屨，扶柩痛哭。四方來觀者，莫不交涕。洪溪去越城三十里，入蘭亭五里，先生所親擇也。先是，前溪入懷與左溪會，衝齧右麓，術者心嫌之。有山翁夢神人緋袍玉帶，立于溪上，曰：「吾欲還溪故道。」明日雷雨大作，溪泛，忽從南岸，明堂周闊數百丈，遂定穴。

年譜封贈

嘉靖八年己丑（一五二九）

二月庚午，喪至越。是時朝中有異議，爵廕贈謚諸典皆不行，且又下詔「禁僞學」。

故詹事黄綰疏曰：

「忠臣事君，義不苟同；君子立身，道無阿比。臣昔爲都事，今少保桂蕚時爲舉人，臣取其大節，與之久友，相知二十餘年矣。昨臣薦新建伯王守仁，蕚與不合，因不謂然，小人因而乘間搆隙，然臣終不以此廢蕚平生也。夫臣所以深知守仁者，以其功與其事也。功高而見忌，學古而人不識，此守仁所以終不容于世矣。

「守仁之大功有四：其一，宸濠不軌，内臣如魏彬等，嬖倖如江彬、錢寧等，文臣如陸完等，皆爲之内應；鎮守如畢真，如劉朗，咸爲之外應。若非守仁身任討賊之事，不顧赤族之慘，倡義勤王，伐謀制勝，則天下事未可知也。今乃皆以爲伍文定之功，是輕發縱而重走狗。豈有兵無成筭，濠可徒摶而擒乎？其二，大帽、茶寮、浰頭、桶岡諸賊寨，勢連四省，兵積累歲，而守仁臨鎮，次第底定。其三，田州、思恩搆釁年年，事不得已，乃起守仁以往，卒能使盧、王之黨崩角來降，感泣受杖，而坐平一方大難。其四，則兩廣八寨之賊，百六十年以來不敢問矣，守仁乃假永順歸兵，盧、王降卒，襲而剿滅之，若不聞知。卒之以死勤事而猶議其後，不亦傷哉！

「其學之大，則曰『致良知』。「致知」出於孔氏，而「良知」出於孟子，何可異也！曰『親民』，即『百姓不親』，而凡親賢樂利，不能與民同其好惡者，亦非創爲之説也。曰『知行合一』，亦本先民之言，所謂知至至之，知終終之，只一事也。是守仁之學，乃孔門正學，可終廢而不講乎？

「今萼乃以此非守仁，遂致陛下失此良弼，使守仁不獲致君爲堯、舜，故臣不敢以此爲萼是也。夫以守仁之學如此，其功又如此，而賞典不及，削罰有加，廢褒崇之恩，倡黨錮之虐。今守仁客死，妻子孱弱，家童載骨，藁埋空山。鬼神有靈，當爲惻然，而況於人乎，况於聖人乎？臣實不忍見聖明之世有此事也。假使守仁生於異世，猶當追崇，而况今日？且永順之衆，盧、王之徒，素慕威德。今舉措如此，恐失衆心，關係夷情，甚非細故。

「臣昔與守仁爲友，幾二十年。一日憤寡過之不能，聞守仁言，忽有深省，復師事之，是臣於守仁實非苟然相信，如世俗師友者也。昔蕚爲小人所讒，臣爲之憤；既而得白，臣爲之喜，非臣之私也。今守仁抱冤，亦猶桂蕚向之負屈也。

「伏願皇上擴一視之仁，特敕所司，優以卹典贈謚，仍與世襲，并開學禁，以昭聖德。若此事不明，則蕚與臣，終不能忘。故臣敢爾直言，所以補蕚之過，亦以盡臣之義也。」

疏入，不報。於是給事中周延抗疏論列，謫判官。

嘉靖十年辛卯（一五三一）

五月，門人黄弘綱會黄綰於金陵，爲先生胤子王正億請婚。先是，有忌嫉者行譖於朝，革錫典世爵。有司默承風旨，媒孽其家；鄉之惡少，一時煽動。胤子正億，時方四齡，與繼子正憲離仳竄逐，蕩析厥居。明年夏，大學士方獻夫署吏部，以刑部員外郎王臣爲浙江僉事，分巡浙東，經紀先生之家。於是奸黨稍阻。時黄綰適陞南京禮部侍郎，弘綱徑往問之。綰曰：「吾室雖遠，吾有弱息，願妻之。情關至戚，庶好與處。然老母在家，必得命乃可。」於是，德洪、王畿走台請命，而以王艮主行聘禮。

嘉靖十一年壬辰（一五三二）

九月，正億往金陵。時正億外侮稍息，内釁漸萌。深居家扃，同門居守者，或經月不見面。於是僉事王臣、推官李逢，與王艮、薛僑、管州等議送正億至金陵，依舅氏以居。

嘉靖四十三年甲子（一五六四）

少師徐階特撰先生像記，記曰：「嘉靖己亥，予督學江西，就士人家摹得先生燕居像二，朝衣冠像一。明年庚子夏，以燕居之一贈吕生，此幅是也。」

「先生在正德間，以都御史巡撫南、贛，督兵敗宸濠，平定大亂，拜南京兵部尚書，封新建伯。其後以論學爲世所忌，竟奪爵。予往來吉、贛間，父老云：濠之未叛也，先生奉命按事福州，乞歸省，乘單舸下南昌。至豐城聞變，將走還幕府，爲討賊計。而吉安太府松月伍公議適合，郡又有積穀可養士，因留其地。徵諸郡兵，與濠戰湖中，敗擒之。其事皆有日月可按覆，而忌者謂先生始赴濠之約，後持兩端，遁歸，爲伍所強。會濠攻安慶不克，乘其沮喪，僥倖成功。夫人苟有約，其敗徵未見，必不遁。凡攻討之事，勝則侯，不勝則族。苟持兩端，雖強之，必不留。武皇帝之在御也，政由嬖倖，濠悉與結納，至或許爲内應。方其崛起，天下皆不敢意其遽亡。先生引兵西，留其家吉安之公署，聚薪環之，戒守者曰：『兵敗即縱火，毋爲賊辱。』嗚乎！此其功豈可謂倖成，而其心事豈不皦然如日月哉？忌者不與其功足矣，又舉其心事誣之。甚矣，小人之不樂成人善也！

「自古君子爲小人所誣者多矣，要其終，必自暴白。乃余所深慨者，今世士大夫，高者談玄理，其次爲柔愿，下者直以貪黷奔競，謀自利其身。有一人焉，出死力爲國家平定大亂，而以忌厚誣之，其勢不盡驅士類入於三者之途不止。凡爲治不患無事功，患無賞罰。議論者，賞罰所從出也。今天下漸以多事，庶幾得人焉馳驅其間。而平時議論如此，雖在賢者，不待賞自勸，彼其激勵將來，亦太無具矣！此予所爲深慨也。

「濠之亂，孫、許死于前，先生平於後。江西會城，孫、許皆廟食，而先生未有祠。予督學之二年，始祀先生於後圃。未幾被召，因摹像以歸，將示同志者，而首以贈呂生。予嘗見人言，此像於先生極似。以今觀之，貌殊不武，然獨以武功顯於此，見儒者之作用矣。」

卓吾曰：徐存齋公作記，大有感慨不平之思，以故得時行志，將當日所盡奪者，一槩給予。雖謂存齋公封先生子孫世襲新建伯，可也。不啻口出，徐公有焉。而天之默佑陰隲，特地生一賢師相爲先生暴白中腸，亦可知矣。夫方宸濠之自謂賢王，以禮交於士大夫也，雖孔夫子必不能以遽絶，而自招不測之禍。則先生縱與之交，亦豈得不謂之有深意者？擁兵上游，獨晉溪公與先生知之耳。使宸濠早知其如此，即匕首發矣，誰爲之養威畜鋭以滅宸濠乎？當時諸公亦豈盡昧此著，特以忌功妬名，假藉之以爲詞也。是故不宜與辯。

隆慶元年丁卯（一五六七）

五月，始詔贈新建侯，謚文成。本年正月，内詔：病故大臣有應得恤典贈謚而未得者，許部院科道官議奏定奪。於是給事中、御史皆疏上：「原任新建伯兵部尚書兼都察院左都御史王守仁，道德功勳，宜膺殊邮。下吏、禮二部，會議得：王守仁具文武之全才，闡聖賢之絶學。筮官郎署，而抗疏以犯中璫，甘受炎荒之謫。建臺江右，而提兵以平巨逆，親收社稷之功。偉節奇勳，久已見推於輿論；封盟錫典，豈宜遽奪於身終？」疏上，報可。制曰：「竭忠盡瘁，固臣子職分之常；崇德報功，實國家激勸之典。矧通侯班爵，崇亞上公，而節惠易名，榮踰華衮，事必待乎論定，恩豈容以久虚？爾故原任新建伯南京兵部尚書兼都察院左都御史王守仁，維岳降靈，自天佑命。爰從弱冠，屹爲宇宙人豪；甫拜省郎，獨奮乾坤正氣。身瀕危而志愈壯，道處困而造彌深。紹堯、孔之心傳，微言式闡；倡周、程之道術，來學攸宗。藴蓄既崇，猷爲丕著；遺艱投大，隨試皆宜；戡亂解紛，無施弗效。閩、粤之箐巢盡掃，而擒縱如神；東南之黎庶舉安，而文武足憲。爰及逆藩稱亂，尤資仗鉞淵謀。旋凱奏功，速于吴、楚之三月；出奇決勝，邁彼淮、蔡之中宵。

是嘉社稷之偉勳，申盟帶礪之異數。既復撫夷兩廣，旋至格苗七旬。謗起功高，賞移罰重；爰遵遺詔，兼采公評，續相國之生封；時庸旌伐，追曲江之遺卹，庶以酬勞。茲特贈爲新建侯，謚文成，錫之誥命。於戲！鍾鼎勒銘，嗣美東征之烈；券綸昭錫，世登南國之功。永爲一代之宗臣，實耀千年之史册。冥靈不昧，寵命其承！」六月十七日，遣行人司行人賜造墳域，遣浙江布政使司堂上正官，與祭七壇。

隆慶二年戊辰（一五六八）

六月，先生嗣子王正億襲伯爵。先是，元年三月内，給事中、御史等官爲開讀事，上疏請復伯爵，吏部奉旨移咨江西巡撫都御史，會同巡按御史，查覆征藩實迹。時浙江巡撫都御史趙孔昭并巡按御史奏應復爵廕相同。於是吏部奉欽依，仍會同各官，議得：「本爵一聞逆濠之變，不以非其職守，急還吉安，倡義勤王。未踰旬朔，而元兇授首，立消東南尾大之憂。不動聲色，而奸宄蕩平，坐貽宗社磐石之固。較之開國佐命，時雖不同；擬之靖遠、咸寧，其功尤偉。委應補給誥券，容其子孫承襲，以彰與國咸休、永世無窮之報。」

議上，詔遵先帝原封伯爵，與世襲。

至三年五月，浙江巡按御史奏議爵廕，吏部復請欽依，仍會同各官，議得：「誠意伯劉基食糧七百石，乃太祖欽定；靖遠伯王驥一千石，新建伯王守仁一千石，系累朝欽定，多寡不同。夫封爵之典，論功有六：曰開國，曰靖難，曰禦胡，曰平蕃，曰征蠻，曰擒反。而守臣死綏，兵樞宣猷，督撫勦寇，咸不與焉。蓋六功者，關社稷之輕重，係四方之安危，自非茅土之封，不足爲報。至於死綏、宣猷、勦寇，則皆一身一時之事，錫以錦衣之廕則可，槩欲剖符，則未可也。竊照新建伯王守仁，乃正德十四年親捕反賊宸濠之功。南昌、南、贛等府雖同邦域，分土分民，各有專責，提募兵而平鄰賊，不可不謂之倡義。南康、九江等處，首罹荼毒，且進且攻，人心摇動。以藩府而叛朝廷，不可不謂之勁敵。出其不意，故俘獻于旬月之間。若稍懷遲疑，則賊謀益審，將不知其所終。攻其必救，故績收乎萬全之畧。若少有疎虞，則賊黨益繁，自難保其必濟。膚功本自無前，奇計可以垂後。靖遠、威寧姑置不論，即如寧夏安化之變，比之江南，難易逈絶。遊擊仇鉞于時得封咸寧伯，人以爲宜。同一藩服捕反，何獨于新建伯而疑之乎？所據南京各御史，欲要改廕錦衣衛，于報功之典未盡。激勸攸關，難以輕擬。合無將王守仁男襲新建伯王正億不必改議，以後子孫仍照臣等先次會題明旨，許其世襲。」詔從之，准照舊世襲。

卓吾子曰：方讒構之間興，則雖肅皇入繼，諸賢滿朝，爵既錫而後奪。門下如林，愛莫能助。迨公論既定，則一徐公首肯，無及門者，爵既奪而復世，如指掌耳。雖先生仁心自然，恩澤淪洽，天必世世佑之。然徐公之賢，亦安可掩也。觀徐公先生像記，可以見公。

年譜後録

刑部主事陸澄：辨忠讒以定國是疏

臣切見巡按江西監察御史程啓充、户科給事中毛玉，各論劾丁憂新建伯王守仁，似若心迹未明、功罪未當者。此論既倡，一二嫉賢妒功之徒必有和者矣。臣係守仁門生，知之最詳，冤憤寔甚，故敢昧死一言。

謹按：守仁學本誠明，才兼文武，旁批：真。抗言時事，致忤逆瑾，杖至幾死。謫居龍場，居夷處困，動心忍性，獨契道真。荷蒙録用，遷至巡撫。其在南、贛四征，而福建、湖廣、廣東、江西數十年逋寇，一時掃平。因奉敕勘處叛軍，道經豐城，天遂反風，不但賊不能加害，而倡義勤王，不旬日而寧藩擒滅矣。人但見其處變之從容，而不知其忠誠之激切；旁批：真。但見其成功之容易，而不知其謀畧之淵微；旁批：真。但見其遭非常之搆陷，而禍莫能中，而不知其守身行己，絶無毫髮之可議。旁批：真。當時張鋭、錢寧輩，以不遂賣國之計而恨之；張忠、江彬輩，又以不遂冒功之私而恨之；宸濠、劉吉輩，又以不遂篡逆之計而恨之。凡可以殺其身而赤其族者，誅求搜剔，何所不至！使守仁初有交好之情，中有猶豫之意，後有貪冒之事，諸人其肯隱忍而不發，而故留之以待啓充、毛玉而後發乎？皇上龍飛，褒慰殊恩，形于詔旨。天下方爾快睹朝廷之清明，今功罪既白，賞罰既定，不意乃復有此怪僻顛倒之論，欲以曖昧不明之言，掩其昭揭不世之功，天理人心安在哉！

論者之意，大槩有六：一謂宸濠私書有「守仁亦好」之語；二謂守仁曾遣冀元亨見宸濠；三謂守仁亦爲賀生辰而來；四謂守仁起兵，出致仕都御史王懋中、知府伍文定攀激；五謂守仁破城時，縱兵焚掠，殺人太多；六謂宸濠本無能爲，一知縣之力可擒，守仁之功不足多，而捷本所奏，粧點太過。臣竊究之，不過忌功之心耳。

宸濠私書「守仁亦好」之説，乃啓充得於湖口知縣章玄梅者。切思刑部節奉欽依：「原搜簿籍，盡行燒毁。」今玄梅之書從何而來？若出于宸濠之口，尤爲不足信矣。夫聖賢用心，實非尋常可測。使守仁欲圖宸濠而幾事不密，則亦不過如孫燧、許逵之一死以報國而已，何以能成後功，而貽皇上今日之安乎？設使守仁畧有交通之迹，而卒以滅之，其心事亦可以自白於天下後世矣，况以其絶無可憑信者，遂疑其心而舍其討賊之大功哉？

其遺冀元亨者，以元亨素懷忠孝，或可萬一啓其良心，而寢其邪謀也。及元亨一見不合遂歸，使言合志投，當留信宿。何宸濠反逆之日，而冀元亨反在數千里之外乎？今元亨之冤魂既伸，而守仁之心事不白，天理人心安在也？

毛玉謂守仁因賀生辰，偶爾遇變。然宸濠生辰在十三，而守仁以十五方抵豐城，既係往賀，又胡爲獨後期不至也？

其言守仁由王懋中等攀激起義，尤爲乖戾。夫守仁近豐城五里而聞變，即僞刻廣都御史楊旦大兵將臨火牌，於知縣顧泌接見之時，令人詐爲驛卒走遞。守仁佯喜，以爲大兵即至，賊必易圖，當令顧泌傳牌會城，以恐宸濠。時有報稱賊兵數百追至，急乘漁舟得脱。此時王懋中安在？次日奔至蛇河，遇臨江府知府戴德孺。而府城不足恃，又奔入新淦城。度城亦不可居，乃復奔至吉安。而吉安之倉庫實，乃駐劄其地，傳檄遠近，起調軍民。一面榜募忠義之士，令本府以書請鄉官王懋中等盟誓勤王。此時若非提督軍門，以便宜起調各處軍兵，肯聽致仕鄉官遂集乎？今乃顛倒其説，謂守仁掩懋中之功，天理人心安在也？

至於破城之時，焚者宫中自焚，官兵救焚者也。殺人者，知縣劉守緒以守仁號令「閉門者生，迎敵者死」，故殺迎敵百餘人耳。夫合省之民，在城内者各受濠銀二兩，米一石，爲之拒我，是即賊也，殺賊何罪耶？向爲王宫，今爲賊巢；昔爲國寶，今爲賊贜，即焚之掠之，亦又何罪？今舍大功，摘小過，是黨宸濠，而欲爲逆賊報仇也。

且宸濠勢焰熏天，人皆望風逃遁。及守仁調兵四集，搗其巢而散其黨，羽翼俱盡，妻妾赴水，然後知縣王冕得而執之。今乃以爲一知縣可擒，甚無據也。果若所云，孫燧、許逵何爲被殺？三司衆官何爲被縛耶？楊鋭、張文錦何爲守城一月不敢出戰，必待省城破而賊自解圍耶？伍文定何以一敗而被殺者八百人，其餘諸將又何以戰之三日而後擒滅邪？

至若奏捷之外，或作僞牌以疑賊心，或行反間以解賊黨，所不載者尤多，而謂以無爲有，可乎？

彼時宸濠首事，震撼兩京，守仁以一書生，談笑平之於旬日之內，功亦奇矣！使不即滅而貽先帝親征之勞，臣不知賣國之徒計安出也？又使不即滅而先帝崩，臣又不知聖駕之來，能高枕無憂否也？今建不世之功，反遭不明之謗，天理人心安在哉！臣知守仁之心決非榮辱生死所能恐動，但恐公論不昭，而忠臣義士解體。此萬世忠義之冤，而國是之大不定者，宜乎天變之疊見耳。

臣與守仁分係師生，義同生死。伏願聖明，乞降綸音，慰安守仁，仍戒飭言官，勿爲異論。庶幾國是以定，而亦消天變之一端也。

光禄寺少卿黄綰：明軍功以勵忠勤疏

臣聞賞罰者，人主御天下之操柄也。得其操柄，死命可致，天下可運之掌。今乃不然。凡盡忠勤職者，即譏讒蝟集，黜辱随至。以此操柄失御，人皆以奸詰巧避爲賢，孰肯身任其事哉？臣不能枚舉，姑以先朝末年、陛下初政一事論之。

如宸藩搆逆，陛下身見之矣。腹心應援，布滿中外；鼎卿近倖，賄賂交馳；賣國奸臣，待時發動。方鎮遠近，莫之如何。惟南贛都御史王守仁中途聞變，指心籲天，誓不與賊俱生。乃遣優人齎諜，假興天兵，約征方鎮會戰，俾其邀獲，牽疑賊謀，以俟四路設備。中執叛臣家屬，繆托腹心。兵法有先勝而後求戰者，非此謂邪？

功成之後，瘡痍未復。武宗皇帝南巡，危疑莫測。守仁益竭忠勤，僅獲身免。守仁爲忠，可謂艱貞竭盡者矣！使時無守仁竭力效死，腹心暗助，京師存亡，未可知也。雖畢竟天命有在，終必殲夷。然曠日持久，士夫戮辱，蒼生荼毒，可勝言哉！

今受責地方者，遇事不敢擔當，不過告變待命而已。且守仁家在浙東，與江右壤接，一旦長驅，父兄宗黨有噍類乎？守仁於此，夫豈不思？固自分必死，雖夷滅而不悔也。

守仁之志，可謂精貫白日矣！向者南贛乏人，皆以守仁兵威武略，奇變如神，以是茶寮、桶岡、大冒、浰頭諸寨，以次擒滅。增縣置邏，堅明約法，遂爲治境。江右之民，建立生祠，歲時虔祝，民心不忘，又可見矣。

皇上登極，命取來京宴賞。既又不果，特陞南京兵部尚書，乃因言者謂不當宴賞以致奢費耳。夫陛下太官之厨，一餐之宴，所費几何，猶勞論列乎？北京豈無一職，必欲置之南京？此皆邪比蔽賢嫉功之所爲也。守仁後丁父憂，服滿遂不起用，反時造言排論。雖蒙拜爵，鐵券未給，禄米未頒，朝事無與，迹比樵漁。縱使有過，何庸論及？而況但見其功，不見其過哉！其用意尤可知矣。

不獨守仁，凡共勤王大小臣工，亦廢黜殆盡。姑以一二言之：彼時領兵知府，惟伍文定得陞副都御史，廕一子千户。邢珣、徐璉但陞布政，即令閒住矣。彼亦何過？縱使有過，八議惡在？戴德孺雖陞布政，旋死于水，皆無廕子。副使陳槐因勸宰臣觸怒，獨黜爲民。御史伍希儒、謝源輒以考察去官。夫陳槐、邢珣等皆抱用世之才，秉捐軀之義，因功廢黜，深可太息。使他日無事則已，萬一有事，而復責以捐軀效死，難矣！

況乎守仁學本性命，才優經濟，以陛下首出之資，若與之浹洽講明天下之治、生民之治，可勝言哉！前尚書席書、吴廷舉、今侍郎張璁咸薦于朝，曾蒙簡命，用爲兩廣總制。臣謂總制，寄止一方，何若用之廟堂，贊襄密勿，轉移人心，所濟天下矣。

伏惟陛下念明良遭遇之難，早召守仁，令與大學士楊一清等，共圖至治，别委賢才以爲兩廣總制，仍敕該部給與守仁應得鐵券禄米，將陳槐、邢珣、徐璉等起用，伍希儒、謝源等查酌軍功事例議録，戴德孺量與襲廕。此實陛下今日奉天所操大柄，不可移奪者，宜早收之，以爲使人宣忠效力之勸。

霍韜：地方疏

臣見巡撫兩廣新建伯王守仁已將田州、思恩撫處停當，隨復勦平八寨及斷藤峽等賊。臣等皆廣東人，備知各賊爲害實迹。嘗竊切齒蹙頞而歎曰：「兩廣良民，何其不幸？生鄰惡境，未知何日底寧也？」又竊計曰：「兩廣地方，何日得一好官，勦平各巢，使良民得安；而頑民染惡未深者，亦得格心向化也？」

乃幸恭遇聖明特起守仁撫勦田州、思恩地方，臣等竊喜聖天子知人之澤，兩廣地方自是有底寧之期矣。是役也，臣等又爲守仁計曰：前巡撫動調三省兵若干萬，梧州三府積年儲蓄軍餉用費不知若干萬，復從廣東布政司支去庫銀若干萬，米若干萬，殺死疫死狼兵、鄉兵、民壯、打手，又不知若干萬，僅得田州安靖五十日耳。自是而思、恩叛矣，吊巖賊出圍肇慶府，殺數千家矣。此賊併時同出，實與田州、思恩東西相應和。若守仁者，乘此大敗殘破之後，仰承聖明拔擢之恩，雖合四省兵力，再支庫銀百餘萬，米數百萬餘，勦平田州，報功數萬級，人亦必且曰：是天下之大功也。而守仁乃不役一卒，不費斗糧，只宣揚陛下聖德，遂致思恩、田州兩府頑民稽首來服，雖舜格有苗，何以過此！臣等是以歎服王守仁，不惟能肅將天威，且實能誕敷天德也。

若八寨之賊、斷藤峽之賊，又非田州、思恩可比。天下十三省多平壤，惟廣西獨在萬山之叢，其山險，其水迅。故諺語曰：「廣西民三而賊七。」由山高土惡，習氣兇頑，雖良民至者亦化爲賊也。八寨賊，則洪武以來所不能平。若斷藤峽，則自成化八年都御史韓雍僅一討平之耳。今五十餘年，遺孽復熾。故廣西若柳州、慶遠、鬱林、府江諸賊，雖時出劫掠，亦屢請征討。若八寨，則自國初至今，未有敢議征討者。四方頑民，犯罪脱逃，投入八寨，則有司不敢追攝矣。鄰近流賊，避兵追勦，投入八寨，則官兵不敢誰何矣。是八寨，實四方寇賊淵藪，而斷藤峽又八寨羽翼。八寨不平，則兩廣無安枕期也。今守仁沉機不露，掩賊不備，一掃而清之，如拂塵然。臣等是以歎服王守仁能體陛下之仁，以綏懷田州、思恩向化之民；又能體陛下之義，以討服八寨、斷藤峽梗化之賊。

謹按：王守仁之成功有八善焉：乘湖廣歸師之便，兵不調而自集，一也。因田州、思恩效命之衆，兵雖勞而不怨，二也。所誅者真積年巨盜，非往日報功濫殺者比，三也。因勢利導，省糧運之費，四也。不役民兵，不募民馬，一舉而成，民不知擾，五也。極惡者先誅，其細小巢穴皆願去賊從良，得撫勦之宜，六也。八寨既平，則西而柳、慶，東而羅旁、緑水、新寧、思平之賊合數千里，皆可漸次撫勦，兩廣良民可得安生業，紓聖明南顧之憂，七也。韓雍雖平斷藤峽，而不知經畫其地，爲久遠之圖，以故賊復熾盛；若八寨，則百六十年所不能誅之寇，守仁既一旦掃平，即徙建城邑以鎮定之，誅惡綏良，長治久安，八也。然則守仁于建置城邑之役，蓋計之甚熟；錢糧夫役，又不待仰足户部而後有處。其以一肩分聖明南顧之憂，亦真可謂之賢矣。不以爲功，反以爲過，是誠何心也？

先是，正德十四年，宸濠謀反，江西兩司俛首從賊，惟王守仁同御史伍希儒、謝源誓心竭忠。不幸奸臣張忠、許泰等欲掩守仁之功以爲己有，乃揚言曰：「王守仁初與賊同謀。」及見公論難掩，乃又揚言曰：「宸濠金帛，俱王守仁、伍希儒、謝源滿載以去。」當時大學士楊廷和、尚書喬宇，亦忌王守仁之功，遂不與辨白，而黜伍希儒、謝源，俾落仕籍。王守仁不辨之謗，至今未雪，可謂黯啞之寃矣。甚矣！小人忌功足以誤國也。

臣等是以歎曰：「王守仁等江西之功不白，無以勸勵忠之臣。若廣西之功不白，又無以勸策勳之臣。是皆天下地方大慮也。」王守仁，大臣也，豈以功賞有無爲輕重哉？第恐當時有功之人及土官立功人等，視此解體，則在外撫臣遂無所激勸，以爲建功之地耳。臣等廣人也，目擊八寨之賊，親聞守仁之功，今兵部功賞未見施行，户部覆題又欲再勘，臣恐城堡不得修築，逋賊復據巢穴，地方不勝可慮也。是故冒昧進言，惟願聖明乞早裁斷，俾官僚早有激勸，城寨早得修築，逋賊早得招安，良民早得復業。嶺海之外，歌詠太平，祝頌聖德，實臣等所以報陛下知遇之大端也，亦臣等自爲地方大慮也，非得已也。

錢王諸及門等搜録：先生征濠反間遺事

龍光云：是年六月十五日至豐城，聞變時。參謀雷濟、蕭禹皆侍。因濠追兵將及，乃潛入小漁舟，與濟等同載，得脱。其假寫兩廣軍門火牌云：「提督兩廣軍務都御史楊爲機密重事，准兵部咨及都察院右副都御史顔咨，俱爲前事，本院帶領狼達官兵四十八萬，齊往江西公幹，的於五月初三日在廣州府起馬前進，仰沿途軍衛有司等衙門，即便照數預備糧草伺候，官兵到日支應。若臨期缺乏悮事，定行照依軍法斬首。」等因。意示朝廷先差顔等勘事，已密於兩廣各處起調兵馬，潛取宸濠，使之恐懼遲疑，不敢輕進。使濟等密遣乖覺人役，持火牌設法打入省城。

又與濟等謀爲迎接京軍文書云：「提督軍務都御史王，爲機密重事，准兵部咨，該本部題奉聖旨：『許泰、郄永分領邊軍四萬，從鳳陽等處陸路徑撲南昌；劉暉、桂勇分領京邊官軍四萬，從徐州、淮安等處水陸並進，分襲南昌；王守仁領兵二萬，楊旦等領兵八萬，秦金等領兵六萬，各從信地分道並進，刻期夾攻南昌。務要遵照方畧，并心協謀，依期速進，無得彼先此後，致悮事機。欽此。』等因，咨到職，除欽遵外。照得本職，先因奉敕前往福建公幹，行至豐城地方，卒遇寧王之變，見已退住吉安府起兵。今准前因，遵奉敕旨，候兩廣兵齊，依期前進外。看得兵部咨到緣由，係奉朝廷機密敕旨，皆是掩其不備，先發制人之謀。其時必以寧王之兵尚未舉動，今寧王之兵已出，約亦有二三十萬。若北來官兵不知的實消息，未免有悮事機。以本職計之，若寧王堅守南昌，擁兵不出，京邊官軍遠來，天時、地利，兩皆不便，一時恐亦難圖。須是按兵徐行，或分兵先守南都，候寧王已離江西，然後或遮其前，或擊其後，使之首尾不救，破之必矣。今寧王主謀李士實、劉養正等各有書，密寄本職；其賊將凌十一、閔廿四亦皆密差心腹，前來本職遞狀，皆要反戈立功報效。可見寧王已是衆叛親離之人，其敗必不久矣。今聞兩廣共起兵四十八萬，其先鋒八萬，係遵敕旨之數，今已到贛州地方。湖廣起兵二十萬，其先鋒六萬，係遵敕旨之數，今聞已到黄州府地方。本職起兵十萬，遵照敕旨，先領二萬，屯吉安府地方。各府知府等官各起兵快，約亦不下一萬之數，共計亦有十一二萬人馬，盡已彀用。但得寧王早離江西，其中必有内變，因而乘機夾攻，爲力甚易。爲此，今用手本，備開緣由前去，煩請查照裁處，併將一應進止機宜，計議停當，速差乖覺曉事人員，與同差去人役，星夜回報施行。」

既已寫成手本，令濟等選差慣能走遞家人，重與盤費，星夜前去。又令濟等尋訪素與宸濠交通之人，令其密去報知，差人四路跟捉，備細拷問，當時殺死。宸濠以此疑養正等，不信其謀。

又與龍光計議，假寫回報李士實書云：「承手教密示，足見老先生精忠報國之本心，始知近日之事迫于勢之不得已。但身雖陷于羅網，乃心罔不在王室也。所喻密謀，非老先生斷不能及此。今又得子吉同心協力，當萬萬無一失矣。然機事不密則害成務，須乘時待機而發乃可。不然，恐無益於國，而徒爲老先生與子吉之累，又區區心所不忍也。况今兵勢，四路已合，只待此公一出，便可下手，但恐未肯遽出耳。昨凌、閔諸將遣人密傳消息，亦皆出于老先生與子吉開導激發。但恐此三四人者皆是粗漢，易有漏洩，須戒令慎密，又曲爲之防可也。目畢即付丙丁，知名不具。」與劉養正書同，乃遣雷濟設法差遞李士實，龍光設法差遞劉養正。各差遞人亦各被宸濠殺死。宸濠由是愈疑劉、李，劉、李亦各自疑。上下已離，兵勢日衰。

初時，宸濠謀定六月十七日出兵，自於二十二日江西起馬，徑趨南京，謁陵即位，直犯京師。因聞前項反間疑阻，遂不敢出。先遣兵出攻南康、九江，而自留省城。賊兵候久不出，亦各退沮。其後宸濠雖探知四路無兵，然師老氣衰，亦多潛來投降。我師一候宸濠出城，即統兵而進。

龍光曰：「當時若不行間以疑宸濠，宸濠必即時擁兵而出。正所謂迅雷不及掩耳，兩京各路何時爲備？所以破敗宸濠，使之坐失事機，全是行間遲疑宸濠一着。今人讀奏册所報，皆是可書之功，不知書不能盡者，固千倍於奏册也。」

又言：「寧藩事平，京邊官軍南來，無所搜求，咸泄毒擠怒於冀元亨與濟、禹、光等。元亨被執，光等四竄逃匿，家破人亡。光等粘貼告示，標插旗號木牌，皆是半夜昏黑，衝風冒雨，涉險破浪，出入賊壘，萬死中得一生。所遣行間人役，被宸濠殺死，俱是親信家人。各議者不究始末，并將在册功次亦盡削去。」

又言：「先生既破會城，忽傳令造免死木牌數十萬。及發兵迎擊宸濠，取木牌順流放下。

時賊衆已聞會城攻破，及見木牌，爭取散去者不可計其數。二十五日，戰于鄱陽，因風不便，我兵少挫。先生即令斬取先却者頭，各兵殊死抵敵，賊兵始散。忽見一大牌大書：『寧王已擒，諸軍毋得縱殺！』一時驚擾，遂大潰亂。次日，賊既窮促，宸濠泣辭宫眷，思欲潛遯。見一漁舟隱在蘆葦之中，宸濠大聲叫渡。漁人移舟接濟，竟送中軍，諸將未知也。」

雷濟曰：「昔在豐城聞變，南風正急，拜天告曰：『天若憫惻百萬民命，幸假我一帆風！』頃之，舟人讙噪。濟、禹取香煙試之舟上，果然。已而，北風大作。時濠追兵將及，先生呼一小漁船自縛，且敕令濟、禹持米二斗，臠肉五寸，與家眷遂别。臨發，問濟曰：『行備否？』濟、禹同對曰：『已備。』先生笑曰：『還少一物。』濟、禹思之未得。先生令取船頭羅蓋曰：『到地方，非此無以示信。』及至吉安城下，戒嚴，舟不得泊。濟、禹揭羅蓋，城中遂讙噪曰：『王爺爺還矣。』乃開門羅拜迎入。」

或問先生：「用兵有術否？」曰：「用兵何術？但能養得此心不動乃術耳。凡勝負之決，不待臨陣而卜，只在此心動與不動之間。昔與濠逆戰，南風轉急，面命某某爲火攻之具。是時前軍正挫，某某對立矍視，三四申告，耳如弗聞。此輩皆有大名於時，平日智慮豈有不足？臨急忙失如此，智術將安所施！」

鄒謙之云：「昔鄱陽交戰時，先生與同志坐中軍講學，諜者走報前軍失利。先生出見諜者，退而就坐，談說如初，神色自若。頃之，走報賊兵大潰。先生又出見諜者，退而就坐，談說如初，神色自若。」

錢德洪曰：「洪事先生八年，同門有問及兵事者，皆不答，以故南贛寧藩始末，皆不與聞。先生没後，搜録遺書七年，而奏疏文移始集。及查對月日，而後五征始末具見。獨用間一事，去年主試廣東，道經江右，訪問龍光，始獲間書、間牌諸稿，並所聞於諸同門者。」

湛若水：先生墓誌銘

故友新建伯陽明王先生之子正億，以其岳舅禮部尚書久菴黄公之狀及書，來請銘曰：「公知陽明者也，非公莫能銘。」甘泉子曰：「吾又何辭！然而，公亦知陽明者也，非公莫能狀。公狀之，吾銘之；公狀其詳，吾銘其大。吾又何辭？」乃發狀而謹按之：

讀世係狀云云，曰：公出於龍山大宗伯公華，推其遥遥遠派於晉高士羲之，光禄大夫覽焉，其有所本之矣。夫水土之積也厚，其生物必蕃，有以也夫。

讀誕生狀云云，曰：其異人矣！陽明公殆神授與？

讀學術狀云云，曰：初溺於任俠，再溺於騎射，三溺於辭章，四溺於神仙，而五溺於佛氏。正德丙寅，始歸正于聖賢之學。會甘泉子于京師，遂相與定交而講學焉。

讀仕進狀云云，曰：初舉己未禮闈第一，徐穆爭之，落第二，然益有聲。差督造王威寧墳，獨受佩劍之贈，以與少時夢協也，蓋兆之矣。疏邊務，陳時政闕失，有聲。授刑部，審囚淮甸，有聲。起補兵部，上疏觸劉瑾，廷杖不死。謫貴州龍場驛丞，萬里矣，然而公不少怵也。端居默坐，而夷人自化，又益有聲。人或告曰：「陽明公至浙，自沉于江，至福建而始起。故其登鼓山之詩曰：『海上曾爲滄水使，山中又拜武夷君。』」益有徵也。甘泉子聞而笑曰：「此佯狂避世者也。」爲作詩曰：「佯狂欲浮海，説夢癡人前。」及後會于滁陽（乃吐實）。彼誇虚執有以爲神奇者，烏足以知公者哉！復起尹廬陵，六月而百務具舉，有聲。取入刑部，改吏部驗對，有聲。因爲甘泉子曰：「乃今可卜鄰矣。」遂就甘泉子長安灰廠右鄰居之，而時講于大興隆寺，久菴黃公宗賢與焉。三人相讙洽，語意和平。久菴曰：「他日天台、雁蕩，當爲二公作兩草亭。」後二年，陽明公遷貳南太僕，聚徒講學，有聲。又明年，甘泉子丁憂，扶母柩而南。陽明公時轉南京鴻臚，出吊於龍江關。而公亦即轉爲南贛都憲矣。

讀平贛之狀云云，甘泉子曰：「雖有大司馬王晉溪知己，亦以陽明公素蓄鋭士，以待不時之用，迅雷呼吸之間，人莫能測也。」

讀平江西之狀云云，甘泉子曰：「先是，余居憂，致書于公，幸因閩行之便以去。」以公時有宰相之隙，後有江西未萌之禍。不去，必爲楚人所鈐。而公兩不報。未幾，寧府變作，公幾陷於虎口。而能倡義，檄諸遠近，會于豐城誓師，分攻七門。七門大開，遂除留守之黨，封府庫之財，收劫取之印，安脅從之民，釋被執之囚，表死難之忠。據省城，絶其歸路，直趣樵舍，遂擒宸濠。是水也以淺見測淵謀也。然始而翕然稱爲掀天揭地之功矣。既而大吏妬焉，内幸爭功者附焉，輾轉殫力竭精，僅乃得免，或未嘗不思前慮也。所以危而不死者，内臣張永護之也。於大吏門列，不亦愧乎？由是遂流爲先與後擒之言，上下騰沸，是不足辯也。使陽明公而實許劉養正，則濠殺孫殺許，必待陽明至乃發。陽明未至而發者，知絶意于陽明之與己矣。使陽明而許之，必乘風直抵南昌，必不與豐城聞顧泌告變，即謀南奔以倡大義，奪漁舟，使如漁人然，以奔吉安矣。其遣兵校追公者，非迎公也，將脇公也。且濠之上不能直趨中原以北、中不能攻陷金陵以據者，以陽明爲之制其後，兵威足以累之，使不前也；又以據會城，絶其資重與歸路也，功莫大焉。若夫百年之後，忌妬者盡死，天理在人心者復明，則公論定矣。已而賜敕錫勞，封新建伯、奉天征討、推誠宣力、守正文臣、特進光禄大夫、柱國兼南京兵部尚書，參贊機務，歲支米一千石，于是天其將定矣。而置之南者，有人焉以參乎其間矣。公丁父憂，四方從學者日衆。有迎忌者意，致有「僞學」之論者，人其勝天乎！或以浮語阻公，六年不召。尋因論薦，命爲兩廣總督，或曰：「其且進且阻，使公不得入輔乎？」

讀思、田之狀云云，曰：「公奏行勦之患十，行撫之善十，乃撤防，解戰甲，諭威信，受來降，杖土目，復岑世，設苗守，而思、田靖矣。夫其不革岑猛之後，以夷治夷之道也。人知殺伐之爲功，不知神武不殺者，功之大也，仁與義兩得之者也。」

讀八寨之狀云云。或曰：「八峒掩襲村落以爲功，無破巢之功也。」辯者曰：「陽明縱貪功，當取岑氏、盧蘇、王受之大功。不宜舍其大者，取其小者，其亦不智不武甚矣。夫宣慰諸哨之兵，可襲則襲，出其不意，兵法之奇，不可豫授者也。而以病陽明焉，將使爲宋襄爲陳儒之愚邪？非馭戎不測之威矣。」事竣而請告，病亟矣。不待報而遽行，且行且候命。其卒于南安途次，而不及命下，亦命也。江西輔臣進帖譖公，上革之恤典，人衆之勝天也，亦命也。百年之後，天定將不勝人矣乎？甘泉子始召入禮部，面叩輔臣曰：「外人皆云陽明之事乃公爲之。」輔臣默然。

公卒，兩廣、江西之民相與哭於途，曰：「哲人其萎矣！」士夫之知者，相與語於朝，曰：「忠良其逝矣！」四方同志，又且相與吊於家，曰：「斯文其喪矣！」久菴公爲之狀，六年而後就，慎重也。甘泉子曰：「吾志其大義，銘諸墓，將使觀厥詳于狀也。」

黃綰：先生行狀（節畧）

先生年十歲，有相者謂塾師曰：「此子他日官至極品，當立異等功名。」己未，登進士，與太原喬宇、廣信汪俊、北地李夢陽、河南何景明、姑蘇徐禎卿、白下顧璘、山東邊貢諸名士，以才能相馳騁，學古詩文。

公知廬陵，入覲，予時爲後軍府都事，雖與公有通家之舊，實未知學。執友柴墟儲公巏與予書曰：「近日士夫如王公伯安，趨向正，造詣深，足下肯出與之遊，麗澤之益，未必不多。」予因即夕趨見。公喜曰：「此學久絶，子何所聞，而遽至此？」予答曰：「雖粗有志，實未用功。」公曰：「人患無志，不患無功。」即問：「曾識原明否？來日請會，以訂我三人終身共學之盟。」明日，公令邀予會湛甘泉於別館。又數日，甘泉與予相約告喬白岩，乞轉懇楊邃菴冢宰，留公于此。楊乃擢公爲吏部驗封主事。予三人者自此稍暇必會聚，飲食啓居必共務，各相砥礪，以成所學。

壬申冬，予告歸，公爲文與詩送予，并托予結茅天台、雁蕩之間而共老焉。甘泉亦欲買地蕭山、湘湖之間爲屋，與余三人共之。

巡撫南贛時，屢請敕便宜行事，衆皆笑以爲迂，惟本兵王公慨然曰：「朝廷此等權柄不與此等人用，又與誰用？我必與之。」

十四年，公再疏乞歸。當路忌公，欲從其請。王公瓊逆知寧藩必反，一日，召其屬主事應典曰：「我寘王某於江西，與之便宜行事者，不但爲溪洞諸賊。若有他變，非便宜行事，敕書旗牌，何以施用？」時福建有叛軍進貴等之變，公謂：「此小事，本不宜煩王某，但假此牽掣便宜敕書在彼手中，以待他變耳。爾可爲我做一題稿來看。」

公自吉安倡義，兩上疏告變。王公瓊揚言於朝曰：「王某在南贛，必能擒賊。不久當有捷報。但朝廷不命將出師，則無以壯其軍威。」

公稱病淨慈寺。張永太監在上前備言公盡心爲國之忠勳，及彬等欲加害之故。既而彬等果誣公欲反，上不信。彬等又言，茍不信，試召之，必不來。上遽召公，公即奔命。至龍江關，忠等又從中阻之，使不得見。公乃綸巾野服，入九華山待命。張永聞知，又力言于上曰：「王守仁實忠臣，聞衆欲爭其功，欲并棄其官，入山修道。」由是上益信公。

（丁亥），田州亂。張公孚敬拉桂公萼同薦總制兩廣。桂不得已，勉從之。予時爲光禄少卿，先疏論江西軍功，及公才德，堪任輔弼。上喜，親書御劄，并疏付内閣議。楊一清忌公與之同列，乃與張孚敬具揭對曰：「王守仁才可用，但好服古衣冠，談新學，人頗以此異之，不宜入閣，但可用爲兵部尚書。」桂知，大怒詈予，潛進揭帖毁公，上意遂止。公亦遂扶病涖任。

既復思、田，平八寨，楊公與桂公謀曰：「守仁事完回京，上復命見如何？且黄某與張羅峯又薦之，若得見，必留用無疑也。」於是又題命公兼理巡撫。公復上疏乞骸骨，就醫養病。因薦林富自代，以未離任，便于交代也。前曾薦致仕都御史伍文定與侍郎梁才代已矣。又一月，公乃班師。至大庾嶺，謂布政王公大用曰：「爾知孔明所以付托姜維乎？」大用遂領兵擁護，爲敦匠事。公既逝，柩經南贛，雖深山窮谷，男婦老弱，皆縞素匍匐哀迎，行道之人無不流涕者。

訃至，桂欲因公乞養病疏參駁害公，令該司匿不舉，乃參其擅離職役，及處置思恩、八寨，恩威倒置。又詆江西軍功冒濫，乞命多官會議。先此，張羅峯見公所處岑氏及蘇、受得宜，征勦八寨有方，極言稱歎，謂予知人。又述在南京時與言惓惓欲公之意，曰：「我今日方知王公之不可及！」即薦於朝，取來作輔，共成天下之治。桂與楊聞之，皆不樂，乃嗾錦衣衛都指揮聶能遷誣奏公用銀百萬，托余送與張某，薦爲兩廣。余疏辨其誣。

奉旨：「黄綰學行才識，衆所共知。王守仁功高望隆，輿論推重。聶能遷這廝捏詞妄奏，傷害正類，都察院便照前旨，嚴加究問，務要追究與他代做奏詞并幫助奸惡人犯來説。黄綰安心供職，不必引嫌辭避。」下能遷于獄，杖之死。時予爲詹事，桂、楊計必欲害公，惡予在朝。適有南缺，即推予補南京禮部侍郎。

明年春，上將郊，桂密具揭帖以進，上遂允削公世襲伯爵，并常行卹典贈謚，人至今以爲恨。蓋當路忌之既深，而南北言臣承望風旨，反肆彈劾。雖平日雅好公者，方公成功時，亦心害其能。公既一言不發，雖及門或一二真相信者疏辯其誣，公又極力止遏，深以爲不可。乃考察之年，邢珣、徐璉、陳槐、謝源等，一切被黜，則公雖欲不言不得矣。汪鋐以予諍大同之征，當分别善惡，不當玉石俱焚。汪鋐迎合張公，劾予回護屬官，難居大臣之位，調予邊方參政，賴聖明令復原職。鋐又論公「僞學」，指予黨邪不忠，及所以許婚携撫者。予又疏明公學術忠正，亦賴聖明拔之窗穽，察某與守仁之無辜。於乎！公與予，平生所期何如也？今固止此也夫！

李卓吾曰：獲上信友，原是一事。久菴之信友如此，獲上如此，吾以久菴先生可愛也。而世廟知人之明，亦安可誣乎！方陽明先生之居驗封也，浙之宦遊京師者，數載之間，何啻百十餘人，獨約久菴與甘泉三子爲同志之會，結終身之盟，則陽明固已物色之早矣。久菴雖欲不犯衆怒以爲先生辯，又可得耶！與婚撫孤，忘身排難，陽明先生可以死矣。矧及門之士，聯屬四方，孜孜講學不懈，固以先生獨得洙、泗之原，的爲中興之教主，亦以久菴之爲倡也。李贄小子，故復詳列書院、人數、地方，以附于先生年譜之後焉。

年譜後人

嘉靖九年庚寅（一五三〇）

門人薛侃建精舍於天真山，祀先生。天真距杭城之南十里，山多奇巖古洞，下瞰八卦田，左抱西湖，前臨胥海。先生在越時，嘗欲擇地當湖、海之交，使目前常見浩蕩。及起征思、田，洪、畿等相隨渡江，偶登此山，若與意會，以告先生。先生曰：「吾二十年前曾遊此。」故至西安遺二詩，有「天真泉石秀，新有鹿門期」之語。侃奔師喪，既終葬，患同志聚散無期，憶師臨別遺念，遂築祠于山麓。董澐等董其事。

嘉靖十一年壬辰（一五三二）

門人方獻夫合同志會于京師。時江西桂萼在朝，方嚴禁講學。薛侃等已遭罪譴，京師方諱言學。是年，編修程文德、歐陽德、楊名在翰林，侍郎黄宗明在兵部，戚賢、魏良弼、沈謐等在六科，與大學士方獻夫俱主會。適黄綰以進表入，洪與畿以趨廷對入，與林春、徐樾、林大欽等四十餘人，始定日會之期。

嘉靖十二年癸巳（一五三三）

門人歐陽德合同志會于南畿。時遠方四集，類萃群趨，或會于城南諸刹，或會于國子雞鳴，倡和相稽，疑辯相繹，師學復有繼興之機矣。

嘉靖十三年甲午（一五三四）

門人鄒守益建復古書院於安福，祀先生。先生居越時，劉邦采首創惜陰會于安福，間月爲會五日。先生爲作惜陰説。既後，守益等建復古、連山、復真諸書院，爲四鄉會。春、秋兩季，合五郡，出青原山爲大會。凡鄉大夫在郡邑者皆與焉。於是四方同志，相繼以起，惜陰爲之倡也。

本年三月，門人李遂建講舍於衢麓，祀先生。先生起征思、田時，舟次西安，門人欒惠等冒雨出候。先生出天真二詩慰之。明年喪還玉山，惠與王修等迎櫬于草萍，憑棺而哭者數百人，聲聞十數里。至西安，諸生追師遺教，罔知所寄。洪與畿乃與定每歲會期。是年，遂知府事，築室於衢之麓，設師位，歲修祀事。諸生柴惟道、王之弼等，又分爲龍游、水南會，徐用檢等爲蘭西會，與天真遠近相應，往來講會不輟，衢麓爲之先也。

本年五月，貴州巡按王杏建王公祠于貴陽。是年，杏按貴陽，聞里巷歌聲，藹藹如越音；又見士民歲時咸走龍場致奠，亦有遥拜於其家者，始知先生教化入人之深若此。

門人湯㖇等數十人請建祠以慰士民之懷，乃爲贖白雲菴舊址，立祠置田，以供祀事。杏立石作碑，其畧曰：諸君之請立祠以追崇先生也，立祠果足以追崇先生乎？構堂以爲宅，設位以爲依，陳樽俎以爲享，似矣。未也。夫尊其人，在行其道，想像于其外，不若佩教於其身。云云。

嘉靖十四年乙未（一五二五）

直隸巡按曹煜建仰止祠于九華山，祀先生。九華山在青陽縣，先生兩遊九華，宿化城寺。寺僧好事者，爭持紙索詩，蓄墨迹甚富。因思夙範，刻像于石壁，而亭其上。煜因諸生請，建祠于亭前，而扁曰「仰止」。

嘉靖十五年丙申（一五二六）

浙江巡按張景、提學僉事徐階，重修天真精舍，立祀田。重修牌記係禮部尚書黄綰筆。

嘉靖十六年丁酉（一五二七）

門人周汝員建新建伯祠于越。是歲，汝員以御史按浙，拓地建祠，取南康蔡世新肖師像以祀。

本年十一月，僉事沈謐建書院于文湖，祀先生。文湖在秀水縣北四十里，廣環十里，中積一州，四面澄碧，書院創焉。謐初讀傳習録有省，即期執贄。以先生往征思、田，（弗遂）。及聞訃，痛悼不已。後爲行人，聞薛子侃講學京師，歎曰：「先生雖没，傳其道者尚有人也。」遂以師事薛，率同志講學文湖書院，置田若干以贍師生。是年，巡按周汝員立師位於中堂，春、秋二仲月，率諸生虔祀事，歌師詩以侑食。後謐起僉憲江右，遍復南贛諸祠。謐没，參政孫宏軾、副使劉慤，設謐位，附食於師。謐子沈啓原增置贍田，又議附薛子位于文湖，祭期定季冬之日，同志與祭天真者，同趨文湖，于今益盛。

嘉靖十七年戊戌（一五三八）

浙江巡按傅鳳翔建祠于龍山。龍山在餘姚縣治之右。辛巳，先生歸省祖塋，講學于龍泉寺之中天閣，親書三八會期于壁。丁亥，出征思、田，每遺書必念及龍山。傅因請建祠於閣之上方，每年春、秋二仲月，有司主行時祀。

嘉靖十八年己亥（一五三九）

江西提學副使徐階建仰止祠于洪都，祀先生。魏良弼立石紀事。

吉安士民建報功祠于廬陵，祀先生。先生宰廬陵七越月而入覲。至此聞訃，喪過河下，百姓沿途哀號，如悲親戚。相與築祠，歲修私祀，名曰「報功」。後曾孔化、王時槐、陳嘉謨等增築，制益宏麗，春、秋二仲，皆郡有司典司祀事矣。

嘉靖十九年庚子（一五四〇）

門人周桐、應典等建書院于壽岩，祀先生。壽岩在永康縣西北，岩出瑞石，空洞軆爽。四山環翠，五峯前擁。桐、典、程文德共嵌岩作室，以居來學。立位中堂，歲時奉祀。

嘉靖二十一年壬寅（一五四二）

門人范引年建混元書院于青田，祀先生。范子卒，春、秋配食。

嘉靖二十三年甲辰（一五四四）

門人徐珊建虎溪精舍于辰州，祀先生。先生還自龍場，與冀元亨等會龍興寺，只道靜坐密室悟見心體。是年，珊爲辰州府同，請於當道，大作祠宇，置贍田。鄒守益爲作精舍記，羅洪先爲作性道堂記。

嘉靖二十七年戊申（一五四八）

萬安同志建雲興書院，祀先生。書院在白雲山麓，前對芙蓉峯，嶼下秀出如圭，大江横其下。見民居井落，邑屋華麗。德洪曰：「民庶且富矣。」對曰：「是城四十年前猶赤土也。蓋南贛峒賊，流劫無常，妻女相牽而泣曰：『賊來曷避，惟一死可待耳。』先生來而賊平，始築城生聚，以有今日。」

九月，門人陳大倫建明經書院於韶，祀先生。時大倫守韶，建書院，立師位，與白沙陳先生並祀。

嘉靖二十九年庚戌（一五五〇）

吏部主事史際建嘉義書院于溧陽，祀先生。

四月，門人吕懷等建大同樓於新泉精舍，設師像，合講會。精舍在南京崇禮街。初，史際師甘泉，築室買田以爲同志講會之資。是年，復與李遂、劉起宗、陸光祖等，建樓于精舍，設先生并甘泉像焉。

嘉靖三十一年壬子（一五五二）

南贛都御史張烜復王公祠于鬱孤山。僉事沈謐申復之也。祠在贛州鬱孤臺前，濂溪祠後。嘉靖初年，軍衛官兵百姓人等，思師不已。百姓則建祠鬱孤臺，軍衛官兵則建祠學宫之右，塑像設祀，俱有成式。後有異議者，移鬱孤祠像於報功祠後，軍民懷憤。至是，署兵備僉事沈謐謁祠像，泫然而涕，具由軍門，乃復修葺前祠，迎師像于鬱孤。張烜作記立石。先生自征三浰平山寇之後，贛屬邑俱立社學，城中立五社書院，選生儒行義表俗者，立爲教讀，教之歌詩習禮。于是市廛之民皆知服長衣，叉手拱揖，而歌誦之聲溢于委巷。因異議出，而成規盡壞，五書院遂爲強梁竊據，禮樂之教息矣。謐詢訪得實，罪逐僭據，五社復完，禮教復興，渢渢乎如師在日矣。

卓吾子曰：祠之廢興，烏足爲先生輕重哉？特因是可以見人心之難泯耳。沈謐未親承教，但讀其書便爾，誠復何必皆七十子之徒耶？生榮死哀，吾謂陽明先生當之矣。

沈謐復王公祠於南安。南安青龍浦，先生屬纊地也。士民哭泣，建祠于學宮之右，歲時奠祝。後有司望風承指，亦遂遷祠于尾巷，人心大不堪。故謐具申軍門張，卒復之。烏乎，張亦人杰也哉！

嘉靖三十二年癸丑（一五五三）

謐又修建王公祠于信豐縣。按謐虔南公移録曰：「贛州府所屬十一縣，俱有前都察院右副都御史陽明王公祠，巍然並存。蓋因前院功業文章，足以匡時而華國；謀猷軍旅，足以禦暴而捍災。南、贛士民，咸思慕之。歌誦功德，久而不替，尚有談及而泣下者。本縣原有祠堂，後有塞門，而主者廢爲宴憩之所，是誠何心哉！爲此，仰本縣官史照牌事理，限三日内查究清理，仍爲洒掃立主，因舊爲新。不惟合邑師生故老得俱興瞻仰之私，而凡過信豐之墟者，咸得以盡展拜之禮矣。」

沈謐復改建王公祠于南康。南康舊有祠，在學宫之右，後異議者遷像於旭山韓公祠内。謐謁祠，見二像並存一室：王公有祭無祠，韓公有祠無祭。室又卑陋。謐訪祠西有鄉約所，前堂三間，後閣一座，規模頗勝，乃置先生之像于堂，而韓公另爲立祭，使原有祠者因祠而舉祭，原有祭者因祭以立祠。

本年三月，安遠縣知縣吴卜相請建王公報功祠。聞沈謐之風而興焉者也。與人爲善焉，亦可也。安遠舊無祠，百姓私立牌于小學，故吴申請謚與張創建焉。張爲立石作記，扁其堂曰「仰止」，門曰「報功」。

本月，瑞金縣知縣張景星請建王公報功祠。沈謚嘉獎之，申請軍門張，立石紀事。

六月，崇義縣知縣王廷耀重修王公祠于儒學東，僉事沈謚巡縣，爲增其未備。

九月，太僕少卿吕懷、巡按成守節改建陽明祠於琅琊山。舊祠在豐樂亭右，甚湫隘，兹改建紫薇泉上矣。

嘉靖三十三年甲寅（一五五四）

直隸巡按閭東、寧國知府劉起宗建水西書院，祀先生。水西在涇縣大溪之西，有上、中、下三寺。初時俱會各寺方丈，既諸生日衆，方丈不足以容，乃築室于上寺之隙地。又不足，提學黄洪毘與知府劉起宗，乃議創建精舍於上寺之右。未就，而巡按閭東、提學趙鏜繼至，於是邑之士民好義者，競來相役。南陵縣有寡婦陳氏，遣其子曹廷武輸上田八十畝有奇，以廪餼來學。於是書院館穀具備，起宗禮聘錢德洪、王畿間年一至水西主會。

嘉靖三十四年乙卯（一五五五）

歐陽德改建天真仰止祠。歐陽德曰：「據師二詩，石門、蒼峽、龜疇、胥海皆上院之景，今祠建山麓，恐不足以安師靈。」旁批：是。於是御史胡宗憲改建于上院。江西提學副使王宗沐訪得南康生祠塑師像極肖，乃遣諸生迎至新祠，爲有司公祭。其下祠爲門人私祭，則塑師燕居像，而請鄒守益譔天真仰止祠記。

嘉靖三十五年丙辰（一五五六）

提學御史趙鏜修建復初書院，祀先生。書院在廣德州治。初鄒守益謫判廣德，創建復初書院。至是，鏜復大修之。

本年五月，湖廣兵備僉事沈寵建仰止祠于崇正書院，祀先生。書院在蘄州麒麟山。寵與州守谷中秀創建之，以合州之選士，講授師學。蘄之士大夫最表著者顧問、顧闕，親兄弟也。寵屬錢德洪撰仰止祠記，并請至蘄，合會於立誠堂，以爲諸生開迷覺悶。

寵舊爲御史，巡按福建，以清軍務戎事，最號有力量。其子中丁丑狀元，甚有奇氣，亦好學，惜早没也。予不見其子，見其父；不見其子，知其子，故并及之。亦以見先生之作人者，雖數百年，猶且未已也。

是年，巡按江西監察御史成守節重修洪都王公仰止祠。大學士李春芳作記。

陽明先生年譜後語

李贄曰：余自幼倔彊難化，不信學，不信道，不信仙、釋。故見道人則惡，見僧則惡，見道學先生則尤惡。惟不得不假升斗之禄以爲養，不容不與世俗相接而已。然拜揖公堂之外，固閉户自若也。

不幸年逋四十，爲友人李逢陽、徐用檢所誘，告我龍溪王先生語，示我陽明王先生書，乃知得道真人不死，實與真佛、真仙同，雖倔僵，不得不信之矣。李逢陽，號翰峯，白門人。徐用檢，號魯源，蘭溪人。此兩公何如人哉！世人俗眼相視，安能一一中款？今可勿論。即其能委委曲曲以全活我一箇既死之人，則亦真佛、真仙等矣。今翰峯之仙去久矣，而魯源固無恙也。

是春，予在濟上劉晉川公署，手編陽明年譜自適，黄與參見而好之，即命梓行以示同好。故予因復推本而并論之耳，要以見余今者果能讀先生之書，果能次先生之譜，皆徐、李二先生力也。若知陽明先生不死，則龍溪先生不死，魯源、翰峰二先生之與羣公於余也，皆不死矣。譜其可以年數計邪？同是不死，同是不死真人，雖欲勿梓，焉得而勿梓！

中外哲學典籍大全·中國哲學典籍卷
已出版書目

《關氏易傳》《易數鈎隱圖》《删定易圖》，劉嚴點校。

《周易口義》，〔宋〕胡瑗著，白輝洪、于文博、［韓］徐尚賢點校。

《周易玩辭》，〔宋〕項安世著，杜兵點校。

《周易内傳校注》，〔清〕王夫之著，谷繼明、孟澤宇校注。

《周易外傳校注》，〔清〕王夫之著，谷繼明校注。

《易說》，〔清〕惠士奇著，陳峴點校。

《易漢學新校注（附易例）》，〔清〕惠棟著，谷繼明校注。

《周易學》，曹元弼著，周小龍點校。

《讀禮疑圖》，〔明〕季本著，胡雨章點校。

《王制通論》《王制義按》，程大璋著，吕明烜點校。

《春秋釋例》，〔晉〕杜預著，徐淵整理。

《春秋尊王發微》，〔宋〕孫復著，趙金剛整理。

《春秋集注》，〔宋〕張洽著，蔣軍志點校。

《春秋權衡》，〔宋〕劉敞著，吕存凱、崔迅銘、楊文敏點校。

《春秋本例》，〔宋〕崔子方著，侯倩點校。

《春秋集傳》，〔宋〕張洽著，陳峴點校。

《春秋師說》，〔元〕黄澤著，〔元〕趙汸編，張立恩點校。

《春秋闕疑》，〔元〕鄭玉著，張立恩點校。

《春秋屬辭》，〔元〕趙汸著，張立恩整理。

《宋元孝經學五種》，曾海軍點校。

《孝經集傳》，〔明〕黄道周撰，許卉、蔡傑、翟奎鳳點校。

《孝經鄭注疏》《孝經講義》，常達點校。

《孝經鄭氏注箋釋》，曹元弼著，宫志翀點校。

《孝經學》，曹元弼著，宫志翀點校。

《四書辨疑》，〔元〕陳天祥著，光潔點校。

《張九成集》，〔宋〕張九成著，李春穎點校。

《錢時著作三種》，〔宋〕錢時著，張高博點校。

《吴澄集》，〔元〕吴澄著，方旭東、光潔點校。

《涇皋藏稿》，〔明〕顧憲成著，李可心點校。

《高子遺書》，〔明〕高攀龍著，李卓點校。

《閑道録》，〔明〕沈壽民撰，雍繁星整理。

《四存編》，〔清〕顏元著，王廣點校。

《小心齋劄記》，〔明〕顧憲成著，李可心點校。

《太史公書義法》，孫德謙著，吴天宇點校。

《肇論新疏》，〔元〕文才著，夏德美點校。

《李卓吾批評陽明先生道學鈔》，〔明〕王守仁原著，〔明〕李贄選評，傅秋濤點校。

更多典籍敬請期待……